JN154198

People in poverty talk about
'What is poverty?'
The potential
of participatory poverty research

当事者が語る「貧困とはなにか」

本研究は、貧困当事者が受動的な客体として調査されるような
従来の貧困調査と異なり、日本ではまだ前例が少ない参加型貧困調査を実施し、
多様な貧困経験を持つ当事者たちが調査研究の主体となり、グループディスカッションを通して、
「貧困」をどのように理解しているのか、何に心配し困っているのか、
それに対してどのように対応したのかを議論していく過程を記述する。──〈序章〉より

参加型貧困調査の可能性

陳　勝 著
Chen Sheng

北海道大学出版会

北海道大学は，学術的価値が高く，かつ，独創的な著作物の刊行を促進し，学術研究成果の社会への還元及び学術の国際交流の推進に資するため，ここに「北海道大学刊行助成」による著作物を刊行することとした。
　2009年9月

目　次

序　章　貧困理解におけるもう一つの視点 …………………………… 1
1. 研究の目的とその背景 …………………………………………… 1
   - 1.1　貧困当事者の「排除」と「他者化」 …………………… 2
   - 1.2　参加型貧困調査の「補完的な価値」 …………………… 5
2. 分析の視点 ………………………………………………………… 6
3. 本書の構成 ………………………………………………………… 9

第 1 章　貧困当事者を包摂する参加型貧困調査 ……………………… 13
1. 参加型貧困調査の実例 …………………………………………… 14
2. 「参加」の課題とその担保 ……………………………………… 16
   - 2.1　参加者の募集 ……………………………………………… 17
   - 2.2　調査の進行 ………………………………………………… 18
   - 2.3　結果のアウトプット ……………………………………… 20
3. 参加型貧困調査の有用性 ………………………………………… 21

第 2 章　本研究で実施した参加型貧困調査の説明 …………………… 25
1. 調査概要 …………………………………………………………… 26
2. 課題 1 ── 参加者の募集 ………………………………………… 28
   - 2.1　調査情報の伝達 …………………………………………… 29
   - 2.2　調査環境の整備 …………………………………………… 31
     - 2.2.1　場所 …………………………………………………… 32
     - 2.2.2　時間 …………………………………………………… 32
     - 2.2.3　謝礼 …………………………………………………… 34
     - 2.2.4　サポート ……………………………………………… 34

3　課題2──調査の進行 ………………………………………… 35
　　　　3.1　話題の設定 ………………………………………………… 36
　　　　　　3.1.1　議論のプラットフォーム ……………………………… 36
　　　　　　3.1.2　話題の提起 ……………………………………………… 40
　　　　3.2　議論の展開 ………………………………………………… 41
　　　　　　3.2.1　権力不平等の回避 ……………………………………… 42
　　　　　　3.2.2　インタラクティブな議論の進行と展開 ……………… 42
　　　　　　3.2.3　参加者自身による言葉の説明 ………………………… 45
　　4　課題3──結果のアウトプット …………………………………… 46
　　　　4.1　調査結果の確認 …………………………………………… 46
　　　　4.2　文章化の方向性 …………………………………………… 47
　　　　　　4.2.1　参加者の要求や希望に従うこと ……………………… 48
　　　　　　4.2.2　必要最小限のテクニカルな処理 ……………………… 51
　　5　小　　括 …………………………………………………………… 57

第3章　集まり1──貧困当事者が見た「貧困」 ……………… 59
　　1　「貧困」の言葉に対するイメージや理解 ………………………… 59
　　　　1.1　貧困 ………………………………………………………… 59
　　　　1.2　「アンダークラス」 ………………………………………… 62
　　　　1.3　「社会的排除」 ……………………………………………… 66
　　2　貧困の意味 ………………………………………………………… 68
　　　　2.1　金銭的・経済的 …………………………………………… 68
　　　　2.2　制約的 ……………………………………………………… 69
　　　　2.3　心理的・感情的・精神的 ………………………………… 70
　　　　2.4　関係的・階級的 …………………………………………… 72
　　　　2.5　労働的・時間的 …………………………………………… 74
　　　　2.6　教育的 ……………………………………………………… 74
　　　　2.7　健康的 ……………………………………………………… 75

3　誰が貧困者である・でない・なにで区別 …………………………… 76
　　3.1　共通に考えられた点 ……………………………………………… 77
　　　3.1.1　経済的な理由でやりたいことが制限されるかどうかで区別 …… 77
　　　3.1.2　選択の余地があるかどうかで区別 ……………………… 78
　　　3.1.3　「心」の余裕があるかどうかで区別 …………………… 79
　　3.2　論争となった点 …………………………………………………… 81
　　　3.2.1　自分の心はどう思うかに関する議論 …………………… 81
　　　3.2.2　本人が努力するかどうかに関する議論 ………………… 84
　4　小　　括 ……………………………………………………………… 88

第4章　集まり2──貧困当事者が経験した「貧困」……………… 91
　1　心配・困りごと ……………………………………………………… 91
　　1.1　「金銭的・経済的」に関すること ……………………………… 91
　　1.2　「制約的」に関すること ………………………………………… 94
　　1.3　「心理的・感情的・精神的」に関すること …………………… 96
　　1.4　「関係的・階級的」に関すること ……………………………… 100
　　1.5　「労働的・時間的」に関すること ……………………………… 106
　　1.6　「教育的」に関すること ………………………………………… 110
　　1.7　「健康的」に関すること ………………………………………… 113
　2　貧困当事者のエイジェンシー ……………………………………… 115
　　2.1　検討の視点と注意点 ……………………………………………… 116
　　2.2　やりくり …………………………………………………………… 121
　　2.3　反抗 ………………………………………………………………… 124
　　2.4　脱出 ………………………………………………………………… 126
　　2.5　組織化 ……………………………………………………………… 129
　3　貧困の構造上の諸側面からの制約 ………………………………… 131
　　3.1　物質的・経済的 …………………………………………………… 131
　　3.2　社会的・文化的 …………………………………………………… 133
　　3.3　政治的・代表的 …………………………………………………… 135
　4　小　　括 ……………………………………………………………… 137

第 5 章　集まり 3 ── 貧困当事者が振り返る調査参加 ……………… 141
   1　貧困当事者にとっての調査参加の意味 ………………………………… 141
       1.1　貧困について議論できた ……………………………………… 142
       1.2　貧困認識が深まった …………………………………………… 148
   2　貧困当事者からの調査に対する改善提案 ……………………………… 155
       2.1　「だれ」が貧困議論の主体となるべきか …………………… 155
       2.2　「いかに」貧困を議論していくべきか ……………………… 160
   3　小　括 ……………………………………………………………………… 170

終　章　本研究で理解し得た「貧困」 ……………………………… 175
   1　貧困当事者が語った「貧困」 …………………………………………… 175
   2　本調査研究から学んだこと ……………………………………………… 186
   3　今後の課題 ………………………………………………………………… 191

補　論　新たな貧困の政治の検討 …………………………………… 195
   1　従来の貧困議論 …………………………………………………………… 195
   2　貧困当事者による「貧困」構築 ………………………………………… 197
   3　「参加」の政治に向けて ………………………………………………… 200

付録 1　関連分野での参加の実践 ……………………………………… 207
付録 2　「代議制民主主義」との関係性 ……………………………… 209
付録 3　「代表性」が必ず必要なのか ………………………………… 211
付録 4　調査参加者募集ポスター ……………………………………… 213
付録 5　プレ調査の説明 ………………………………………………… 214

初出一覧 …………………………………………………………………… 216
あとがき …………………………………………………………………… 217
引用・参考文献 …………………………………………………………… 219

序　章　貧困理解におけるもう一つの視点

1　研究の目的とその背景

　本研究の目的は、貧困当事者[1]を包摂する参加型貧困調査(以下、参加型貧困調査)[2]を通じて、貧困当事者の主体側から貧困を理解することである。本研究は、貧困当事者が受動的な客体として調査されるような従来の貧困調査と異なり、日本ではまだ前例が少ない参加型貧困調査を実施し、多様な貧困経験を持つ当事者たちが調査研究の主体となり、グループディスカッションを通して、「貧困」をどのように理解しているのか、何に心配し困っているのか、それに対してどのように対応したのかを議論していく過程を記述する。このような調査を実施することによって、貧困当事者自身による貧困分析を提供し、よ

---

[1] 貧困状態に暮らす人々を表す際に、これまで学術的に「貧困経験者」「貧困当事者」のいずれも用いられたことがある。両者には大きな違いはないが、第2章で紹介しているように、本調査研究での調査参加者たちは、過去に直接な貧困経験を持っていた人より、今現在も貧困のただなかに暮らしている人が大多数であるため、「貧困当事者」を使っている。なお、「貧困当事者」を使用するもう一つの理由は、本調査の目的と主旨、そして参加者たちの調査に参加しようとしたときの意思をより適切に伝えるためである。これを社会問題の構築主義の立場に立って考えれば、誰がいかに貧困を議論していくべきかをめぐって、「される側」と「する側」の間の境界線を見直していく用語でもある。

[2] Fran Bennett & Moraene Roberts(2004)は「Participatory approaches to research and inquiry into poverty」と表記している。本研究では、調査を行う際にそこで最も重視されている貧困当事者を包摂することを強調するために「貧困当事者を包摂する参加型貧困調査」と称する。そして、本研究で論じている「包摂」は「これまでの貧困議論を主導してきた研究者や政策策定者などが、貧困当事者の主体性を承認・尊重し、貧困当事者を貧困議論や調査実施の過程に組み込むこと」を指している。また、ここでの「参加」は、BennettとRoberts(2004)による「貧困状態にある人々には、自分自身の状況と、その状況にどのように立ち向かうかに関する分析に参加する権利があるという信念を実行に移すこと」(Bennett & Roberts 2004: 6)という解釈と同様に用いている。

り民主的な貧困議論の実現に寄与する。

1.1 貧困当事者の「排除」と「他者化」

　1990年代に入ってから、貧困理解をめぐって従来の貧困研究に対して以下のような批判がなされている。Hartley Dean(1992)はこれまでの貧困研究について、次のように指摘している。これまでの貧困研究者は、肉体的能率の維持(B. Seebohm Rowntree 1901)、相対的剥奪(Peter Townsend 1979)、社会的に認識された必需品の欠如(Joanna Mack & Stewart Lansley 1985)[3]、そして、社会的参加からの排除(David Donnison 1982)などの観点から貧困を定義しようとしてきた。使用された基準は多かれ少なかれ厳格(絶対的)または寛大(相対的)であるが、定義のプロセスは本質的に技術官僚的なものである(Dean 1992: 80)。このような貧困論述は、貧困の構造的側面に焦点化し、貧困は構造のせいであると指摘するが、実在の人間への配慮が少なく、そこでの貧困当事者は「社会的排除」された可哀そうな「被害者」であるとしばしば描かれている(Dean 1992: 81)。その結果として、第1に、保守的な貧困議論——貧困は個人のせいであり、貧困当事者が「アンダークラス」と名づけられて、「悪徒」と描かれていること——に十分に対抗できず、保守的な貧困議論と同様に貧困当事者の「無力化(disempowering)」をもたらしている(Dean 1992: 79, 81)。第2に、貧困当事者が貧困をどのように理解しているかが明らかにされていない(Dean

---

[3] Mack & Lansley(1985)はTownsend(1979)が提出した「相対的剥奪指標」の主観性を指摘し、サンプリング調査を通じて一般民衆が考えた生活最低限の必需品の基準を確立しようとした。ただ、Tony Novak(1995)によれば、これも本質的に研究者の主観性によるものであり、そもそも貧困とはなにかを教えてくれない。Novak(1995: 58-60)は、イギリスをはじめとする西洋社会における過去の約百年間の貧困研究の多くは、自然科学の世界を模倣し、量的な貧困測定に集中し、科学的と思われるデータの測定を理論的理解の基礎として確立しようとしてきた。そして、これがもたらした影響としては、狭隘的貧困概念が助長され、貧困の測定そのものが貧困の定義を代替し、人々が「貧困」と「貧困当事者」に対して、非常に限られた理解しか与えられていないと指摘している。ここで紹介したNovak(1995)の指摘は本文で述べたPeter Beresfordら(1995, 1999)の指摘と重なる部分はあるが、力点の置き方は異なっている。Novak(1995)は主に貧困の量的化や貧困測定——それが貧困の概念や定義とどのような関係であるか——についてである。Beresfordら(1995, 1999)は主に貧困議論のフレーム——誰がその主体になるべきか——についてである。

1992: 81)、第3に、貧困研究者は自身が反対すること(貧困当事者の排除や他者化)を逆に自身でも遂行してしまうこととなっている(Dean 1992: 87、括弧筆者)。これらの問題に対して、Dean はこれからの反貧困運動は「貧困」と「貧困者」の脱構築からはじめなければならないと主張している(Dean 1992: 79)。

そして、Peter Beresford ら(1995, 1999)は上記の Dean(1992)の論点を深め、また次のような指摘をしている。それは、これまでの貧困研究の主体であるはずの貧困当事者がそこでの議論や調査から排除され他者化されていることである(Beresford & Suzy Croft 1995; Beresford & David Green & Ruth Lister & Kirsty Woodard 1999; Beresford 2013)。

Beresford らの指摘によれば、これまでの貧困議論は主に研究者、政治家、メディア、貧困ロビーなどによって主導されてきた。そこで、貧困当事者は不在であり排除されている(Beresford & Croft 1995: 76)。そして、この排除は主に3つの形式で表れている。第1に、貧困当事者が、公衆の貧困認識に影響を与えているポリティカルプロセスとメディアストラクチャーにおいて周辺化されている。第2に、貧困当事者は貧困議論や反貧困運動に関心がある学術的研究機構、シンクタンク、キャンペーンやプレッシャーグループでの発言や参加がほとんどない。よって、第3に、貧困当事者は貧困の議論にほとんど参加できず、貧困の分析と概念の形成から周辺化・排除されているとされる(Beresford & Croft 1995: 76)。確かに、これまでにさまざまな貧困当事者に対する質的調査研究があるが、そのほとんどは貧困でない研究者らが、貧困当事者の発言を選択・処理・解釈するものであり、直接の貧困経験がある当事者から発せられた貧困解釈ではない(Beresford & Croft 1995: 78; Beresford & Green & Lister et al. 1999: 4-21)。

続いて、Beresford はこのような「排除」はまた、貧困当事者に「他者化」の影響をもたらしていると述べている(Beresford 2013: 140)。ここでの「他者化」は、Lister(2004=2011: 147-149)によれば、それは「貧困者」がさまざまな面でさまざまな表象や言説を通じて社会の他の成員と違った仕方で扱われるプロセスであると理解できる。当時、そして今現在でも貧困議論で頻繁に用いられた「アンダークラス」と「社会的排除」という2つの言説は「他者化」の実

際を表す端的な例である。

　「アンダークラス」論は1980年代から90年代にアメリカ、そしてイギリスで盛んになって広がってきたものである。最も影響力があるのはCharles Murray (1984, 1990)の主張である。Murrayは「アンダークラスは貧困の程度ではなく、貧困の一つのタイプ」であり、「彼ら(＝貧困当事者)の行為によって定義されている」と論じている(Murray 1990: 1)。これに対して、「アンダークラスは周縁的な人々を定義するのではなく、これによって定義された人々を象徴的に周縁化してしまう」(Dean & Peter Taylor-Goodby 1992: 44)、または「アンダークラス」は文化や行動的なものと関係があると認めながら、その原因は構造的である(William Julius Wilson 1987=1999)という批判もあるが、いずれも対抗的なものとなっていない。Lister (2010: 157)によれば、この「アンダークラス」の使用は、貧困問題の再定義のプロセスを示している。つまり、リソース不足の問題から人の行為の問題へ転換し、あるグループによる定義を他人に課していくことである。これによって、貧困の代わりに貧困当事者が「問題」として構築されており、1990年代以後の厳格な福祉改革が引き起こされていた。

　「社会的排除」は、もともとフランスにおいて貧困当事者を含む社会保険制度からこぼれ落ちて周辺化された人々を表すために使われた(Hilary Silver 1994: 532)。1980年代からEU委員会において使用され、1990年代にヨーロッパで普及してきた。「社会的排除」は、当時のイギリスのニューレイバー政府においては「アンダークラス」に対抗しうる社会政策概念として使われており、ニューレイバー政府は貧困の社会的・関係的な側面に関心を払い、社会的公正や機会均等などを重視する一連の「社会的包摂」政策をとった。ただ、Jock Young (2007=2008)によれば、このような福祉対策は厳しい福祉政策と異なるもののように見えるが、実質的に「他者をわれわれのような素質や美徳が不足しているとみなすことである…物質的ないし文化的な環境や資本の剥奪によって生じる不利な立場とみなされる。もしこれらの環境が改善されれば、かれらはわれわれのようになるのに」(Young=2008: 19)という貧困当事者の差異を強調している。これはまた、「アンダークラス」論と同じように貧困当事者への「同情すべき可哀そうな弱者」というステレオタイプを促す。

1.2　参加型貧困調査の「補完的な価値」

　上記に対して、貧困をよりよく理解するために、Beresford & Croft(1995: 89-93)、Beresford & Green & Lister et al.(1999: 33-41)、Lister(2011: 15)、Lister & Beresford(2019: 284-285)はこれからの貧困研究を行う際に、もっと包摂的な実証方法が求められていると論じている。その際に、貧困経験者の視点を取り入れること、そして、それを参加型の手法を通じて行うことが必要であると提起し、イギリスでは率先的に参加型アプローチを用いて貧困調査が行われてきた。本研究では、このような Beresford や Lister らの提起を重視して行われる調査を「貧困当事者を包摂する参加型貧困調査(すなわち、参加型貧困調査)」とする。

　こうした参加型貧困調査について、Fran Bennett & Moraene Roberts(2004)は直接的な貧困経験を持つ人々が、調査過程において、もっと発言権を持つように、もっとコントロールできるようにすることが特徴であり(Bennett & Roberts 2004: 5, 50)、決して「研究者の"客観的な"知識に貧困者の"主観的な"感覚を付け加えるだけということではなく、また決まった論点に貧困者の声を多様に引用して付加することでもない」(Bennett & Roberts 2004: 9)と述べている。そのため、Bennett & Roberts(2004: 9-10)は参加型貧困調査が「研究を改善する(Improving Research)」という点において、従来の貧困研究にとって以下のような「補完的な価値(Add Value)」があると評価している。

・貧困当事者を包摂する参加型貧困調査は、効果的に研究課題を洗練し論点や話題を提起することができる。そして、貧困当事者は貧困に対する専門的な知識を持っているため、彼らが提供した貧困見解は研究の有効性を高めると同時に貧困知識を豊富にすることができる。
・これらの見解や知識を他の貧困研究から得られた証拠と一緒に使用すると、より完全で繊細な貧困分析を行うことができる。その分析の多くは「状況」が何であるかだけでなく、なぜ、どうやってそのような「状況」になったのかについての全体像を示すこともできる。
・参加型の手法によって、「貧困」の諸側面を浮かび上がることができる。さらに、その貧困の諸側面がどのように相互に関連していること、そして、

力関係によって資源へのアクセスがどのように構造化されているのかを強調することができる。
・これらの調査結果が政策と関連する場合に、それはまた人々の現実の貧困状況に適するような政策の策定や改革につながっていく。そこでの参加者の「参加」の程度が高くなるほど、調査から得られた結果や提案が「自分のもの」だと参加者に感じられて利用されていく (Bennett & Roberts 2004: 9-10 をもとに筆者要約)[4]。

以上、本研究における目的の設定の背景を説明した。それは以下のようにまとめられる。主に貧困理解において、Dean (1992)、Beresford ら (1995, 1999) が指摘したようなこれまでの貧困研究がうまく対応できていない点に対して、Beresford、Lister、Bennett らはこれからの貧困研究は貧困当事者の視点を取り入れることが必要であること、そして実証レベルでは参加型貧困調査が貧困当事者の視点から貧困を理解するという課題に対応するには有効であり、「研究を改善する」「補完的な価値」を持つことを主張した。本節では貧困研究が最も蓄積されているイギリスを中心にまとめたが、日本でも同様な課題がある。次節では日本の貧困研究の現状を踏まえて、本研究の分析の視点を述べていきたい。

2　分析の視点

2000 年代後半から経済格差の拡大や貧困の深刻化に対する関心が高まり、

---

[4] ここでは主に「研究を改善する」という点について、参加型貧困調査の「補完的な価値」を要約した。Bennett & Roberts (2004: 9-12) によれば、参加型貧困調査は「研究を改善する」以外には、「調査参加者にベネフィットをもたらすこと」「声を上げる権利を具体化していくこと」というような「補完的な価値」もあると論じている。ただ、これらの価値は他の形式の貧困研究の価値を弱めて損なうものではなく、参加型貧困調査を重視しようと強調する理由と見なされるべきであると Bennett & Roberts (2004: 9) は述べている。本研究は基本的にこのような Bennett & Robert (2004) の主張と同じスタンスで、実証的なレベルで行われている。

特に2008年の世界金融危機をきっかけに日本では貧困研究が再び活発になっている。岩田(2008)は学術雑誌『貧困研究』の創刊号で発表した文章「貧困研究に今何が求められているか」にて、日本の貧困研究について、前述のDean (1992)、Beresford(1995, 1999)等と同様な指摘をしている。岩田(2008：23)は、研究者が行ったインタビューにおいて、さまざまな当事者の「言葉」が含まれても、それが彼らの意見や反応それ自体ではない、あくまでインタビューを介したものでしかないと述べている。岩田(2008：23)は、貧困当事者たちは「人生のなかで、意見を求められたり、あるいはすすんで意見を言ったり、また何かの意思決定に参加する、というような経験をもたない」を述べて、今後の貧困研究において、「貧困のただ中にある人々が自らの言葉で貧困を語りだす」ことが重要であり期待されていると論じている。しかしながら、岩田(2008)の指摘から十数年以上経った現在でも、日本の貧困研究はまだ当時指摘された課題を乗り越えたとは言い難い。

　確かに、近年の財政緊縮と福祉国家縮小の渦中にある人々の生活実態をよりよく理解するために、貧困状態に暮らす人々を含むさまざまな周辺化されたグループの「生きた経験(lived experience)」を表しようとする研究が増えている (Ian McIntosh & Sharon Wright 2018)。日本でも、貧困当事者自身の生活意識を重視するような研究には、小西(2003)、谷口(2011)などがある。そして、2010年にTess Ridge(2002=2010)の研究が日本に紹介されて、その示唆を受けながら貧困当事者を中心に据えて彼らの貧困経験を理解しようとする研究には林(2016)、大澤(2023)があげられる[5]。これらの研究は、貧困当事者の意識や経験に重きを置くという点では非常に価値があるが、そうした貧困実態を語る人々が(調査される客体ではなく)調査研究の主体となり、自分たちの関心を調査アジェンダに組み込んで自らの貧困分析を行っていくという点では十分とは言えない。

　具体的には、これらの貧困研究は、特に子どもという社会的区分に焦点を当

---

[5] 小西(2003)、谷口(2011)、林(2016)、大澤(2023)以外に、施設で暮らした子どもの生活や思いに関する本である『子どもが語る施設の暮らし』編集委員会(1999、2003)、『施設で育った子どもたちの語り』編集委員会(2012)がある。ただ、これらは研究というより、施設での生活を経験した人たちの語りをもとにまとめた口述集に近い。

て、基本的には「貧困の世代的再生産」の議論の延長であり、大人や家族または施設の対として脱家族の論点から子どもを主体として把握するという構えで行われたと考えられる。これは、そもそも、貧困当事者が自分たちに関する貧困の議論や調査研究に参加し、従来の研究者、政治家、メディア、貧困ロビーなどと並び、貧困を構築するもう一つの主体とするような本研究の研究意識とは異なっている。

また、これらの研究ではインタビュー調査を通じて、また時間をかけた観察や参与観察[6]が行われる場合も含めて、確かにさまざまな貧困当事者の言葉が示されているが、多くの場合は研究者らの論点や分析に当てられて、貧困当事者の貧困分析それ自体とは言えない。なぜなら、どれほど丁寧なインタビュー調査であっても、それは調査者(多くの場合は研究者)があらかじめ用意しておいた調査項目に沿って、貧困当事者に質問し、回答を求める形で行うものであり、貧困当事者にとっては外部から持ち込まれるものだからである。そこで聞かれた質問の構成や調査者との対話、そしてそこから生まれた調査結果、つまりその調査過程[7]や結果のアウトプット[8]には、懸念が残る。

これに対して、参加型貧困調査では、「参加者が自らの関心を調査に組み込めて調査の全過程をコントロールできる」(陳 2021a)点が最も重視されている。本調査研究では、参加者の調査への「参加」を保障し、特に以下のような対応を取ることでそうした懸念の回避に努めた。詳細は本書の第2章で紹介するが、以下ではポイントのみ述べておきたい。

---

[6] このような人間の行動を注意深く見ることによって対象者を理解しようとする観察方法や対象者に関わりながら観察を行う参与観察法は、対象者の日常の行動を観察することができ、対象者の内面に踏み込んでさまざまな要因が絡み合った複雑な事象も把握できる点が評価されている。しかしながら、①観察の視点や記録データに観察者の主観が入りやすいこと、そして、②特に参与観察に関して、観察者の存在が対象者の緊張や不信感につながることが指摘されている。例えば、上記の谷口(2011)の調査では、調査実施者は対象者にとっては、どちらかというと施設での職員の立場と近いような存在であるので、このような観察者の存在は対象者が自分の日々(これからも)暮らしている生活の場や付き合っている施設の職員などについて何か思いや意見を述べることに影響を与える可能性が考えられる。ここでの①と②は本調査研究では特に避けたいことである。

[7] そこには、調査の具体的なアジェンダや話題の設定と展開、そして調査進行中の調査実施者と調査対象者との間の緊張関係、利害関係、権力不平等などの課題が含まれている。

[8] 本研究では、調査データを整理したり、文章化することで、調査結果を得ることを指す。

① 属性が同一の参加者をグループに組み、グループディスカッションの形式で調査を進めた。それにより、一般的なインタビュー調査のような、調査実施者と調査参加者との1対1の形で、調査参加者が調査・質問され回答を求められるような緊張感を緩和し、調査実施者の先入観や研究意思が調査参加者の発言に影響することを回避し、参加者同士間で互いに勉強し啓発されるといったようなインタラクティブな議論も促進した。
② グループごとに3回の集まりで調査を行った。集まりごとに時間の間隔をあけることで、議論した内容を集まりの後でも継続的に考える機会が生じる。それにより、前回の集まりでうまく言えなかったことや新たに気づいたことがあれば、次回の集まりの時に付け加えることなどで、議論自体を毎回深めることができる。
③ 本調査では、貧困当事者が、従来のように貧困のストーリーや経験を提供するような調査される存在ではなく、彼らが直接に「貧困」について自分なりの貧困分析を行う。これはこれまでの貧困研究との大きな違いである。

以上のように、これまでの日本の貧困の実証研究において貧困当事者を貧困に関する議論や調査研究の主体と見なして「参加」の意識をもとに行われた調査研究がいまだ少ない状況に対して、本研究は参加型貧困調査を実施する。それによって、貧困当事者の貧困に関する議論や調査への「参加」を担保し、前節で述べた参加型貧困調査の「補完的な価値」を活かしながら、貧困当事者が自分の「声」で描き出す貧困の現実を探求していきたい。

3　本書の構成

ここまでは、本研究の目的と分析の視点を説明した。それに沿って、本書は主に以下の構成で展開していく。
　第1章は、本研究の先行研究、すなわち、貧困当事者が貧困とはなにかを自分自身で探求するのに有効とみられている参加型貧困調査を紹介する。イギリスにおける代表的な調査研究を分析し、方法論の視点から参加型貧困調査の実

施にあたって「参加者の募集」「調査の進行」「結果のアウトプット」の各段階での課題を明らかにする。先行研究の検討を通じて、貧困研究にとっての参加型調査の有用性を改めて確認する。

第2章は、本研究の研究方法の紹介であり、主に本研究で実施した参加型貧困調査の詳細を説明する。本調査の概要を紹介したうえで、前章で分析した参加型貧困調査実施上の各段階での課題に対して、本研究での参加型貧困調査を進めていくなかで実際に生じた課題とそれをクリアするために行った対応、特に調査の全過程において参加者たちの調査への「参加」を保障するためにどのような調査の手続きを取ったのかを解説・検討する。

第3章、第4章、第5章は、本研究の調査結果を説明する。第3章は、貧困当事者が見た「貧困」を説明する。本章は、主にこれまでの貧困議論でよく登場した貧困の言葉・言説である「貧困」「アンダークラス」「社会的排除」に対する、参加者たちの持つイメージや理解を議論し、参加者たち自身が考えた貧困の意味、そして誰が貧困者である・でない・なにで区別するかについて話し合った内容のまとめである。これにより、貧困当事者が考えた貧困の意味や基準を理解していきたい。

第4章は、貧困当事者が経験した「貧困」を説明する。本章では、主に前章で説明した参加者たちが考えた貧困の意味をよく理解するために、参加者たちによる自分たちの具体的な「心配・困りごと」についての議論、そして、参加者たちがこれらの貧困問題に対応するのに発揮したエイジェンシーを取り上げる。さらに、貧困当事者が貧困に直面するなかで行った苦闘(ときには望ましくない行為もある)や脱貧困に向けて行った戦略などを検討し、貧困当事者がエイジェンシーを発揮する際に直面した貧困の構造上の制約を考察する。その考察を通じて、貧困の意味だけではなく、貧困当事者に対する理解も深めていきたい。

第5章は、貧困当事者が振り返る調査参加を説明する。本章では、今回の調査参加が貧困当事者にとって何を意味するか、またこのような貧困の議論や調査に対して、参加者からどのようなフィードバックがもたらされたのかを主に確認する。ここでは、貧困当事者の調査への「参加」を調査に対する振り返りまでを含めて担保し、貧困当事者の視点から本調査の妥当性を検証し、今後の

調査実施に向けてその改善点を洗い出す。この第5章の内容は、第3章と第4章の内容と並び、本研究で設定した「貧困当事者の主体側から貧困を理解する」という研究目的に対して、実際に参加型貧困調査を通じて理解し得た「貧困」を示すだけではなく、貧困当事者は貧困を議論し分析できることと、そこから新たな知識を生み出せることの実証的なエビデンスの提供に寄与する。

　終章では、本研究で理解し得た「貧困」をまとめる。先行研究と照らし合わせながら本研究においての貧困当事者が語った「貧困」、特に貧困理解にとって重要ないくつかの貧困の主題を述べる。そのうえで、本調査の実施を通して新たに学んだことを紹介し、今後の課題を提起する。

　以上では、本研究の目的である「貧困当事者の主体側から貧困を理解すること」を達成するために、どのような調査の手続きを通してどういった貧困理解を得たのか、このように理解し得た貧困に対して参加者たちはどのように考えて評価したのかを中心に述べる。ただ、実際に調査を実施したところ、貧困と貧困当事者をよりよく理解できただけではなく、「参加」が果たす役割が顕著であり、貧困を理解し研究していくなかで「参加」が重要であることもまた深く感じられた。そのため、本論では真正面から論じられなかった「参加」について、改めて補論を設けて検討していきたい。補論では、従来の貧困議論を概観したうえで本調査の実施によって促進された貧困当事者による貧困議論の意義を示す。そして、貧困議論を発展させていくには「参加」という新たな貧困の政治の検討がとりわけ重要であることを提起しておきたい。

第1章　貧困当事者を包摂する参加型貧困調査

「参加」は"南半球"の国における開発の文脈で貧困と結び付けられて言及されてきた (Bennett & Roberts 2004: 34)。その方法は、1970年代には、当初「迅速農村評価 (rapid rural appraisal)」と呼ばれていたが、これは地域社会の人々自身が分析、計画、行動をするため「参加型農村評価 (participatory rural appraisal)」とも呼ばれてきた。これを踏まえて、1990年代初頭に、世界銀行は「参加型貧困アセスメント (participatory poverty assessment)」を開発し、量的なデータの補完に寄与してきた (Deepa Narayan & Robert Chambers & Meera K. Shah & Patti Petesch 2000=2022: 15-16)。これらの方法において「人々の知識を重視し、平等な環境のなかで行う」ことが重要課題として示されてきた (Bennett & Roberts 2004: 19)。その影響を受けて、1990年代末から21世紀初頭にかけて、イギリスをはじめとした先進国では、参加型アプローチを開発の文脈を超えて貧困研究に応用し、参加型貧困調査を実施してきた (Bennett & Roberts 2004: 19-20; Lister=2011: 15)[1]。

本章は、これまでに行われてきた5つの代表的な参加型貧困調査[2]を紹介し（第1節）、そこで貧困当事者の「参加」を保障するために、どのような課題があるのか、先行研究ではどのように対応したのかを検討していきたい（第2節）。最後に、序章で述べた従来の貧困研究が十分に対応できていない課題点と参加

---

[1] なお、「参加」は貧困と関連する以外の分野でも前から広く応用されている。「参加」の意味を理解するためには、それを形作ってきた他分野での実践も把握して置くことが役に立つ。本研究では、先行研究 (Croft & Beresford 1992、Bennett & Roberts 2004) で重ねて言及された「コミュニティ開発 (community development)」と「ユーザー関与 (user involvement)」を取り上げて、【付録1】で説明を加えている。

[2] 本研究で取り上げる5つの参加型貧困調査は、いずれもイギリスの初発の段階で中心となった貧困研究者たち（Beresford、Lister、Bennettなど）が連携しながら行ってきた調査研究である。このような連続的につながりのある調査から、問題意識及び研究方法がどのように引き継がれ、参加型貧困調査を発展させてきたのかを確認することができる。

型貧困調査の「補完的な価値」に関して、本章での検討をもとに参加型貧困調査の有用性を改めて確認する。

1　参加型貧困調査の実例

　まず、初期の例である「Poverty First Hand」(1999、以下「PFH」)[3]についてである。「PFH」は、従来の貧困議論や調査から貧困当事者が排除/周辺化されてきたことに対して、貧困当事者自身をも一つのエイジェントとして既存の貧困議論に組み込もうという意図のもとに行われた。具体的には、貧困の定義、原因、影響、言葉とイメージ、反貧困運動の5つの主題について、イギリス全土において直接的な貧困経験があるひとり親、障害者、福祉受給者、低所得者、失業者、高齢者、若い犯罪者、ホームレスなどの貧困当事者の間で議論を行った。「PFH」では、従来の貧困調査のように貧困当事者がただインタビューを受けて個人的な貧困経験を提供するのではなく、グループディスカッションの形式で進められた。そのことによって、個人に焦点を当てた事例分析を避けると同時に、貧困当事者は主体的に貧困を議論することを通して当事者自身による分析、見解、提案を提供することができた。

　次は、Commission on Poverty, Participation and Power (2000, 2002、以下「CoPPP」)[4]についてである。「CoPPP」は、調査プロジェクト「Voices for Change」(以下「VFC」)の調査報告書を出すためのフォローアップとして行われた[5]。「VFC」は、政策の立案・策定に貧困当事者が参加するうえで障害となる

---

[3] 「Poverty First Hand」は1994年から1995年までの2年間に実施され、その結果をまとめ分析したものは、1999年に *Poverty first hand: Poor people speak for themselves* という書名で出版されている。実施主体はChild Poverty Action Group(略称：CPAG)である。CPAGは、子どもと子どもを持つ家族の貧困を緩和するために運動を展開している組織で、イギリスの反貧困運動団体の中心的存在である。

[4] 「CoPPP」の実施主体はUK Coalition Against Poverty(略称：UKCAP)である。UKCAPはイギリス反貧困組織連盟であり、貧困経験者と政策策定者との連携を図り、反貧困戦略や政策を促進することを目指している。

[5] 報告書の題目は「Listen hear: The right to be heard」であり、2000年に公表された。そして、2002年にはこの報告書を作成した委員会である Commission on Poverty, Participation and

ことを探るために、イギリスの6地域で行った調査プロジェクトである。「CoPPP」は「VFC」の調査内容をもとに、貧困当事者が研究者などの専門家と一緒に議論し、「VFC」の地方参加者や政府・政策関係者との面会を経て、調査報告書を作り出した。この報告書は、実際の生活経験に基づく参加者間の折々の刺激的な意見交換を反映し、貧困当事者が政策議論や策定にどのように参加できるかについて、その方法を政府とともに議論し提案を行った。このように「CoPPP」は、「PFH」では触れられなかった、貧困当事者と関係他者とが共同してプロジェクトを推進する際の難点を示した。

「PFH」と「CoPPP」以後、貧困の社会的区分に焦点を当てて特定の貧困問題を検討する調査が行われてきた。例えば、子どもの目線から異なる社会背景にある子どもの生活を比較した調査「A child's-eye view of social difference」(2007、以下「Child」)[6]、貧困状態で暮らしている女性たちを対象とした調査「Engaging and empowering women in poverty」(2008、以下「Women」)[7]などがある。「Child」では、子どもたちが見た「貧しい」「金持ち」「上層」「下層」はどのような意味なのかを話したうえに、自分自身にとって重要と考えることを話してもらうことで、4つの共通話題、すなわち、教育、好きなもの(持ち物)、自由時間(活動)、家族と友だちを特定できた。それによって、子どもたちが重要だと考えていることに関して、それを普段の生活ではどのように体験しているのか、それに対してどのように思っているか、どのような対応を行ったのかをさらに探ることができた。「Child」と同じく社会的な区分に焦点を当て、貧困状態で暮らしている女性たちを対象とした調査「Women」では、まず、参加者全員に「貧困は私にとって、○○を意味する("Poverty means to me …")」というセンテンスを考えてもらい、3つの都市から132部の無記名の文章を収集した。そして、収集した文書をランダムに再配布し、参加者に読んでもらい、

Power を評価するための Sarah del Tufo & Lucy Gaster(2002)「Evaluation of the commission on poverty, participation and power」も公表された。

[6] 実施主体は Loughborough University, Center for Research in Social Policy, Dept of Social Sciences(ラフバラ大学、社会科学研究科社会政策研究センター)である。

[7] 実施主体は Women's Budget Group(略称：WBG)である。WBG は、イギリスの研究者、政策専門家、キャンペーン活動家等から成る独立した機関で、適切な経済政策を通してジェンダー平等を促進することを目的としている。

それについて話し合ってもらった。それによって、貧困に対する共通の理解、定義、共有された経験などが参加者のなかで浮かび上がり、貧困は「人権」「社会的孤立」「子育て」「金銭的経済的」「雇用と教育」「心身の健康」「地域」「住宅」という 8 つの主題と関わるものであると特定できた。そしてまた参加者たちは、一緒に集まって政府の基本構造や政策決定に影響するファクターなどを学習し、自分たちが考えた貧困の 8 つの主題を 3 つの政策提言に洗練させ、政策策定者との議論を行った。これらの調査は、参加者や検討課題は異なるが、基本的に「PFH」と「CoPPP」(主に専門家たちとのインタラクティブな部分)が示したフレームワークを利用していると見られる。

そして、直近では「The hidden dimensions of poverty」(2019、以下「THDOP」)[8] という調査がある。前述の調査はいずれも一か国内(イギリス)に限定した調査である。ただ、グローバル化が進んでいるなかにあっては、貧困に関する国際レベルの理解や課題を探求することが求められる。「THDOP」はこのような背景をもとに"北半球"と"南半球"の 6 か国(バングラディシュ、ボリヴィア、フランス、タンザニア、イギリス、アメリカ)にわたって実施された調査プロジェクトである。「THDOP」は、最初に国別に現地の貧困当事者、支援者、研究者ごとのグループで会議を行った。その後、統合作業を経てから各国共通の「隠された貧困の次元」すなわち、無力化、心身の苦しさ、闘争と抵抗、機構的冷遇、社会的冷遇、承認されていない貢献、まともな雇用や仕事がないこと、不十分で不安定な収入、物質的社会的剥奪の 9 つが考察できた。

2 「参加」の課題とその担保

前節では、これまで行われてきた代表的な参加型貧困調査を紹介した。それぞれの調査内容は若干異なるが、どれも貧困当事者の実質的な「参加」を保障するための工夫が見られる。そのため、以下では「参加」の手続きを実現して

---

[8] 実施主体は ATD Fourth World-Oxford University(ATD 第 4 世界)とオクスフォード大学である。ATD Fourth World は、長期的に貧困状態で暮らす人々と一緒に活動する国際的なボランティア組織である。

いくうえで、調査過程にどのような具体的な課題があるのか、そして、これらの課題について、前述した調査実例では実際にどのように対応したのかを見ていきたい。ここでは、調査過程を(1)参加者の募集、(2)調査の進行、(3)調査結果のアウトプットというように便宜的に分けて、それぞれ検討していきたい。

2.1 参加者の募集

　調査参加者を募集する際には、参加者が制約を受けることなく参加できるようにしなければならない。貧困当事者の場合は実際の生活上にさまざまな困難や事情を抱えている。そのため調査に参加するうえで、貧困当事者にとってどのような制約があるのかを検討する必要がある（陳 2021a）。

　まず、参加には時間やお金などのコストが掛かり、これらは貧困当事者にとって負担となり、参加を困難にする原因となる（Bennett & Roberts 2004: 47-48; Chambers & Linda Mayoux 2003: 17）。この問題について、「PFH」と「CoPPP」では参加のために発生する時間や金銭などのコストをできる限り抑えるべきであり、またそれに対する金銭をはじめとした適切なサポートが必要であることを繰り返し主張していた（「PFH」: 41, 202;「CoPPP」2002: 29）。

　次に、参加の環境に関して、参加しやすい会場であるか、仕事と調整しやすい時間設定であるか、子どもの世話や障害者のサポート体制があるか、参加に求められるスキル（読み書き能力等）は何であるかなどが参加に影響すると考えられる。この貧困当事者に参加しやすいような環境の設定については、「PFH」では配布資料を大きめに印刷したり、それを読み上げたりなどの努力が実際にあった（「PFH」: 49, 117）。「CoPPP」では貧困当事者が探しやすく、かつ安心感がある会場の設定、会場への案内、参加者の子どもの世話などに対応した。

　そして、調査に関する情報伝達も貧困当事者の参加に影響する。貧困当事者はどのような調査であるか（上記のコストや環境に関する内容を含めて）を十分に理解できないと、参加するか否かを判断しにくい。そのため、「PFH」では、最初に各反貧困組織にコンタクトを取り、調査の目的、方針、どのように調査を進行するか、貧困当事者に求めること、議論する内容などを、各組織を通して事前に貧困当事者に伝えていた（「PFH」: 1999）。

2.2　調査の進行

　これは、主に参加者が調査においてどのように主体的、そして民主的に貧困を議論し調査を進行していくかを意味している。具体的には、次の2つに分けられる。まずは、「調査の話題設定と展開」の課題である。参加型貧困調査では「貧困経験がある人が、貧困議論においてもっと発言権を持つようにするべき」である(Bennett & Roberts 2004: 5)。そのため、貧困当事者が主体的に調査の主題や内容の形成に関与し、自分の関心を調査に組み込んでいくことができるかが問われている。次に、「調査参加者の権力関係」の課題である。調査を実施するにあたっては、参加者の間の権力の強弱・不均衡の有無が問われなければならない(Chambers & Mayoux 2003: 12, 17)。権力のアンバランスが生じていると、参加者である貧困当事者の発言が抑制されるなどの恐れがある。これらの課題について、先行研究では主に以下のように対応している。

　まずは、調査の話題設定についてである。「PFH」で検討した話題は、1990年に行われた貧困当事者を主要参加者としたヨーク市の会議[9]から生まれた。その会議では、参加者の合意によって前述の5つの話題を設定し、貧困の全体像を描くためのプラットフォームを作成した。前述のように、「Child」では、子どもたち自身に自分にとって重要と考えることを話してもらうことで、4つの共通話題を特定できた(「Child」: 4)。「Women」では、調査の初期段階で参加者全員に「貧困は私にとって、○○を意味する」というセンテンスを考えてもらい、無記名の文章を収集した(「Women」: 7)。この文書を再配布して参加者にそれについて話し合ってもらい、8つの主要なテーマを特定できた。

　次に、調査の展開についてである。「PFH」では、調査実施者である研究者はできるだけ発言を抑えて、貧困当事者が影響されずに主体的に積極的に発言できるように意識していた。これに対しては、Caterina Ruggeri Laderchi(2001: 13)によれば、参加において貧困当事者が正しい情報や知識を持って適切な意見表明ができるのかと疑問視する見解もあるという。確かに、「PFH」でも、

---

[9] 会議に関する公表レポートは次である。Lister, R. and Beresford, P. (1991) *Working together against poverty, involving poor people in action against poverty*, Open Services Project and Department of applied Social Studies University of Bradford.

貧困当事者自身が既存の貧困定義について議論するのは難しいと感じている。しかし、貧困当事者が自身の経験に基づいて貧困を定義する際、多くは自分なりの見解を持っていた。結果として、貧困は「経済的・物質的」、「制限された行為」、「心理的・精神的」と3つの側面から定義された（「PFH」: 59）。貧困当事者は、普段、貧困についての考えや意見などを聞かれることはほとんどない。そのため、学術的な貧困の定義についての見解や感想などをたずねられてもすぐに答えるのは難しいかもしれないが、より身近で具体的なテーマから議論をはじめれば、積極的に議論に加わっていく様子がうかがえる。

　最後に、調査参加者の権力関係についてである。参加型貧困調査には多くの形式がある。例えば、貧困当事者だけが調査対象として参加したもの（「PFH」）、貧困当事者と専門家などが一緒に調査に参加したものもある（「CoPPP」）。前者は、同じ貧困当事者集団であるため、意見を表明するにあたり互いの権力関係から受ける影響は比較的小さいと考えられる。ただ、「PFH」では、高齢者、ひとり親、若者などの多様な貧困当事者がいるので、そこでの権力の差異はやはり無視できない。一方、「CoPPP」のような異なる集団の人たちが参加する場合には、集団間に利害関係が生じやすい。そのため、より弱い立場にある貧困当事者が「声」を出しにくい、議論を展開しにくいなどの問題が考えられる。

　これらの問題に対して、まず、貧困当事者間の権力関係に関して、「PFH」では、グループディスカッションで対応した。議論はひとり親や高齢者などの属性の異なる20グループが別々に行ったため、各グループが互いに権力の影響を及ぼし合うことはなく、一つの話題に対して多様な、そして時には対立的な見方や見解を得られた。なお、属性が近似しているメンバーで議論することにより、話題が遠くずれたり、特定の人物のみが話題をリードしたり、発言が過大あるいは過小に評価されることに対して一定程度の是正効果が考えられる。そして、貧困当事者と専門家との権力関係について、（「PFH」とは異なり）「CoPPP」では、貧困当事者と専門家などが一緒に調査に参加した。その際に、専門家の文化と習慣によって参加の実践が（貧困当事者にとって）排除的なものとなってはいけない（Lister=2011: 246）。そのため、貧困当事者が調査の形式や進行に対して見直しを要求できる権力を持たせるように、専門家から貧困当事者への権力の移行が求められている。このような緊張関係を克服するには、参

加者は互いが持っている専門性を承認・尊重するとともに、互いに理解し合い、各自が従来慣れ親しんできた仕事の仕方を変えることが求められる。ただ、"各自"とはいえ、その努力は研究者など専門家の側に求められることが多い。これらが実現すれば、結果としてポジティブな感覚や価値のある経験となる（「CoPPP」2002: 6, 73）。

2.3 結果のアウトプット

　これは調査で得られた貧困当事者の「声」と最終的な調査結果のアウトプットとの関係に関わることである（Laderchi 2001: 13）。つまり、調査結果を文章化する際に、いかに編集者の恣意的な判断を避けて、調査で得られた参加者の「声」を発信できるかということである。

　これに対して、「PFH」では次のことを留意した。まず、編集者4名のうち、3名は貧困の経験があり、もう1名のListerはCPAG（Child Poverty Action Group）で長年の勤務経験がある。著者たちは「このような異なる背景と経験は、貧困に対する『ファーストハンド』からの視点と専門的な視点との違い、そしてそれぞれが貢献しなければならないことを認識するのに役立っている」とコメントし、また「これらの異なる視点で互いに学び、互いに得ることができる」と評価した（「PFH」: x-xi）。そして、調査結果の記録や編集に関して、「PFH」では最初に参加者の同意を得て録音した議論の音声に基づいて、逐語録を作成し、それを参加者に送付してコメントをしてもらった。その後は、参加者のコメントを参照したうえで作成した調査結果の草稿を参加者に再送し、改めて確認や修正をしてもらった。一方、「THDOP」は6か国で行ったものであるため、調査結果を参加者全員に確認してもらうのは無理がある。そのかわりに、貧困当事者、支援者、研究者が構成した6か国の研究チームから32人の代表者が一堂に会し、1週間の共同作業を行った。作業の最初には、代表者を各自が属している"北半球"と"南半球"の2組で別々に（隠された貧困の次元の）リストを作成した。その後、その2組は合流し2つのリストを1つのリストに統合した。また、それだけではなく、研究チームの代表者たちは帰国後も、補足資料を提出した。コーディネーターはそれを最終のリストに反映し

調査報告書を作成した。

　以上のように、調査が行われた具体的な状況に応じて、対応の仕方は多少異なるが、いずれであっても貧困当事者を調査結果の編集や確認に包摂することで、彼らの「声」をより忠実に発信できるようにしていた。

3　参加型貧困調査の有用性

　以上は、先行研究から明らかになった「参加」の課題とその担保を整理した。本節では、その内容を改めてまとめたうえで、参加型貧困調査の有用性を確認しておきたい。

　初期の調査である「PFH」の最も評価できる点は、次のことを実現したことである。すなわち、調査過程において、多様な貧困当事者を調査に参加できるようにしたこと、貧困当事者が主体的に調査の話題設定や展開に加わることを可能にしたこと、貧困当事者が調査結果の編集プロセスに関与できるようにしたことである。いずれも参加型貧困調査を構成する基本的な課題であり、貧困研究における参加型貧困調査の基本的なフレームワークを提供してくれた。「CoPPP」は、いかに貧困当事者と専門家との関係を対等にしながら調査を進めてきたのかを示しており、これは上記の「PFH」が示したフレームワークを補完したという点で評価できる。「THDOP」に関しては、国際レベルで参加型貧困調査を行う際の調査結果のアウトプットに関わる対応手法を示していることが評価できる。他方、「Child」と「Women」は、新たに取り組んだ方法論上の課題は特に見当たらないが、貧困の社会的区分を意識した点で、社会の違う集団での貧困に対する認識を理解することに貢献した。こうした一連の手法を通して、「調査実施上に貧困当事者が調査参加にあたって制約がなく、調査過程に関与ができること」(陳 2021a)が実現でき、貧困調査における貧困当事者の「参加」が担保されたと考えられる。

　そして、こうした貧困当事者の調査への「参加」が担保されたことによって、①貧困の諸側面(「PFH」「THDOP」「Women」)、②貧困当事者の関心や経験(「Women」「Child」)、③貧困当事者の調査研究や意思決定においての「参加」

や「声を出す」うえでの障害となること(「CoPPP」)などのような論点や調査結果が浮かび上がる。いずれも、貧困の意味や性質を提示し、貧困研究にとって2つの大きな意味があると見られている(陳 2021a)。一つは、貧困を捉える際にその構造的側面に焦点を当ててきた従来の研究に対し、直接的な貧困経験がある人が貧困を「語る」ことで、貧困当事者の主体の側から貧困を理解し得ると示すことである。もう一つは、従来、貧困をめぐる議論や調査から排除／周辺化されてきた貧困当事者たちが、そうした調査や議論に「参加」できるようにすることで、民主的な貧困議論の実現につながることである[10]。前者の「貧困理解」は貧困当事者の視点から伝えられる貧困に関する重要なメッセージであることに対して、後者の「民主的な貧困議論」は主に"手続き的な"正義に関わることであると理解できる[11]。では、この2つの意味を果たすために参加型貧困調査は実際にいかなる有用性があるのかについて、以下で先行研究と照らし合わせながら具体的に確認していきたい。

まず、「貧困理解」は調査結果から実現できる。貧困と最も関係している貧困当事者から提示された情報をベースに、研究を改善することによって、貧困の「生きた経験」の理解を深め、影響を受けた人々にとって意味がある政策につながる(Bennett & Roberts 2004: viii)。例えば、「PFH」と「Child」では貧困当事者の主体性と貧困に対する専門性を認めながら貧困当事者が調査の全過程に「参加」することを担保できたことで、貧困当事者は従来のようなただの他人の分析や議論に情報を提供するのではなく、自分たちが主体的に貧困を議論し、自分たちの「声」で貧困はどのようなものであるか、自分たちの日々の生活では何に関心をもっているのか、そういうことが自分たちにどのような影響を与えるのかを教えてくれている。そして、「THDOP」は、調査範囲を領土国

---

[10] この2点は主に序章で紹介したBennett & Roberts(2004: 9–12)が述べた参加型貧困調査が有する「補完的な価値」を踏まえて、陳(2021a)が本章で取り上げた5つの参加型貧困調査の実例をレビューしたうえで、概括したものである。

[11] 序章で紹介したように、Beresford & Croft(1995)、Beresford & Green & Lister et al.(1999)は、貧困当事者が貧困議論から排除されていることを論じている。そして、このようなBeresfordらが指摘した従来の貧困調査を、Nancy Fraser(2005, 2008)の「正義論」からみると、その実際は「公的熟議での平等な発言権と公的意思決定での公正な代表を付与しているか」ということと関係し、「公的な論争のプロセスを組み立てる手続き」の問題であると考えられる(Fraser 2008=2013: 26)。

家の境界線を超えて、地球の「南北」にわたる先進国と発展途上国を一つのプロジェクトで調査し、貧困当事者たちが見た「貧困」を表した。こうしたことは、Tony Novak(1995: 71-73)が主張した「貧困をプロセス的関係的に見ることによって、一か国内の貧困はもちろん、異なる国家間の貧困についても有意義な比較ができる」ということを実証的に捉えることができた。これはまた、Lister が論じた国際レベルの貧困理解に参加型貧困調査は特に有効であること(Lister=2011: 21)を確認した。そのため、このような参加型貧困調査では「目的も調査過程も従来の貧困研究と異なっている」ため、新たな貧困理解を探るうえで重要な知見が示された(Beresford & Green & Lister et al. 1999: 35)。

次に、「民主的な貧困議論の実現につながること」は調査自体から期待できる。参加型貧困調査は貧困当事者による反貧困運動の一つと考えることもできる。従来、貧困をめぐる議論や調査から排除/周辺化されてきた貧困当事者たちが「参加」し、貧困を「議論」できるようにすることは、権利の具体化であり、どのような知識と経験が「重要」であるかについての意見を申し立て、貧困と貧困当事者のイメージをフレーム化していくための権利主張にも役立つ(Bennett & Roberts 2004: viii)。例えば、「PFH」のような日常生活全般に関する態度や意見だけに焦点を当てるのではなく、「CoPPP」や「Women」では貧困当事者たちの「声」をもっと政治的に用いて、特に社会構造や機構に対する貧困当事者の態度と意見を申し立てることも含まれている。「CoPPP」では、貧困当事者が研究者などの専門家と一緒に議論し、政府・政策関係者との面会を経て、貧困当事者が政策議論や策定に参加するにあたってどのような障害があるのか、それをなくす方法について、自分たちの見解を主張できた。同様に、「Women」の目的は、貧困女性たちの集合的な知識と経験を取り入れ、それを政策立案者に政策提案し、積極的に政策変更を生み出すように働きかけることにより、貧困女性たちの政治的能力を構築することである。そのため、「Women」ではイギリス3都市の貧困状態で暮らす女性たちを集めて、3段階に分けて自分たち女性の状況をよくするために、最後の段階に参加した政策策定者に提言を行った。「CoPPP」と「Women」のような調査研究では、調査参加者である貧困当事者は貧困の専門家と見なされるだけではなく、福祉プログラムやその他の社会システムや組織などの主要な社会制度に関する知識を有す

る社会批判の専門家とも見なされている。このような調査研究では、社会の周辺にいる人々が強力な社会機構に対する思いや見解を表すことができると同時に、貧困状態に暮らす人々のために本来は機能するはずの現行の制度やサービスと、貧困当事者の考えや要望との不一致をクローズアップすることも可能にしている (Janice Johnson Dias & Steven Maynard-Moody 2007; Michal Krumer-Nevo et al., 2006)[12]。

上で述べた2点の有用性は決してユートピア的な考えではない。なぜなら、これらのことは、貧困当事者たち以外の他の集団やグループでは既に実現したからである。例えば、障害者グループである「隔離に反対する身体障害者連盟 (Union of the Physically Impaired Against Segregation: UPIAS)」では、障害者たちは従来の他人(専門家など)に課された障害の解釈やイメージに異議を申し立て、自分たちの障害に関する議論や言説を展開することができている[13]。そのため、直接の貧困経験がある貧困当事者が貧困議論に参加できるようにすれば、障害者たちの場合と同じように、貧困研究や当事者主権を発展させることが十分可能であると考えられる (Beresford & Croft 1995: 92)。これを実現することによって、これまでの貧困状態にある人々に対する根拠のない仮想された知的劣等性、または、受動的な被害者というようなステレオタイプに挑戦し (Krumer-Nevo & Orly Benjamin 2010: 3)、従来のような物質的な不利益や社会的剥奪を中心とする貧困理解を刷新するとともに、権利と権力の観点から貧困についての議論を組み立てることも期待できるだろう (Beresford & Croft 1995: 92)[14]。

---

[12] 本研究で検討しているこのような参加型民主主義は、既に存在している一般民衆を代表し人々の意見を反映するような代議制民主主義に取り代わるものではなく、それを補いさらによく機能させるものである。両者の関係については【付録2】で説明している。

[13] UPIAS は障害者たち自身がコントロールする組織であり、イギリスの初期の障害者権利団体であった。UPIAS では、障害の社会モデルの開発につながった原則を確立し、機能障害(恒久的損傷、impairment)と能力障害(disability)を明確に区別した。その組織のポリシー声明は次のように述べている。「私たちが関心を持っているのは、私たちの生活を変える方法であり、またそれによって、この社会が私たちを排除するように組織されている方法によって、私たちの身体障害(物理的な機能損傷、physical impairments)に課せられている障害(能力的な障害、disabilities)を克服する」(UPIAS の設立声明)。

[14] ただ、このような貧困研究にとって大事な意味がある参加型調査は、イギリスでは研究された時期が長いとは言えず、まだイギリスの主流の社会調査に完全に組み込まれてはいない(Bennett & Roberts 2004: 34)。

第 2 章　本研究で実施した参加型貧困調査の説明

　本書の序章と第 1 章では、これまでの貧困研究における貧困当事者の主体側からの貧困に対する理解の不足という課題を提起し、そこでこの課題に対応するうえでの参加型貧困調査の有用性を検討した。これらの内容は主に貧困研究が最も蓄積されたイギリスを中心としたものであるが、本研究の序章で述べたように今日の日本を考えると同様な課題があると言わざるを得ない。日本では、2000 年代に入ってから多くの貧困研究者が貧困当事者の視点から貧困を理解する重要性を強調してきたが（岩田 2008、志賀 2019）[1]、今日に至ってもその方法論上の検討がまだ少なく、実証的に大きな進展が見られていない。

　これに対して、本研究はこれまでに検討してきたイギリスの研究からの示唆を受けながら日本でも参加型貧困調査を実施し、貧困当事者たち自身の「貧困」に対する見解や分析を実証的に試みたものである。従って、本章では主に本研究で実施した参加型貧困調査を詳しく説明していきたい。最初に、調査の概要を述べる。次に、本調査での参加者たちの調査への「参加」の保障[2] に焦

---

[1] 岩田（2008）については本研究の序章を参照願いたい。そして志賀（2019）は、前述の Dean（1992）が指摘した（技術）官僚的アプローチについて、日本でも同様な問題が存在していると指摘している。志賀はこの官僚的アプローチを「ある 1 人の人物が孤軍奮闘し複雑怪奇な議論を展開したり、その人物が必要だと判断する妥協を重ねつつ、当該問題の緩和を推し進めようとする姿勢を指すもの」と説明し、「妥協的姿勢は結局のところ、当事者不在のまま進められ、当事者に対する最も過酷なしわ寄せが及ぶことになる」と指摘している（志賀 2019：3-4）。志賀（2019）によれば、このような官僚的なアプローチはいかに善意に基づくものであったとしても、社会問題に対する人々の関心を喪失させるだけではなく、制度・政策の変更によって社会問題が解決しない場合でもその社会問題で苦しんでいる当事者の自己責任化をももたらしている。結果として、日本の貧困研究においては、貧困の概念などが十分に検討されず、そこに当事者の声もほとんど反映されてこなかった（志賀 2019：13-14）。

[2] この「参加」が保障されたことによって、調査参加者である貧困当事者はより主体的に貧困に対する考えや見解を語ることができる。

点を当て、前章で先行研究に対するレビューから検討した参加型貧困調査実施上の「調査参加者の募集」「調査の進行」「調査結果のアウトプット」の3つの課題に対して、実践的なレベルから実際に調査を行うなかであがった具体的な課題と対応を説明していく。

1 調査概要

本調査は[3]、2021年1月から同年10月までに本書の執筆者が実施したものである。調査の目的は、貧困当事者が「貧困」を語ることによって、貧困当事者の主体側から貧困を理解することである。調査参加者は、北海道を中心に貧困経験がある若者(18歳から30代以下)である[4]。具体的な構成は以下の表1が示している通り、男性/女性、学生/社会人、日本人/外国人[5]、全て50％対50％であり、計32人、8グループである。

---

[3] 本調査の実施及びそれに関する研究分析は、「北海道大学大学院教育学研究院における人間を対象とする研究倫理委員会」の承認を得ている(若者から見た「貧困」に関する研究(20-34))。なお、本調査は2020年度貧困研究会「貧困研究奨励基金」による。2021年度以後はJSPS科研費21H04404の助成を受けて行われている。

[4] 調査参加者を若者(18歳から30代)という一区分を選定した理由は主に次の2点である。①年齢がそれほど分散していないので、参加者たちの考え方が比較的近く、貧困に対する共通の考えや見解を持っているだろうと考えられるから。また、②より幅広い異なる生活スタイルの人々をカバーできるようにするためである。本章の後で説明しているように、本調査では18歳未満と高齢者のグループは含まれていないが、それ以外の、まだ完全に自立ができていない家族の支援が必要である学生グループとその次の段階での既に稼働中の社会人、その内部でさらに単身世帯、夫婦二人世帯、子育て世帯、ひとり親世帯、多世代世帯などのさまざまなグループの人々が含まれている。ここでの①と②によって、本調査は共通性があるものの多様な貧困経験を持っている人々を包摂することを可能にしている。

[5] 外国人も参加者として含まれている理由は、①同じ日本社会(北海道)に暮らしているのにもかかわらず、外国人であることによって、「参加」から排除されることを避けたいから、そして、②外国人であっても彼らの議論は日本で暮らすなかで考えた自分と関わる日本での貧困問題やそれに対する見解であり、在日本外国人を除くと逆に不完全な貧困分析になり、日本の「貧困」の全体像が見えなくなってしまうから、という2つである。

1　調査概要

表1　調査対象の詳細

グループ	人数	詳細状況
日本人学生・男性	4人	全員が奨学金(ローン)を受けている。なかには、生活保護世帯出身、母子家庭出身、親との関係が悪く金銭的な支援が一切ない、アルバイトで生活費と学費を維持する、などの状況が重なっている人もいる。
日本人学生・女性	4人	
外国人留学生・男性	4人	コロナ禍でアルバイトの収入が少なくなっていることに加えて、本国にいる家族に病気などのアクシデントがあったため、本国からの支援が少なくなっている状況である。
外国人留学生・女性	4人	
日本人社会人・男性	4人	全員に非正規労働経験がある。なかには、経済的な原因で大学進学できなかった、何年間かのフリーターを経験してきたなどの人も含まれている。
日本人社会人・女性	4人	全員がシングルマザーであり、生活保護を受給した経験がある。また、なかにはホームレス経験を持つ人もいる。
外国人労働者・男性	4人	多くは結婚も出産も早く(結婚する意欲があるが、お金がなくて、結婚できない人もいる)、家族を養う負担がある。また、ほとんどの人に債務がある。本国で生活が困難であり、他にお金を稼ぐ方法がなく、「○○(業種)」労働者として来日。
外国人労働者・女性	4人	

注1：個人情報を保護するために、調査参加者を特定できる内容を「○○」で表記している。また、発言を探って参加者を特定できないように、グループごと、そして、同一のグループから発せられた話題ごとで用いるA、B、C、Dは同一の参加者を示さないようにしている(詳細は本章の【4.2.2】を参照)。

注2：本研究を検討するなかで、時には32人の調査参加者たちの「代表性」が問われたことがあった。これについての筆者の考えは【付録3】で説明されている。ここで要約すると、本研究では32人の調査参加者があらゆるグループの貧困当事者を代表しているとは主張しないが、いかにこれまでの貧困の実証研究より当事者の側に近づくことができるかを意識し、多様な貧困経験がある当事者の参加を担保することに努め、彼らの「貧困」に対する理解を集合的に示したのは確かである。

　調査方法は、参加型貧困調査である(参加型貧困調査の説明については本書の序章と第1章を参照)。具体的には、属性が同一の4人で1つのグループにし、8グループとした。各グループは毎回1週間〜3週間の間隔をあけて3回集まり、調査を行った[6]。3回ごとの調査内容としては、1回目は「貧困に対するイメージや理解」、2回目は「生活上の心配や困りごと」、3回目は「調査の結果確認とコメント」である。

---

[6] そのうち、外国人留学生男性グループでは、1名が1回目のみ参加した。日本人社会人男性グループでは、1名が1回目と2回目だけ参加した。

それぞれのグループの調査実施場所に関して、学生の4グループ、日本人社会人男性の1グループは、北海道A市市内の公共施設等の会議室で行った。外国人労働者の2グループは調査中間協力者が所有する現地の部屋で行った。日本人社会人女性の1グループは本調査を行う際に協力をしてくれた北海道にある反貧困組織が所有する会議室で行った。

以上では、調査の概要を紹介した。次節から、主に調査参加者である貧困当事者の調査参加への「参加」に向けた調査の手続きに焦点を当て、第1章で検討した先行研究から示された参加型貧困調査実施上の3つの課題、すなわち、1. 参加者の募集に関する課題、2. 調査の進行に関する課題、3. 結果のアウトプットに関する課題に対して、本調査を実施していくなかで実際に出てきた具体的な課題とそれをクリアするために必要とされた対応を詳しく説明していきたい。

2 課題1──参加者の募集

本調査は、「当事者の立場から貧困を議論する」という主旨で、男性/女性、学生/社会人、日本人/外国人のグループ別に参加募集を行った。募集情報を拡散し、また、調査の協力者や協力組織にお願いする際に、しばしば「貧困に関する何らかの証明が必要か」「どういう貧困基準で募集するか」と聞かれた。それに対して、調査実施者は「証明は要らない/基準を指定しない/本人が生活を営む上で経済的余裕がない、生活困難や貧困と感じていれば」と答えた。そのやり取りの詳細は本節の【2.1】で紹介するが、ここでは先になぜ調査実施者から明確な貧困基準(例えば、「収入は何万円以下」のように)を指定しないのかを説明する。その理由は、主に本研究の序章で述べた本研究の研究意識──貧困を直接に経験していない他者ではなく、貧困当事者によって貧困を定義する──にある。たとえば最初から何等かの条件を決めて、それを満たす人を貧困当事者と見なして募集対象者とすると、次のような問題が生じてくる。それは「調査実施者や研究者が最初からすでに貧困を定義してしまっており、結局相変わらず研究者らによる貧困概念を先に措定していたのではないか」という

ことである。これに対して、本調査では人々自身による定義に依存するという解決策を取った。つまり、自分が貧困だと思うのであれば対象者となる。

その結果、上記の表1で示しているように、生活保護受給者、ホームレス経験者、ひとり親、非正規労働者、無職経験がある人、大学に進学できなかった人、低所得者、多重債務者、母子家庭出身者、生活保護受給世帯出身者、奨学金(ローン)を受給しながらアルバイトで生活や就学を維持する人、などの多様な貧困経験がある当事者を幅広く包摂できている。このような参加者たちからなる8グループのなかで、募集の際により多くの努力を要したのが外国人労働者の2グループと日本人社会人女性グループである。以下、参加者の募集に関する詳細を説明する。

2.1 調査情報の伝達

学生の4グループは、2つの方法で募集を行った。一つは、2つの学生寮の管理者と学生リーダーに事前に連絡して、調査募集について理解と許可を得たうえで、学生寮の掲示板に募集ポスター[7]を貼り付けた。もう一つは、個人のつながりや学生 SNS ネットワークグループを介して、電子版の募集ポスターを拡散した。募集する際に、応募者からよく聞かれた質問は「貧困って、何か基準があるのか」である。これに対して、調査実施者は「特に基準を設けていない/自分は、生活上に経済的余裕がなく、生活が困難であるとか貧困だと感じて、貧困について何か話したいのであれば大丈夫です」と答えた。とはいえ、多くの応募者は自ら「自分は〇〇(具体的な貧困状況)である/貧困について沢山言いたいことがある」と教えてくれて、参加したいとの意思を示してくれた。そのうち、自分の貧困状況を証明するために、2つのアルバイトをしている給料明細や奨学金を借りている書類などを示してくれた人もいた。

外国人労働者の2グループに関しては、調査実施者が事前に作った募集ポスター(電子画像)と簡単な分かりやすいショートメッセージを北海道地域の外国人 SNS ネットワークグループを通じて拡散し、外国人労働者とつながりがあ

---

[7] 参加者を募集する際に使用した拡散用のポスターは、【付録4】を参照。

る人(本調査の中間協力者)とつながった。中間協力者の協力意思を得たうえで、中間協力者の個人的なつながりで参加者を募集できた。外国人労働者の2グループへの調査説明は、まず中間協力者に調査説明書を送付し、加えて電話での説明も行った。これにより、調査を理解した中間協力者から対象者に分かりやすく伝えてもらうことが可能となった。外国人労働者たちは外部からの調査に対して強い警戒心があり、また長い専門的な文章を読むのも苦手で、調査説明書だけで調査を理解することは困難である。そのため、信頼できる中間協力者からの丁寧な説明、そして調査開始から最後までの付き添いやフォローがなければ、参加の意思決定が難しい[8]。加えて、付き添いやフォローがなされることは、事前に参加者に伝えられている必要がある。

　日本人社会人女性と男性の2グループはそれぞれに北海道にある2つの反貧困組織の協力で募集できた。外国人労働者グループと同様に、反貧困組織の協力がなければ、最初に調査参加者を募集する情報が当事者のところまで届きにくい。また、情報が届いても、参加者たちがよく通っている、信頼できる組織の人の付き添いやフォローがなければ、参加の意思決定が難しい。そのため、調査実施者は情報を伝達する段階で、協力組織とメールでの事前連絡を取った上、打ち合わせを行い、参加者を募集するための事前準備を検討した。

　調査協力組織とのやり取りに関しては、日本人社会人女性グループについては主に次の3つのステップを経た。ステップ1は、調査実施側から以前から付き合いがある反貧困組織に調査協力をお願いするメールを送った。メールでは、簡潔な調査説明とお願いしたいこと、そして実際に会って対面での説明の機会をもらえないかを伝えた。ステップ2は、協力組織から積極的な返信がきた後、調査実施側がそれに応じて、詳細な調査説明をするために協力組織を訪問し1

---

[8] 外国人労働者たちの警戒心の高さの背景のひとつとして、日本社会についての知識や情報を多く持たないゆえに常に何かで騙されることを心配しているということが、調査開始後に判明した。ただし彼らは、日本について理解できないことが多い中でも、外部の人と交流したい、自分の状況について話したい、自分のことを理解してもらいたいという気持ちを強く持っている。なお、外国人労働者で、中間協力者のルートではなく、SNS上の調査募集情報を見て個別に直接連絡のあった事例のうち、説明を受けてもなかなか調査を信頼できないこと、謝礼が手渡しの現金でないこと(原因は後述)、A市と車で6、7時間離れており交通手段のない所にいること、などの原因で参加できなかった事例もあった。

回目の打ち合わせを行った。そこでは、調査実施側は協力組織に「18〜39歳/女性/生活を営む上で経済的余裕がなく、生活上の困難や貧困を感じる方」を募集し、「当事者の視点から貧困に対する理解と見解についてグループディスカッションをする」などの調査の詳細を協力組織側に説明し、参加者の募集協力をお願いした。協力組織が募集の対象者の基本属性を理解したうえで、調査実施側に対して次のような確認があった。一つは、「生活を営む上で経済的余裕がなく、生活の困難や貧困を経験した方だけでいいですか、それとも生活保護などの何等かの基準を満たした人の方がいいですか」。もう一つは、「調査に参加して分からない時に喋らなくてもいいですか」。これらに対して、調査実施者側は「生活保護受給者じゃなくても、生活上に経済的余裕がなく、生活困難や貧困だと感じる方であれば大丈夫です」「調査参加する際に、分からないあるいは喋りたくない場合は喋らなくても大丈夫です」と答えた。ステップ3は、2回目の打ち合わせである。調査協力組織から「参加者を募集できた、実際の調査実施に向けて再度打ち合わせをしませんか」との連絡がきた。調査実施側はそれに応じて、協力組織を再度訪問した。そこでは、実際の調査実施の時間、場所を決めて、謝礼、詳細的な調査の進行形式や内容などに関しても再度協力組織と認識のすり合わせをした。協力組織は打ち合わせ後に、その内容を改めて調査参加者に伝えた。

　日本人社会人男性グループは、基本的に日本人社会人女性グループと同様なステップで、別の反貧困組織の協力で行った。ただ、日本人社会人男性グループの募集の場合は、協力組織と事前連絡をした後に、実際に会って行った打ち合わせは1回だけである。その後、協力組織は直接に募集できた参加者、調査実施者、協力組織の協力者を含めたLINEグループを作った。日本人社会人女性グループの参加者を募集する際に協力組織と行った2回目の打ち合わせの内容は男性グループではLINEグループで行った。

2.2　調査環境の整備

　参加者たちは、さまざまな事情を抱えており、スケジュールもタイトである。そのため、1グループの4人が3回集まって議論するには、アクセシビリティ

や参加のコストなどの問題を配慮しなければならない。以下、前述の調査情報の伝達以外に、調査環境と、場所、時間、車の送迎、謝礼とそのほかのサポートについて、どのように設定したのかを説明する。

2.2.1 場　　所

　場所の選定について、参加者が参加しやすい場所、そして、できるだけフォーマルな会議室を用意した。その理由は参加者にアクセス上の制約がないようにすること、安全・安心と感じられること、そして、本当に尊重されているように感じられること、この3つである。具体的には以下である。

　学生の4グループと日本人社会人男性グループは、A市の中心部の駅付近のレンタル会議室で行った。駅からすぐに会議室にアクセスできるため、悪天候や交通不便などの影響で参加を諦めることを避けられた。

　外国人労働者の2グループに関しては、参加者たちはA市から遠く離れた公共交通手段のない場所にいるため、A市で調査に参加してもらうことが不可能な状況である。そのため、中間協力者が所有する当地の部屋を借りて、調査を行った。参加者たちは以前もその部屋に行ったことがあり、比較的慣れた場所である。会議室ではないが、できるだけフォーマルな雰囲気を作るため、席のレイアウトに配慮するとともに名札立てなどを用意した。また、現地で調査を行うとはいえ、参加者それぞれが山間地域に分散して居住しているので、車で送迎した。

　同様に、日本人社会人女性グループは、参加者が普段通っている組織の会議室で行った。慣れた環境のほうが適しているためである。

2.2.2 時　　間

　時間（集まりごとの長さ）に関して、調査は3回の集まりを持ち、1回目は調査説明や調査手続きを行うことが必要であるため2〜2.5時間とした。2回目と3回目は各1.5〜2時間とした。このように設定した理由は、プレ調査[9]において、1回の集まりを1時間以内で終えた場合に4人の参加者のうち1人程はあ

---

[9] プレ調査の詳細については、【付録5】を参照。

まり話ができず、十分に意見表明ができないままで終わってしまった経験による。一方、長時間の調査参加も、多くの参加者がさまざまな事情を抱えているため困難である。以上を考えて、1回の集まりは休憩時間を含めて1.5～2時間程度で設定した。なお、参加者の状況に応じて、遅れての参加や早退などもできるように対応した。この点に関しては、調査情報を伝達する段階で参加者に伝えた[10]。

　以上のようにして、集まる際にどのぐらいの時間を設定するかを決めたが、その次に、日程の調整が必要となる。日程調整の段階では主に以下のような工夫をした。

　学生の4グループに関しては、参加者の授業やアルバイトと重ならないように週末の朝か平日の夜の時間帯に調整した。そのうち、外国人留学生の2グループは、2019年からの新型コロナウイルス感染症の世界的な流行の影響でアルバイトが激減し、空き時間が多く、時間調整に難は特になかった。一方、日本人学生の2グループの参加者は、学校やアルバイトなどでそもそも空き時間が少なく、さらに「○○(学部の類型)」に通っている人や、週に5、6日アルバイトをしている人もいるため、時間の調整にはかなりの努力を要した。

　外国人労働者の2グループの参加者たちは、月曜日から土曜日まで仕事をするため、調査は日曜日しかできない。事前に決められるのは、どの週の日曜日に行うかということだけであり、開始時間を事前に決めることは不可能である。その理由は、随時に残業が入り、またその残業がいつ終わるかも不確定だからである。そのため、調査実施者は朝からずっと現地におもむき、中間協力者と合流して待機し、集まれそうな状況になり次第すぐに開始することとした。

　日本人社会人女性グループに関しては、仕事を掛け持ちしていて月に2日間しか休みがない参加者もいるため、全員が集まれる日程が少なかった。そこで、全体の調査期間を長くとることで対応した。3回の集まりを終えるのに2か月弱の時間がかかった。

---

[10] "フル"の参加より"最適"な参加がもっと意味がある(Bennett & Roberts 2004)。無理に所定の時間全てに参加するのを要求すると、かえって参加の制約になる恐れが考えられる。

2.2.3 謝　　礼

　調査への参加にはコストがかかる。交通費、時間、エネルギーがかかることはもちろん、参加している時間は仕事ができず、その分の収入が減ることや、子どもと接する時間や自身の休みが減ってしまうことなどである。これらのコストを参加者に負わせてはならない。また、参加者は確かに貧困に関する専門知識を持っており、参加の場で自分なりの貧困分析という形で研究に貢献しているのであるから、その貢献・労働にふさわしい謝礼が必要である。本調査では、参加のための移動時間も含めて、参加者が調査のために半日間の時間を確保する場合も考慮した上で、その時間に相当する金額として謝礼を設定した。

　ただし、実際の支給は金額相当のクオカードだったため、一部の参加者に不便をかけた。調査実施者側の都合で、支給できる謝礼はクオカードか現金のみである。現金の場合は、事前に参加者の通帳情報を、調査実施者が所属する組織に提出し、銀行振込で支払うこととなる。しかしながら、多くの参加者、とりわけ外国人労働者には強い警戒心があり、通帳の情報などの個人情報を外部に提供することに対して忌避的であるため、銀行振込による支払いは不可能である。一方、クオカードでの支払いについても、外国人労働者はそもそもクオカードが何であるかを知らず、また不便な場所に暮らしているためクオカードを使用できる施設も身近に無い。よって、最終的にはまず調査実施者がクオカードを参加者に配り、その後中間協力者の助けのもとで、中間協力者が現金で参加者のクオカードと交換することで解決した。

2.2.4　サポート

①車での送迎

　参加者の属性によって、車での送迎が必要となるグループがある。例えば、外国人労働者の場合は、現地で調査を行うことにしたものの、参加者それぞれが山間地域に居住し、仕事の時間も頻繁に変わるので、随時に送迎できる車が不可欠だった。この点に関しては、中間協力者の車で対応した。ただし車があっても、それぞれ分散しているため1グループの4人が全員集まるまでに1時間半程度かかった。また日本人社会人女性のグループに関しても、参加者全員がシングルマザーであり、小さい子どもがいるため、できるだけ移動時間を

短くし、子どもと離れる時間が長くならないように協力組織の車で送迎した[11]。

②食事の用意

外国人労働者グループでは、参加者全員が合わせられる時間は限られている（雇用主が違い、仕事の場所は分散しているため）。限られた時間内で調査を実行できるように、調査実施者と中間協力者は、参加者の勤務先から少し離れている場所において車中で待機し、仕事の終わった参加者をすぐに車に乗せるようにしていた。そのため参加者は自分の居住場所に帰って食事ができない、あるいは、（コンビニやスーパーも近隣に無いため）食べ物を買って参加の場に持参することもできない。よって、調査実施者が事前に弁当やおにぎりなどを用意し、参加者が空腹のままで参加することのないように留意した。

③文字書きの手伝い

外国人労働者の参加者のなかには、文字を書くことが苦手な人もいた（調査中に文字の読み書きを最小限度までに減らすように配慮した）[12]。書く必要が生じた場合は、「携帯で調べてもいいよ」というアドバイスをした。また、本人の意思に沿って調査実施者が代わりに書くこともあった。

3　課題2──調査の進行

調査進行において課題となるのは「調査の話題設定と展開」と「調査参加者の権力関係」である（陳 2021a）。つまり、貧困当事者が主体的に調査の話題や

---

[11] 日本人社会人女性グループへの車の送迎は当初調査実施者側と協力組織との打ち合わせを行った際に特に予定されていなかったが、調査を実際に実施する際に、調査協力組織は参加者の実際の状況を考慮し車での送迎を行った。この点に関して、調査実施者側の考慮不足があったことを反省する一方、協力組織側からの参加者に対する理解の深さと、サポート役の重要さを改めて認識した。

[12] 参加者のプライバシーを保護する観点から、外国人留学生のグループを含む外国人の4グループでの議論は具体的に何語で行ったのかについて、その説明を控えるが、どのグループでもコミュニケーション上の問題がなく、スムーズに行われた。

内容の形成に関与し自分の関心を調査に組み込めることと、調査実施者と調査参加者、そして参加者同士の間に権力の不平等が生じないことが求められている。本調査はこれらの課題点を意識しながら以下のような対応で調査を進めた。

3.1 話題の設定

参加型貧困調査を行う際に、調査の目的、主旨、そして、どのように調査を進行するか、何を参加者に求めるのか、議論する主題は何なのかを貧困当事者に明確に伝えることが必要である(Beresford & Green & Lister et al. 1999; Bennett & Roberts 2004)。その理由は、参加型貧困調査でも、普通の会議などでも、議論をする前に明確な目的、主旨、主題を設けなければ、参加者は「何を話すのかわからない」となりがちで、かえって参加の制約となるからである。そのため、調査実施者は事前に調査の目的、主旨、そして、議論の主題を提示できるように、以下の議論のプラットフォーム(表2)を作った。そこでの情報も事前に参加者と共有した。

3.1.1 議論のプラットフォーム

以下の表2の議論のプラットフォームを作る際に「貧困当事者が自分の思いや関心を調査の具体的な議論に組み込める」ことを前提としている。

ここで3回の議論の目的や主題を表2の一つのプラットフォームにまとめた理由は、この3つは以下のような連続性があるからである。貧困当事者自身による貧困分析に関する調査研究の蓄積はまだ少ないという現状を踏まえて、「貧困」を研究し理解するうえで最も基本かつ大事な貧困当事者の目線から見た貧困の概念と定義を優先して検討すべきと考えた。貧困の概念とは貧困の意味であり、貧困の概念の研究には、人々が貧困をどのように語り、思い描くかということも含まれる。すなわち、言語とイメージを通じて表現される「貧困の言説」ということである。貧困の定義とは貧困と貧困でない状態の識別である。貧困の概念と定義は貧困測定の枠組みを提供してくれる重要な存在である(Lister=2011: 17–20)。そして、貧困の経験は、貧困当事者が貧困にある生活の現実をどのように感じ、受け取り、理解し、意味付けているのか、そしてその

3 課題2——調査の進行

表2 議論のプラットフォーム

全体の目的	「貧困とはなにか」を貧困当事者の主体側から理解すること		
回	1回目	2回目	3回目
その回の目的	貧困当事者が見た「貧困」を表す。	貧困当事者が経験した「貧困」を示す。	貧困当事者が調査結果を確認する。
主旨	具体的な話題の提起に向けて、議論の基礎を作りながら貧困当事者の共通認識を構築する。	貧困当事者から自分たちの関心を調査の話題に組み込む。	調査実施者の恣意的な理解を防ぐ、貧困当事者の「声」を正確に反映する。
主題	貧困に関する言説・イメージを議論し、自分にとっての貧困の意味、そして、誰が貧困であるか・貧困でないか・なにで区別するかを話し合う。	1回目の最後に紙に記入してくれた「心配・困りごと」をリストアップし、これらの課題を2回目の話題として議論を行う。	調査の結果確認やコメントをする。

ことと相互作用的に、自己認識や社会関係をどのように持ち、どのような主体的な行為や選択をするかに関わることである(大澤 2023)。そのため、貧困の経験は人々がなぜそのような貧困に対する認識(以下、貧困認識)を持つのかを説明してくれるとともに、貧困の影響や原因を含む貧困の性質もよく提示し、貧困の動的なプロセスへの理解を助ける(Novak 1995; Lister=2011)。従って、本調査では「貧困当事者の主体側から貧困を理解する」という研究目的に向けて、貧困当事者が見た「貧困」、そしてそうした貧困の見方を形作った貧困当事者が経験した「貧困」を見出すことを第1回目と第2回目の議論の目的とした。そして、参加者の「参加」が調査全過程を貫いて、より正確な調査結果をアウトプットできるために、第3回に参加者による調査結果の確認とコメントも設定した。ここでの3回ごとの目的に向けて、具体的に設定した主題と各主題を検討するために用いた実証手法については、以下で詳述する。

まずは、1回目についてである。1回目の主題は主に「貧困の言説・イメージ、貧困の意味、そして、誰が貧困であるか・貧困でないか・なにで区別するかを話し合う」ことを設定した。上記の Lister(=2011)が述べたように、これらの全ては貧困の概念や定義を構成する内容であり、貧困研究にとって極めて重要である。そのため、本書の序章で述べた、これまでの貧困研究は貧困当事

者の主体側からの貧困に対する理解が不足しているという批判に対して、これまでに日本で議論されてきた貧困に関する言葉や言説を貧困当事者がどのように受け止めているのか、それに対して貧困当事者たちが見た「貧困」は何であるかを主体側から表すことに寄与している。

　こうした貧困の概念や定義に関する検討は、前章で紹介した「PFH」と「Women」において重点的になされた。「PFH」では、「貧困」や「貧困」の関連用語に対するイメージについて、貧困者を暗に非難するようなアンダークラスなどの用語が記載されたタブロイド紙の記事を参加者に見せて議論してもらい、参加者から怒りのこもった反論が行われた。貧困の定義については、「PFH」では、最初に、イギリスにおける既存の研究上の貧困定義を参加者に示してそれについて議論してもらったところ、参加者たちは研究上の貧困定義を理解しにくいとコメントした。その次に、参加者たちに自分の言葉で自分の考えの通りに貧困の定義を議論してもらった。そこでは議論はしやすくなり、参加者は自分たちの考え方を示した。この点に関して、「Women」では直接に参加者に「貧困は私にとって、〇〇を意味する」というセンテンスを作ってもらうようにすることで、参加者の貧困に対する共通認識の構築と調査の円滑な進行に貢献した。本調査では、以上のような先行研究からの示唆を考慮し、既存の新聞記事や（研究上の）貧困定義が参加者に影響を与えないようにするために、参加者たち自身が考えた「貧困や貧困に関連する用語についてのイメージ、貧困の意味、誰が貧困者である・誰が貧困者でない・なにで区別するか」について直接的に議論してもらうようにした。

　次は、2回目についてである。ここでは主に1回目の議論で共有された貧困理解を土台として、その上に貧困当事者自身の関心である「心配・困りごと」を2回目の主題として設定した。このように設定した理由は、1回目の議論で明らかにされた貧困当事者が持つ貧困に対するイメージと貧困の意味がなぜそのようなものであるのかという問題に関して、そのようなイメージと意味を形作った原因である「貧困」の経験を追究することで、更なる貧困理解を得るためである。また、ここでの「心配・困りごと」についての議論は、貧困当事者がどのように貧困を経験しているのかを教えてくれるだけではなく、そうした貧困を経験するなかで貧困当事者たちがどのようなエイジェンシーを行ったの

かをも自然に示してくれる。これはまた本書の序章で述べた従来の貧困研究に対する批判である貧困当事者の「排除」と「他者化」、そして貧困や貧困当事者の「ステレオタイプ化」への挑戦につながる（Krumer-Nevo & Benjamin 2010; Lister 2015, 2021）。

以上のような、貧困当事者自身の関心があることや大事だと思うことを議論するということは、前章で紹介した先行研究である「Child」で重点的に行われた。「Child」では、子どもたちが見た「貧しい」「金持ち」「上層」「下層」はどのような意味なのかを先に話し合ったうえで、子どもたちが自分にとって重要だと思うことを話してもらうことで4つの共通の関心がある話題を特定でき、異なる背景の子どもたちがそうした大事なことを日々の生活でどのように経験しているのかを比較することができた。本調査では、貧困当事者が経験した「貧困」を把握するために、調査参加者の大人（18歳以上）という属性と、本調査の主旨についての調査参加者の理解を考慮し、「Child」での実証手法を参考しつつ、「Child」で議論した「大事なこと」の代わりに、自分が抱えている「心配・困りごと」を直接参加者に議論してもらうようにした。

最後は、3回目についてである。ここでは主に、調査の結果確認とコメントを行った。調査結果の整理と文章化に向けて研究者の断定的な取捨選択を避けること、また、参加型貧困調査の重要な原則である「調査の全過程をコントロールすること」に従うためである。前章で紹介したいずれの先行研究においても、より正確な調査結果を得るために、何らかの形で調査結果を参加者に確認してもらっている。本調査でも、その確認作業ができるように、3回目の集まりを設けた。

なお、実際に調査を実施する際に、上記の議論の大枠の主題を紙に印刷し、目的や主旨を含めて参加者と共有し、内容についても話し合い、合意を得た。そして調査自体は、1つのグループにつき3回の集まりで行った。3回に分けて行う理由は主に次の通りである。①議論の内容が多く、1回で長時間の議論を行うのは、参加者の心身への負荷となる恐れがある。②参加者はさまざまな事情を抱えているため、日々のスケジュールが非常にタイトであり、一日を費やす調査参加が難しい。③集まりごとに時間の間隔をあけることで、議論した内容を、集まりの後でも継続的に考える機会が与えられる。それにより、前回

3.1.2 話題の提起

まず、1回目についてである。最初に、議論の開始前に参加者に対して改めて調査説明を行い、調査の目的、主旨、主題について参加者が完全に理解できてから調査を開始した。また調査の説明をする際に、参加者に調査全体の大枠や進行について何か変えたいところがあれば変更可能であることを伝え、参加者にコメントをもらうようにした。そしてこの議論のプラットフォーム（表2）に沿う必要はなく、これはあくまで皆の議論をスムーズに進めるように作成した「大枠」に過ぎないとの旨を参加者と共有した。これに対して、全てのグループが「今すぐに加えたい具体的な話題は思いつかないが、とりあえずプラットフォームに沿って話していく、そのうちに何か思いついたことがあればその場でまた言う」ようにしてほしいと希望した。調査実施者はそれを受けて、参加者の意思に沿って、全員の合意を確認してから調査を始めた。

1回目の集まりは、具体的な個人的な内容を議論するよりは一般的な貧困に対する認識や見方を議論する方が進めやすいと考えられる。そのため、最初に主に「貧困」や「貧困」と関連する「アンダークラス(Underclass)」「社会的排除(Social Exclusion)」[13]などの言葉についてのイメージや理解を議論してみた。その次に、「私にとって貧困の意味は〇〇である」というセンテンスをつくるように話してもらって、貧困当事者自身が考えた貧困の意味を参加者同士と話し合った。最後に、参加者の目線から「誰が貧困者である・でない、なにで区別する」について議論してみた。

以上、貧困の概念・定義に関する最も基礎的な内容を議論した。そこで、参加者はそれぞれの思う貧困は「このようなものだ」「こういう思いを持っているんだ」「自分と同じ思いだ」とお互いをより知ることができ、参加者同士の関係も近くなり、さらにこのような参加型の議論方式にも慣れることができた。

---

[13] ここでの「アンダークラス」と「社会的排除」の2つとも欧米社会からの外来語であるが、その影響を受けて近年は日本においても貧困の関連用語として頻繁に議論されている（例えば、橋本 2018、2020；宮本みち子・佐藤洋作・宮本太郎 2021；志賀 2016 など）。

次に、2回目についてである。2回目の議論は、1回目の議論から得られた内容をもとに行われた。1回目の議論の最後に、2回目の具体的な話題を提起するために「今の生活で、心配・困っていること」を紙に無記名で書いてもらうようにした。調査実施者が、回収した情報を整理し、そこでの共通項目をリストアップして、2回目の具体的な話題とした。こうしたことによって、参加者は本当に関心があることを具体的な話題として提起できた。

実際の議論の場では、参加者たちはすでに1回目の議論を経験し、貧困についての共通認識を一定程度構築できたため、活発な議論となり、また内容も多岐にわたった。例えば、日本人社会人女性グループでは、生活保護や就学援助などの公的援助政策に対する評価や希望、制度利用などについて、多くの情報や意見を交換することができ、さらに、メディアや行政部門からの自分たちに対する扱い方や態度、援助そのものの本来のあり方などにも言及した。

最後は、3回目についてである。これまで1回目、2回目の議論を行う時に、参加者には、うまく喋れないことや、間違えて喋ってしまうことを心配せずに安心して話せるようにするために、「最後の3回目の時に、確認したり見直したりすることもできる」と既に伝えている。3回目の集まりでは、主に調査結果（調査実施者が整理した1回目と2回目の議論の逐語録）の確認という作業を行った。そこでの具体的な作業に関して、本章の第4節で詳しく紹介する。3回目の集まりでは、調査結果の確認以外に、調査への参加についてのコメントや感想なども話し合った。

3.2　議論の展開

実際の議論はグループディスカッションで行った。Lister & Beresford (2019: 298) によれば、貧困研究でより一般的に用いられている個人へのインタビューではなく、グループディスカッションを使用することは、参加者が調査過程をもっとコントロールできるようにし、自分の考えを表現したり発展させたりするためのより良い機会を提供するという信念を反映している[14]。本調査でも同

---

[14] そのため、参加型貧困調査での「参加型」の性質を言うと、それは「当事者が情報を意味があるようにすることに関与できることは──必ずしもインタビュー調査やグループディ

様な考えにもとづき、調査実施者は主にファシリテーターとなり、参加者たちが主体となってグループディスカッションをする形で調査を進めた。そして、調査実施者は発言を可能な限り抑えて、参加者たちが自由に発言できるように意識した。そうすることで、権力関係の不平等の問題を避けると同時に、議論自体も活発にインタラクティブに展開していくことができる。

3.2.1 権力不平等の回避

本調査では、参加者たちのグループディスカッションを通して貧困を議論していくことによって、インタビュー調査の場合のような、調査実施者と調査参加者との1対1の形で、調査参加者が調査・質問され回答を求められる際の緊張感を回避できる。

一方、グループディスカッションで調査を進めると、調査実施者と調査参加者との権力の不平等は避けられるが、調査参加者同士の間での権力不平等の問題もまた考慮する必要がある。例えば本調査の参加者は同じ若者であるが、そのなかには学生と社会人、日本人と外国人、男性と女性など、多様な属性が存在する。そこでの権力の差異がなるべく小さくなるように、本調査は先に表1で触れたように属性が同一の参加者を同じグループにするようにした。

3.2.2 インタラクティブな議論の進行と展開

議論は属性が同一の参加者をグループにして行われたため、参加者は共通の経験があり、お互いをよく理解できる。

ただ、参加者の多くは貧困に対する自分なりの知識や考えが確かにあるものの、意見を表明する際に必ずしもいつもうまく話ができるわけではない(これは貧困当事者に限らず一般の人々も同様である)。実際に調査の場でよくあったことは、ある話題に対して1人の参加者は言いたいことをうまく言葉にできず、結局一言だけにとどまったということである。グループディスカッションの形式を取ったことにより、このようなときに他の参加者がその人の発言に続

スカッションそれ自体を進めるということではない——調査過程の重要な部分とみなす」ことである(International Institute of Environment and Development 1999; Bennett & Roberts 2004-Full Report: 51)。

いて話していく、あるいはその発言について質問するということもあった。結果として、ある話題についての議論が一言で終わってしまうことが回避されるとともに、議論自体も深まっていく効果が得られた。

例えば、以下の日本人社会人女性グループでの「子どもの習い事」についての議論では、①属性が同一の人を同じグループとし、②グループディスカッションで進めることによって、上記の「権力不平等の回避」と「インタラクティブな議論の進行と展開」がなされたことがよく示されている（日本人社会人女性グループの例）。

【話題の提起】[15]
A：子どもの習い事してます？
↓
【お金が原因でしていないと返事】
B：してないです。お金かかるから。
↓
【質問】
C：本人の意思としては、例えばプールに行きたいとか、そういう希望が普段の生活の対話のなかから、ポロっと出たりとかありますか。
↓
【回答と今の対応】
B：うん、ちょいちょい出てくるんです、空手やりたいとか。でも、見たら、月2回とかで1万円ぐらい、それは高いな。それ考えたら、家でユーチューブを見ながらトレーニングだとか、絵を描くとか、お金かけなくても自分でできることをするしかない。今、空手とかはやっぱり無理だ。やらせたいけどね。
↓
【お互いの話を認めて支持し、共通の経験と知識から①原因と②解決策を具体化していく】

---
[15] 括弧【 】の文は、筆者がその進行状況を示すために付した。

①原因
C：子どもが成長するいい機会っていうふうに世の中言うけど、やっぱり当事者からしたら、「そうなんだけど」みたいな感じで思いますよね。
B：うん、そうなんだけど、なかなか。
D：結局、どんどんお金がかかるね。1回いれても、検定料とか、そして、また「〇〇(道具)」が欲しくなったりとか、それだけのお金じゃなくて、どんどん増えていくから。(何かをやりたいと言っても)すぐにいいよとかを言えないね。
B：オッケーって言ったら、見学に行くとかなんで、オッケーって言えないな。
↓

②解決策
B：一番、最初にお金がかからないものを、勉強だったら、教材買わなくても算盤だったら、これがあればいいのかなとか、そういう安いものはいろいろ考えたりとかはし続けてきた。これからずっとって考えるのか、あるいは、それだけで妥協してやらせるのがいいか、それとも頭のいい友達にお勉強を頼むとか、いろいろ考えて、なるべくお金のかからないような方向に。
A：できるだけ安くて、その勉強を探したもんね。今は(自分の子どもが)友だちに誘われて、「〇〇」をやりたいって、張り切ってやるならやらせてはいるけど、やっぱりお金かかるね、「〇〇(道具)」が欲しいとかさ、お揃いの何か買いますとかさ、本当にお金がかかるから、「本当に続きますか」ってちょっと深刻な感じで、「続かないんだったらやめなさい」っていうふうにする。

(日本人社会人女性グループ、以下、日社女グループ)

　以上のように、同じグループでの参加者は年齢も経験も似ているため、話や質問がとてもしやすい環境である。また、同様の貧困経験があるため、グループディスカッションをしていくなかで、お互いに認めて支持していくこともしばしばある。このように、「子どもに習い事をさせていない理由は何か」とい

う質問に対して「お金がないから」という回答があるだけにとどまらず、参加者同士からの質問や補足などにより、「問題」に対して取った対応、「問題」の詳細な原因の分析、さらにその「問題」に対して、今の状況のなかで自分たちが考えている解決策まで議論が発展した。また、この議論が進行する過程には調査実施者からの関与は一切なく、参加者たち自身の思いや考えが集合的に表現されているといえる。

3.2.3 参加者自身による言葉の説明

　調査のなかで、参加者が自分たちの慣れている言葉(言い回しや用語など)を用いて話すのは当然である。ただし、生活の背景や環境が異なるため、調査実施者は調査参加者が話したことを全て理解できるわけではない。調査実施者は参加者たちの「声」がよくわからない時に「それはどういう意味ですか」と確認するが、発言者は自分が言っていることをうまく言葉で説明できない時もある。その場合に、共通経験を持ったほかの参加者が、発言者の代わりに発言を説明してくれる。時には調査実施者が確認する前に、調査実施者が多分わからないだろうと先回りして解釈してくれることもある。このように、属性が同一の参加者のグループディスカッションで議論を行うことは、参加者の「声」の本当の意味を理解するための助けとなる。以下は調査実施中に実際にあった一場面である(外国人労働者男性グループの例)。

A：私たちが家を離れて日本にくるのは、「○○」を求めているから。
調査実施者：「○○」はどういう意味ですか？
B：それは「○○」、あるいは「○○」と言いますよ。心が安定で、落ち着くという意味です。要は、家にいるといろんな義理人情とかが絡んでいて、その社会関係を維持することが結構大変で、心が落ち着かないです。
C：そう、日本に来ると、心が一旦そこから離れるんで。
調査実施者：なるほど。

(外国人労働者男性グループ、以下、外労男グループ)

以上のように、調査をグループディスカッションで行ったことによって、調査実施上の課題である「権力不平等」の回避や「インタラクティブな議論の進行」が可能になるだけではなく、参加者が自分たちの「声」の本当の意味を解釈してくれることによって、「声」を理解するための助けになっている。

4　課題3──結果のアウトプット

調査結果は、基本的に参加者に確認してもらってからアウトプットするようにした。全体は2つのステップを経て進めた。ステップ1としては、調査実施者が1回目と2回目の集まりでの議論内容を整理し、参加者に確認をしてもらうようにした。この確認作業は主に3回目の集まりで行った。ステップ2としては、確認した内容の文章化（ステップ1で確認済みの整理した議論内容をもとにした報告書や論文などの作成）に向けて、調査結果をどのように扱いたいかを参加者に伺い、参加者の要求や希望、そして（参加者全員が調査開始前に合意した）本調査の目的と主旨に沿って、内容をさらに統合整理した。

ステップ2の作業の前半（調査結果の扱い方についての確認）は3回目の集まりの中で行った。後半（本書のもとである筆者の博士論文の作成を含む実際の執筆作業）は主に3回目の集まりが終わってから行ったが、前半で確認した参加者たちの意思を尊重し、それを規範としたうえでの作業となった。以下、ここでのステップ1とステップ2を「調査結果の確認」と「文章化の方向性」として、各ステップでの具体的なまとめ方を述べていきたい。

4.1　調査結果の確認

ステップ1では、実施者が1回目と2回目の集まりでの議論内容の逐語録を作成し、3回目の集まりの時に参加者に配布し、内容を参加者に確認、補足、コメントをしてもらった。これまでの8つのグループとの確認では、調査実施者側の大きな理解のズレは特になかったが、ところどころで、言葉や内容の訂正などがあった。

微修正であるが、示された貧困当事者の「声」のニュアンスが変わることもある。例えば、留学生グループでは「いつも安い食べ物を買う」という議論からまとめた結果について、参加者から以下の訂正をしてくれた。

・「○○」ページのお肉は、私はあまり日本産を買わなくて、「○○」産（安い）を買いますと書かれていますが、記憶では「あまり日本産を買わない」ではなく、「一回も日本産を買ったことがない」と言った。
(外国人留学生男性グループ、以下、外留男グループ)

また、1回目で集まった時に話したことを、今回改めて確認してみたところ、やはり適切ではないから削除してほしいとの要望もあった。

・「○○」ページの私が話した「○○」、この話は当時どういう思いで話したかは覚えていないですけど、やっぱり自分の今の考えと少しずれているので、削除したほうがいいかな。
(日本人学生男性グループ、以下、日学男グループ)

以上のように、3回目の集まりで、参加者全員が調査結果をスクリーニングし、言葉の訂正、内容の添削などの確認作業が行われた。

4.2　文章化の方向性

　上記のステップ1の確認作業を通して、調査から得られたさまざまな「声」に対して、基本的に誤解なく参加者の意思に沿って内容を整理できた。ただ、これらの内容はあくまで準調査報告書レベルの逐語録や議事録のようなものであり、そのままでは報告書や論文などの公表文章にはならない[16]。報告書や論文にする際には、内容をさらに整理統合し、取捨選択しなければならない。以下は、実際にその内容をどのように整理し表すのかについて、その具体的な作

---

[16] 調査では、どのグループでも何等かの形で自分たちの「声」を公表し、より多くの人に届けたいという意見があった。

業の方向性を第1～第6までの6点に整理し説明する。

4.2.1 参加者の要求や希望に従うこと

3回目の集まりで、調査結果の確認作業を行う際に、これまでの議論から得られた貧困に対する多くの考えや見解をどのように扱い表現するのかに関して、参加者は自分たちの要求や希望を表明した。以下はその一部である。

・私が覚えているのは、この前の議論は、全体の雰囲気に結構「力」があって、お互いにとても励ました感じでしたが、この文字だけで読むとちょっと感覚が違います。ここに書かれている文字は確かに全て私たちが言った内容ですが、もっとその時の雰囲気も説明に入れてほしいです。私は悲しいことを訴えているような存在として描かれたくない、もっと「力」があるような表現でできたらいいな。

（外国人留学生女性グループ、以下、外留女グループ）

・今回は沢山貧困についての話をしたけど、これからこの研究が進むなかで、私たちの意見を曲げちゃわないようにしなきゃ。意見を変えて解釈したら意味がないなと思います。

（日本人社会人男性グループ、以下、日社男グループ）

・今回は、私たちのグループ以外に、他のグループもあるよね。そこの共通点とか、また、違うところとかを、どのようにバランスを取って表すのかは、ちょっと気になって、これは「○○さん（調査実施者）」の課題になりますかね。

（日学男グループ）

上記の参加者の話を受けて、調査実施者は調査結果をともに文章化する際に、以下の第1～第2のように対応している。

第1に、調査結果の扱い方は、原則として参加者からの要求や希望を最優先とする。それに従って、議論の現場での参加者たちの表情やボディーランゲージなどを含めて、その場での雰囲気をできるだけ再現し、参加者たちの貧困に

対する分析を主要内容にする。調査実施者の思い込みや分析をできるだけ最小限にする。

　第2に、参加者が確認済みの調査結果を調査実施者が本調査の目的と主旨に沿って、各グループに共通する部分を抽出し統合する作業を行う。それ以外に、全てのグループで共通する内容ではないが、ある一つ、あるいは一部のグループがもつ特徴が示されている内容も取り上げる。そうすることで、貧困認識における共通点と差異を同時に保つことができるようにする。

　例えば、「社会的排除」に対する思いやイメージを議論する際に、共通点と異なる点が同時に表されている。筆者は以下のようにその内容をまとめている[17]。

①各グループからの意見が共通する場合
　大多数の参加者は「社会的排除」を社会的活動に参加できないという意味で捉えている。

　・職場で、友達グループが「飲みにいくか」みたいな時に、自分は金ないから行けないとき、社会的排除された気がします。自分の社会性を奪われる意味と感じます。　　　　　　　　　　　　　　　　（日社男グループ）

　以上のように、違うグループで同様な意見があって、筆者は主に「大多数の参加者」は「〇〇」という見解を持っていると表記し、そして、簡潔で分かりやすいグループでの発言を代表的な「声」として取り上げる。

②各グループから多様な意見がある場合
　ただ、8グループのうち、2つのグループでは、「主流に合わないといけないような圧力」を感じているという意見もあった。

　・私は離婚を経験した。私は「〇〇」歳ですけど、この歳だったら、結婚を

---

[17] 以下で示している内容は、それぞれの意見をどのように文章化して表すかを説明するために、実際に議論した内容の一部のみを取り上げている。

して、子どもがいる方、そして、独身で何か仕事をされている方、その2種類ぐらいしか社会から認められてない感じがします。（日社女グループ）

・住んでいる「〇〇」は「〇〇（先輩は後輩に食事を奢ること）」するんですよ。奢りたくないというと、「これはここの文化」だとみたいなことを言われるんで。多分その「ここの文化だ」って言っている人たちは、やっぱみんなは「〇〇（学校名）」生だから、みんなの家は同じくらいの年収は持っていると仮に思っているよね。ただ、自分は、実家の「〇〇」がパスタ茹でるやつを食べているのに、なんで後輩にご飯を奢るんだろう。そもそも「〇〇（先輩は後輩に食事を奢ること）」っていう文化自体が矛盾をはらんでいるのを感じて、すごく反抗しようと頑張っています。

（日学男グループ）

　また、日本人学生女性グループの1人の参加者は、それほど悪いイメージを感じない、この言葉を使うと他のメリットもあるという考えを示した。その考えを説明すると、他の参加者からも「なるほど」と賛意が表された。

・社会的排除された人、ここ数年、いままでその存在しない人として扱われてきた。例えば、教育受けることができなくて、どんどん居場所がなくなって、排除されて、見えなくされている。でも「私達は生きているし、ここにいるよ」っていうふうに考えるときに、そうされた人がいるんだよっていう証拠になることはあるのかなと思って、そんなに悪いイメージは受けなかった。　　（日本人学生女性グループ、以下、日学女グループ）

　上記のように、議論は属性の異なるグループごとに行っても、各グループから示された共通点と差異に関して、「8グループの全部/のうち〇〇グループは…」や「少数/一部/大多数の参加者は…」と表記すること、また、各グループ間の共通点ではないが、あるグループのなかではより意見が統一されている内容も並列することによって、議論の全体像を概括的に把握できると同時に、そのうちどれぐらい、どのような差異があるかもよく示すことができる。

4.2.2 必要最小限のテクニカルな処理

　前節では、グループディスカッションを取ったことで、議論をどのように進めたのかを、実際調査現場での様子の一部を用いて説明した。ただ、議論の全体を見ると、全てが【3.2】で紹介したように、1人が何かを言って、もう一人はその話を受けて続けて話をしていく、といったような進行ではなかった。実際は、1つの話題について参加者が一人ひとり自分なりの考えを先に言い出すこともよくある。参加者の大多数は、自分のなかでずっと考えてきた自分にとって大事な「優先する話」があるため、少し関連する話が出れば、すぐにその「優先する話」を先に言う場面がよく見られた。そのため、貧困当事者の「声」や議論する際の様子をより正確に表現できるように、以下の2つのスレッドで並行しながら調査結果やデータを文章にまとめていく。

・スレッド1：グループディスカッションであるからこそ、示された議論の様子と内容をまとめて提示する。例えば、前述の【3.2】で示されているような形である。

・スレッド2：上記のスレッド1以外の内容を、参加者全員の合意をとれた本調査研究の目的と主旨に沿って、まとめて提示する。その際に、以下の第3～第6で示しているように、議論の現場での「事実」を尊重したうえで、必要に応じて、最小限の執筆上のテクニカルな処理を行った。

　第3に、貧困当事者が見た貧困の全体像を描くために、同じグループでの異なる回の集まりで議論した内容を前後に微調整すること。
　例えば、日本人社会人女性グループにおいて、1人の参加者が1回目の集まりでメディア上の「貧困」に関する報道に対する不満を表した場合がある。

・メディアで「貧困」この言葉が使われすぎて、シミついているっていうか、私達自身にもそういうふうにインプットされているのかなっていうのはありますよね。でも、発信しているのは当事者ではないですよね。そこのコメンテーターの人とか、本当にそういう状況になったことない人たちが傍

から傍観者としてこう発信していることなんで、響かないですよね、そのメディアがやっていること。本当にね、メディアは"クソ"だな。

(日社女グループ)

2回目の時に、参加者が互いをすでに知り、調査実施者に対しても一定程度の信頼ができた。このような調査環境では、前回の集まりで議論した内容に関して、その際に言えなかった・保留した部分を今回の議論の中にまた加えることがよくあった。例えば、上に引用した、1回目の際に述べられたメディアに対するそのような思いの背景を教えてくれた。

・2012年の時にすごいバッシングがあって、芸能人の親が生活保護を受けて、「なんでお金あげてないんだ」と「不正だろう」みたいなのが取り沙汰されたときに、ちょうど私が生活保護を受けて、自分も攻撃されているような気持ちで、その時はすごいいたたまれないと感じている。その分、取材もすごかった。記者が来たのよ、自分はテレビにも出た。やっぱり、その芸能人のニュースとか、いろいろ社会でそういうことがあって、「実際はそうじゃない」「ずるいとかじゃなくて、どうしてもその生活で利用しなきゃいけない人がいるんだ」っていうのを(社会に)届けたかったです。だけど、そういう意図するものは届かなかった。私の取材の仕方、私は記者に丸一日密着されて、離婚したときに子どもには我慢させたくないなどの話をしたら、カメラマンが号泣しちゃって、そして職場まで来てくれて、仕事しながら資格も取りたいとかって、結局放映されたけど、「〇〇(地名)」のゴミ屋敷みたいなところに住んでいる生活保護の人も一緒に報道されたんですね。結局、私のところはさらっとスルーだけで、そのゴミ屋敷の人、そっちの家が汚い、子どもも結構いっぱいいたのをバッシングするみたいになって、結局自己責任って、その方がたくさんの内容が取り上げられている感じです。そっちが悪く取られていることでショックを受けた。意図する部分が伝わらなくて、また生活保護の人がずるいか、だらしないみたいな報道になっちゃった。だからね、メディアではその悪いニュースしか入らない、悪いイメージや正しくない知識が結局広がってい

4 課題3──結果のアウトプット

る。　　　　　　　　　　　　　　　　　　　　　　　　（日社女グループ）

　また、上記のように次回の集まりまで待つのではなく、調査参加者が家に帰った後で考え続け、補足したくなり、調査実施者に直接連絡することもある。例えば、日本人社会人男性グループでは、1回目の集まりの翌日に参加者から以下のようなLINEメッセージが来た。

・おはようございます。「○○さん（調査実施者）」、昨日の内容を考え続けていました。貧困の基準の時に、私が言ってた「生きるだけでなく＋αがあるか」って所がうまく伝えられてなかったと思うからです。今思う正しい表現は、「安い物以外を買う選択肢があるかどうか」です。一応伝えたくて、連絡しました。研究、頑張りましょう。　　　　　（日社男グループ）

　上記のようなコメントが出てきた理由は、集まりと集まりのあいだの時間で、「貧困」について、参加者の考えがさらに整理できたからであると考えられる。このような、後から追加されたり補足されたりした内容については、本研究では、貧困当事者が考えた「貧困」についての断片的な記述を避けて、より総合的に提示できるように、違う回で議論した内容を前後に移動させる微調整をしながら調査結果をまとめている。

　第4に、貧困当事者の話で前後に矛盾があった時に、それを確認し、確認が取れた参加者の本当の意思を取り上げる。
　これは上記の【第3】と関連するが、議論の集まりを、間隔を開けて3回に分けて行っていくなかで、参加者の考えが前後で矛盾したことも時折あった。また、同じ回の集まりのなかでも、議論していくなかでほかの人の発言を聞いて、自分の考えを見直したこともあった。このような内容については、参加者の本当の意思を見極めることが必要である。これに関して、調査実施者はその場で参加者に確認し、そして、次回の集まりの時に議事録を持参して参加者に再度確認するようにした。また、調査進行中に、矛盾がありそうな話を聞いた時は、調査実施者だけではなく、他の参加者もその場ですぐに確認することもあった。

例えば留学生のグループでは「ニート」について、以下のような議論をする場面があった。

　A：私は、これらの人たち（ニート）は道徳から言うとよくない人たちだと思います。私が言いたいのは、あなたは手も足もあるのに、何で頑張らないの？　　　　　　　　　　　　　　　　　　　　　　（外留男グループ）

　参加者 A は、議論していくなかで、他の参加者の意見を聞いて自分の発言内容を見直した。例えば、上記の A の発言の後に、以下のように、参加者 B がこの言葉（ニート）は人を誤解しラベリングする側面もあると自らの経験から述べた。この B の発言をきっかけに、A は自分の先の考えを見直した。

　B：貧困っていうか、弱い立場にいるから、容易にこの言葉を人に使われて、私はこれをひどいと思います。私は「○○（過去の事情）」で、彼らは私のことをよく理解していない段階で、既に私に"帽子"をかぶせている（＝ラベリング）、私は「○○（過去の事情）」でしばらく家にいたかっただけです。人々は勝手に私に「ニート」と言って、でも、私がなぜこんな状況になったのかを誰も尋ねてこなかったです。
　A：これはラベリングですね、確かによくないです。
　C：さっき、あなた自身もまだそのような人たちは道徳的に問題があると言っていたのに、なぜ今またよくないと思うの？
　A：すみません、B さんの話を聞いて、よく考えると、このような言葉こそ、人が容易に他の人を偏見をもってみることになる面もあると思いました。例えば B さんのように、ある人が家にいるのは、何かを勉強しているか、何かを計画しているか、あるいは、自分の力を蓄積しているか、さまざまな可能性がありますね。ただ、このような言葉の存在で、容易に人を評価することになって、人に偏見をもたせる影響を与えていますね。今はこう思います。　　　　　　　　　　　　（外留男グループ）

　これらの一連の確認作業を通して、参加者の「本当の意思」を理解し、また

4 課題3──結果のアウトプット

有用な情報を整理しやすくなった。このような、前後で矛盾する議論内容に関して調査内容を文章化する際には、参加者が他の参加者の意見を聞いたり考えたりしたのちに確定した意思をメインに取り上げる[18]。

第5に、議論する際に、話しながら自分の考えを整理する時間を参加者に与えるため、主題と関係ない話や冗談などを喋っても構わないことにした。ただ、その内容を整理する際には主題と関連する内容を中心に取り上げる。一方、主題から明らかに外れている内容を削除する。

参加者たちは、普段の生活のなかで貧困について誰かと話をすることや皆の前で意見表明することがめったにないため、集まりで迷わずにすぐにまとまりのある話ができるわけではない。実際の議論のなかでよくあったこととして、例えば、参加者の誰かが何かについて話しをする際に、主題と直接関係がないような話が最初に出てきて、その話は参加者の生活背景と何らかの関連があるかもしれないが、話の内容自体はかなり分散的である。これに対して、調査実施者はできるだけ参加者の話を邪魔したり中断したりしないように、自由に話せるようにする。そうすると、はじめは内容が少し混乱するものの、発言の後半や終盤の段階では、比較的整理できた話がよく出てくる。例えば留学生のグループでは「私にとっての貧困の意味」について、以下のような長い話（逐語録で3000字程度）があったが、前半は主に自分の本国での就学や来日の経過、そして、日本での仕事についての話であった。それを全て言い終わると、実際の日本での具体的な経験事をあげながら「貧困は差別である」とまとめた。

・日本に「〇〇」という概念があることを、皆さんは知ってますか？　私は中学校時代に高校、そして大学ではなく専門学校に入ったんです…（自国の出身専門学校やその学校での教師についての話（冗談））…18歳の時に、日本への出稼ぎの人員募集の情報をもらいました…（どのように来日の意思を決定したのかの話）…「〇〇年」に「〇〇」、つまり皆が言っている「〇〇」として日本に来ました…（日本での仕事に関する内容）…その後、契約期間満了後、私は日本の大学に通いたかったが、日本の学校に認めら

---

[18] もちろん、議論するなかで参加者の意思がどのように変わったかに関する考察も重要課題であるため、これに関する内容について、必要に応じて部分的に取り上げる。

れなかったんで。あなたは「〇〇(日本で従事した仕事に関する内容)」、ダメって、どうしても認められなかったんです。これは差別でしょう。もし、私はお金があれば、状況を変えられるかもしれない、私は弁護士や行政書士に助けを求めることができます。その後、私はお金がないと何もできなくて、社会的地位を変えることもできないと深く分かって、一旦帰国し、働きながらお金を節約し、今やっと留学生の身分として日本に来られました。なので、私は、貧困は「差別」だと思います。(外留女グループ)

筆者は上記を受けて、主題である「私にとっての貧困の意味」を中心に、話の内容を以下のように、主に参加者がよく整理できた話(多くの場合は発言の後半)をまとめている。

・私にとって貧困の意味は差別です。私は「〇〇」年に「〇〇」として日本に来ました。その後、契約期間満了後、私は日本で学校に通いたかったが、日本の学校に認められませんでした。あなたは「〇〇」だから、ダメって言われました。これは差別でしょう。もし、私はお金があれば、状況を変えられるかもしれないです。弁護士や行政書士に助けを求めることができます。その後、私はお金がないと何もできず、社会的地位を変えることもできないと分かりました。帰国後、働きながら、お金も節約し、今やっと留学生の身分として再び日本に来られました。　　　　(外留女グループ)

第6に、調査参加者のプライバシーの保護に努めた。

まず、参加者の「声」を取り上げる際に、個人を特定できる情報を全部「〇〇」でブランクにしている。その際に、閲読上の支障がないように、例えば、参加者が通っている学校名が会話のなかに言及された場合に、具体的な学校名を表示せず、「〇〇(学校名)」で示す。また、場合によって「〇〇」だけで表示することもある。

そして、参加者のなかで議論がどのように展開しているかを示すためにA、B、C、Dで参加者たちの話す順を示しているが、全体を通して発言を探って参加者を特定できないように、話題ごとで用いるA、B、C、Dが同一参加者

を示さないようにアレンジした。

5 小　括

　本章は、主に本研究で実施した参加型貧困調査について説明した。そこで、本調査の概要を紹介したうえで、調査の全過程——調査参加者の募集、調査の進行、調査結果のアウトプット——において、参加型貧困調査にとって最も重要である貧困当事者の調査への「参加」を保障するために、調査実施にあたって実際にどのような課題や難点があったのか、それに対して具体的にどのような対応をして調査を進めできたのかを検討した。その内容は主に以下の3点にまとめられる。

　第1に、調査参加者を募集する段階で、調査に関する情報の伝達と調査環境の整備が主要課題だった。前者の調査情報の伝達に関して、弱い立場にいる参加者であるほど情報が届きにくい。本調査では、参加者が、信頼できる中間協力者やこれまでに付き合いがある反貧困組織からの協力を得たことで、情報を、断片的ではなくより完全で理解しやすいように伝達できた。そして、後者の調査環境に関して、いかに参加者たちが制約を受けずに、負担を感じずに、安全、安心、そして尊重されていると感じられるように参加できるかという課題に関して、本調査では、調査の場所、時間、金銭的サポート（謝礼）、そして、それ以外のサポートとして車の送迎、食事の用意、文字書きの手伝いなど、参加しやすいような環境整備を行った。そのなかで、参加者の調査参加への意思決定にとって特に重要な役割を果たしたのは、中間協力者と協力組織からの参加者への付き添いやフォローであった。

　第2に、調査を進行する段階においては、参加者たちの自分の思いや関心を調査の具体的な議論に組み込めること、そして、その内容について、インタラクティブに議論ができることが重要な課題であった。これに対して、本調査では、先行研究からの示唆を受けながら、参加者たちが話や議論をしやすいように、議論のプラットフォームを作成し、調査の目的、主旨、集まりごとの大枠の主題を参加者に提示した。そこで、「私にとって、貧困の意味は〇〇である

(第 1 回目)」「心配・困りごと(第 2 回目)」「調査の結果確認とコメント(第 3 回目)」などのオープンな主題を設定した。これによって、参加者自身が最も関心があることを具体的な話題として提起できただけではなく、参加者たちがどのように「貧困」を見ているのか、そのような貧困の見方はどのように形作られているのか、そして調査から得られた調査実施者がまとめた調査結果は参加者たちの意思とズレがないのかを検討することも可能になった。また、このように提起した具体的な話題を議論する際に、参加者たちが、調査実施者の考えや思い込みに影響されずに、インタラクティブな議論を進行し展開していくことができるように、本調査では同一の属性の参加者が一つのグループになって、グループディスカッションを行うことで対応した。このようにして、より似た貧困経験を持っている参加者たちが、お互いに理解し合って、権力上の不平等もなく、主体的に議論を進行し展開した。その際に、調査実施者はファシリテーターに徹するように心がけた。

　第 3 に、調査の結果に関して、本調査では参加者たちの確認やコメントを経てからアウトプットしている。調査参加者がただ研究者等に調査されて個人の悲しいストーリーを提供するための"道具"として扱われないようにして、参加者自身が調査の過程をもっとコントロールできるようにし、そして調査結果の扱いにも自分なりの影響を与えることができるようにすることは、参加型貧困調査が従うべき原則である。そのため本調査では、参加者たちが自分の「声」により生成した調査結果を改めて確認できる機会を設けた(第 3 回目)。そこで、参加者たちは、内容の確認だけではなく、調査結果の扱い方にも自分たちの要求や希望を表明した。これを受けて、今後これらの調査結果やデータをもとに文章化していく際に、調査実施者は、事実を尊重した上で必要最小限の執筆上のテクニカルな処理を行う以外は、基本的に、参加者たちの意思と、貧困についての参加者による分析を最優先とした。

　以上、本研究で実施した参加型貧困調査について説明した。こうした「参加」の手続きを重視して行われた参加型貧困調査を通じて得られた調査結果については、本章以後の第 3 章、第 4 章、第 5 章にて詳述していきたい。

第3章　集まり1──貧困当事者が見た「貧困」

　本章では、主に本調査の第1回目の集まりの調査結果を述べる。具体的な内容は1.参加者の「貧困」及び「貧困」と関連する言葉に対するイメージや理解、2.参加者たち自身が考えた「貧困の意味」、3.参加者が検討した「誰が貧困者である・貧困者でない・なにで区別する」についてである。

1　「貧困」の言葉に対するイメージや理解

　本節の以下で説明するのは、主に「貧困」、そして「貧困」と関連する言葉である「アンダークラス」と「社会的排除」に対しての、参加者たちのイメージや理解である。これらを整理することによって、これまでに議論された「貧困」の言葉や言説に対して、参加者たちがそれをどのように受け止めているのかが示されてくる。

1.1　貧　　困

①漢字の通り「貧しくて困っている」
　全てのグループは、「貧困」と聞くと、「漢字の通りで、貧しくて困っている」というイメージを感じる。そのうち、半数以上のグループは、「貧しい」よりも、「困っている」状態がもっと問題であるという意見を持っている。

・漢字の通り、貧しくて、困っているという感じです。　（日社男グループ）

・問題となるのは「貧しい」だけではなく、この「困る」状態です。この

「困る」というのが人に悲しいと感じさせますね。　　　（外留男グループ）

② ネガティブな感覚

　ほとんどのグループは「貧困」をネガティブな言葉として捉えている。「貧困」と聞けば、とにかく「悪い/嫌なイメージ」を感じて、「関わりたくない」気持ちを持つ。このようなネガティブな感覚のなかに、強い「被っている感覚」や「階級感」も感じられている。

・聞いたら嫌なイメージがすごくあります。　　　　　　（日社男グループ）

・可能だったら、少しでも関わりたくない（貧困に陥りたくないという意味）。
　　　　　　　（外国人労働者女性グループ、以下、外労女グループ）

・貧困という言葉は、すごく重苦しいものに感じます。　（日社女グループ）

・「貧困」と言ったら、そこの一角に押されて、貧困という層に入れられちゃっている感じで、すごく突き放されている感じする。本当にこの言葉は好きじゃない。　　　　　　　　　　　　　　　　（日社女グループ）

・貧困という言葉を聞くと、どうしても打撃を受ける感じがする。自分のことを考えさせます。私たちがお金持ちの人たちと同じではないのを考えるようにさせる。彼らは「〇〇（業種）」ではない、私たちは彼らと同じ階級ではないです。　　　　　　　　　　　　　　　　（外労男グループ）

③「貧困」と言われたくない・見られたくない

　参加者たちは「貧困」に対して、悪いイメージ、ネガティブなイメージを持っているため、自分は自分のことを確かに貧困と思っても、人にそう言われたくない・見られたくないという意識が強い。

・やっぱり「貧困」っていう言葉を聞いたときに、言われたくない言葉だと

素直に思います。自分が自分のこと貧困だって思うのはいいけども、周りから「あなたが貧しそうだね」とか、「貧困だね」って言われると、もう悪口にしか聞こえない。率直に嫌な気分になります。やっぱりイメージは本当によくない。あと、そうは見られたくないという気持ちも正直に思ったりします。
(日社男グループ)

④普段は「貧困」を使わない、隠す、恥ずかしい感覚

大多数のグループは「貧困」という言葉はメディアによく登場し使われている言葉であり、自分たちは普段の生活のなかで、人と会話する時に使わないと話した。

A：メディアとかで、貧困とか格差とか、ここ数年ぐらいで出てきていると思うけど、普段使う(他の参加へ確認する様子)？
皆：使わない。
B：私、わかります。それが、多分、自分は貧困だけど、あえて「貧困」という言葉を使わないです。
(日社女グループ)

また、半数のグループでは日本の貧困と海外の貧困と比べた。日本の貧困は見た目で明らかに見えるようなものではないので、「貧困」を隠す余地があり、自ら「貧困」を隠すとのコメントをした。

・日本の貧困って、アフリカとかの外国に比べて見えないですよ。外国だとあからさまに家がないとか、服がもうほぼないとかを見て、「もう、やばいんだな」と分かるけど。日本の貧困って、日本人はやっぱり貧困だと思われたくないよ、だから隠すんだよ。
(日社男グループ)

なぜ、自分は貧困だと思っても、かえって「貧困」という言葉を使わず、「貧困」を隠すかに関して、それはやっぱり「貧困」のネガティブな感覚から生じる「恥ずかしさ」が動いているという議論があった。

A：やっぱり恥ずかしいっていうか、バレたくない。

B：恥ずかしいことじゃないっていうのを理屈として思っているけど、でも自分がいざ人に話すのはちょっと恥ずかしいみたいな思いがありますね。

(日学女グループ)

⑤価値もある、どのように受け止めるかはその使い方による

「貧困」という言葉はネガティブな感覚があるが、一部の参加者は、貧困は客観的に存在している社会現象であり、この言葉は貧困問題の存在を提示してくれる価値もあると話した。

A：「貧困」という言葉は、ポジティブでもない、ネガティブでもない。これは、ただの客観的に存在する社会現象を説明する言葉というだけです。例えば、単純にこの言葉を使わなくても、貧困はもう存在しないのではない。私の個人の感覚だけど、今こそ、貧困や不平等がさらに拡大していると思うよ、だからこそ、「貧困」を使わない形で人々の耳に入らないようにしてはいけないです。

(外留女グループ)

上記に対して、同グループのもう1名は、「貧困」をどう感じるかは、その言葉がどのような意図で使われているかにもよると話した。それを聞くと、他の参加者も賛同した。

B：「貧困」という言葉は、確かにAさんが言ったように客観的な存在であるが、問題は、「貧困」この言葉の使い方だと思います。この言葉を使う人がどういう感情や意図で言っているのかと関係するよ。もし、悪意をもって使っているのであれば、それはネガティブだと思います。

(外留女グループ)

1.2 「アンダークラス」

①悪意がある差別的なイメージ、強い抵抗感、日常会話では使わない

1　「貧困」の言葉に対するイメージや理解

ほとんどのグループは「アンダークラス」を聞くと差別的なイメージを感じて、抵抗感を示した。

・差別だよね。なんか蔑んでる、下に見てる、悪意がある感じする。
（日学女グループ）

・もし、自分がそう言われたら、俺は違うっていっちゃう。（日社男グループ）

ただ、半分以上のグループは、この「アンダークラス」という言葉は、そもそも日本であまり使われない言葉であり、日常会話のなかに出て来ないとコメントした。

・あんまり馴染みがない言葉、日本では。そういう専門なもの、本とか、新聞とかに乗せる言葉、日常会話にはあんまり使わないです。
（日社男グループ）

②勢力が強い方が勝手に使っている言葉

全てのグループは、この言葉を使う人は貧困者を自分たちと区別しようとしていて、自分たちの価値観で勝手に他人を定義し名づけることによって、自分の有利な立場を確保しようとしていると考えている。

・アンダーって付けることによって、自分と区別しようとしてる感じ。
（日学女グループ）

・この言葉を人に使うのはだめ！　これは一部のお金持ちの人が、社会の有利な位置に立って、自分の"優越感"から貧困者の人たちを下層に位置づけて、社会的な身分を定義するだけ。彼らは「話す権利」を握っているから、彼らの目線から彼より下の人に対して、"彼らは劣っているもの、自分より下のクラスの人だ"というふうに言っている。正直に言うとこの類の言葉はとても悪意があるとずっと思ってる。　　　（外留女グループ）

半数のグループはこの言葉が人を区別するときの線引きと基準について強い疑いを示すとともに、圧迫されていると感じている。

> A：「貧困」は目に見えて、例えばお金がなくて困ってる人たちのことを表すんだったら、この「アンダークラス」っていうのは自分たちで付けれるような感じがあります。明確な基準はなくて、そっち多数派で「お前らはアンダークラスだ」みたいなふうに言えちゃう言葉なのかな。きっと、このアンダークラスって、定義はないのでは？ ただ、より簡単に使えちゃうのかなと思います。
> B：マウントというか、中心的な存在の人間が目立たない人に対して、勝手に下層だというふうにする。
> A：自分の人より上に立ちたいっていう欲求を満たすのに、下の人を作りたいからできる言葉、その自分より下の人たちがいたら安心するんだな、本当に大嫌い。
> （日社男グループ）

> ・私はこの言葉に対して、とても懐疑的です。何によって線引きしているの？ その線はどこにあるの？ 「貧困」は大きな概念で、いろんな側面があると思うけど、この「アンダークラス」って、わざと一部の人を単独的に取り出しているようで、聞いた感覚は「貧困」と違う、とても苦痛感、圧迫感があります。
> （外留男グループ）

③内面化されている感覚

ほとんどのグループがこの言葉に抵抗感を示したが、参加者のなかでより弱い立場のグループであるほど、この言葉が甘んじて受け入れられ、内面化されている感覚も示されている。

> A：私たちこそ、この日本社会の下層にいるじゃないですか。国から離れて、こんな体力労働をしていて。でも、こう言われても、私は気にしない。これは私の実際の状況だから。あなたはあなたの生活を暮らす、私は私の生活を暮らす。

B：正直に言うと、上層の人達が"社会的身分"があって、私たちを"下層"と思うのは確かだと思うよ、口から言わなくても。どれほどの「上層」(の人)じゃなくても、例えば「○○(雇用主)」はいつも我々「○○(国名)」人が"汚い"とかをずっとそう思ってるんじゃないですか。でも、私はAさんと同じ、そうされていても構わないです。私は、黙って頑張っていく、こうするしかないです。　　　　(外労女グループ)

④みんな同じであること
　以下の2グループでは、次のような意見が示された。「アンダークラス」の人がいるからこそ、同じ社会に暮らしている他の人々は便利な生活を送れているのに、「アンダークラス」は人々に"(貧困者は)よくない人"というようなイメージを与えている。だが、実際は貧困者と貧困でない人はみんな同じ社会で暮らしている人間であり、どっちが良いか悪いかということはない。

・「いい人じゃない」ようなイメージを人に与えているのを感じます。清掃する人は「アンダークラス」と見なされるかもしれないが、清掃する人が人々の生活を便利にするのに大きく貢献しています。清掃の人がいなければ、あなたはお金があっても、私と同じようにごみばかりの環境のなかに暮らすことになっちゃう。　　　　　　　　　　　　　　(外留男グループ)

A：この言葉はとても中傷的です。この言葉を使う人たちは多分貧しい人々に対して、非道徳的だと思うかもしれないが、でも、私は貧しいだけで、悪いことを一切してないです。逆に、彼らはただお金があるだけ、他の点は必ずしも私よりよいわけではないです。

B：実は、お金があるかどうかと関係ない、私の周りの友達、お金持ちの人も、お金がない人も、皆は向上心があって、勉強も努力し、今就活も頑張っています。だから、みんなは同じ、なんの違いはない。正直に言うと、貧困であるから、周りの人と同じような生活を暮らすためにより多くの努力が必要とされるので、だから、私は誰かが貧困学生であると聞いたら、その人はとても向上心があって努力しているというイメージが

まず出てきます。 　　　　　　　　　　　　　　　（外留女グループ）

1.3 「社会的排除」

①社会に参加できない、同情された感覚、普段は使わない

　大多数の参加者は「社会的排除」を社会的活動に参加できないという意味で捉えている。また、この言葉は人々の困難や援助を呼びかける意図で使われているかもしれないが、同情され可哀そうなイメージも感じているので、好きではないという意見があった。

- 普段、全く使わない言葉ですが、今聞いたら、例えば、職場で、友達グループは「飲みにいくか」みたいな時に、自分は金ないから行けないとき、社会的排除された気がします。自分の社会性を奪われる意味と感じます。
（日社男グループ）

　A：社会的排除ということは、確かに一つの社会現象であり、確かに社会に参加できない、その社会から排除された人がいる。ただ、この言葉はなんとなく同情され、哀れまれた感じがする。私は同情と哀れみを与えられたくない、好きではない、私は他人にどうであると思われたくない、その高いところに立って、私のことを見ているようなことは好きじゃない。
　B：自分もあんまり好きではないけど、でも、この言葉を使う人は、多分、人々の生活の難しさを見たかもしれない。　　　　　（外留男グループ）

②社会の主流から与えられた圧力、同調圧力

　ただ、8グループのうち、2つのグループでは、この言葉は普段使わないので、厳密に何を指すかは「よくわからない」とコメントしたうえで、自分たちの経験からは「主流と合わないといけないような圧力」を感じているという意見もあった。

- 私が離婚を経験した。私は「〇〇」歳ですけど、この歳だったら、結婚を

して、子どもがいる方、そして、独身で何か仕事をされている方、その2種類ぐらいしか社会から認められてない感じがします。（日社女グループ）

A：日本だと、さっきの話で、その社会から外れた者たちを救うのが大事みたいなのがあったけど、日本ってその同調圧力とか強いんで、外れた人とか、その少数の人に対しては結構厳しい目線を向けがちだなっていうのがあって、厳しい問題だなっていうのは感じます。

B：この同調圧力は、確かに。自分が住んでいる「〇〇」は「〇〇（先輩は後輩に食事を奢ること）」するんですよ。奢りたくないというと、「これはここの文化」だみたいなことを言われるんで。多分その「ここの文化だ」って言っている人たちは、やっぱみんなは「〇〇（学校名）」生だから、みんなの家は同じくらいの年収は持っていると仮に思っているよね。ただ、自分は、実家の「〇〇」がパスタ茹でるやつを食べているのに、なんで後輩にご飯を奢るんだろう。そもそも「〇〇（先輩は後輩に食事を奢ること）」っていう文化自体が矛盾をはらんでいるのを感じて、すごく反抗しようと頑張っています。　　　（日学男グループ）

③問題を強調してくれる役割

　日本人学生女性グループの1人の参加者は、聞いたときの感覚ではそれほど悪いイメージはない、この言葉を使うとメリットもあるという考えを示した。その考えを説明すると、他の参加者からも「なるほど」「確かに」などと賛意が表された。

・社会的排除された人、ここ数年、いままでその存在しない人として扱われてきた。例えば、教育受けることができなくて、どんどん居場所がなくなって、排除されて、見えなくされている。でも、「私達は生きているし、ここにいるよ」っていうふうに考えるときに、そうされた人がいるんだよっていう証拠になることはあるのかなと思って、そんなに悪いイメージは受けなかった。排除という言葉で、排除された人がいるっていう認識があるから、この言葉がなくなることが一番いいことだけど、言葉がないよりは、その排

除される自体がなくなる方がもっといいのではと思う。(日学女グループ)

2 貧困の意味

前節ではこれまでの貧困にめぐる議論や研究によく使われている言葉や言説について、参加者たちがどのようなイメージや理解を持っているかを示した。それ対して、本節では、他の誰でもなく、貧困の影響を最も受けている貧困当事者たち自身が考えた「貧困の意味」を表していきたい。本調査の参加者たちの議論から、貧困は以下の7つの側面の意味があると整理できる。

2.1 金銭的・経済的

全てのグループは貧困の意味は、まず何より「お金がない」と話した。そのうち、大多数の参加者が考えた「貧困」には、生活の必需品である基本的な衣食住を満たすことに困難があるという意味が含まれている。

・私にとって貧困の意味は、明日のご飯を悩むという意味です。私昔はおばあちゃんと一緒に暮らしていた時は、生活保護費が入った日だけ特別なご飯、その後は、もうまたウインナー生活とか、詰め放題ウインナーに行ってとか。そういう明日どうしようっていうのが、貧困なのかなと思います。多分お金があれば、そこまで悩まなくても、うまくいけますね。

(日社女グループ)

・家賃を節約するために、人と部屋をシェアしています。そして、去年コロナが最初に流行しはじめた時、バイトがなくなって、毎日1食を減らすようにしました。服もほとんど買わないです。なので、貧困は私にとって、基本の1日3食の確保が難しい、部屋もシングルではなくシェアしていて、衣服も新しいのをあんまり買えないということです。　(外留男グループ)

2 貧困の意味

上記の基本の衣食住以外に、子どもや若者にとってごく普通の玩具やお菓子などを買う経済的な余裕もないという意味も表された。

・私はずっと小さい頃から団地に住んでいて、玩具とかは家にあったけど、それは燃えないゴミの日にお父さんに連れられて、夜中に行って、欲しいものを取って、それを家族で綺麗にして使ったりとか。その買ってもらった記憶はあまりないです。　　　　　　　　　　　　（日社女グループ）

・バイト終わって、すごい疲れた時に「あ、ちょっと美味しいもの食べたいな」っていう時に、その百円とか二百円とかのお菓子をすごく悩んだりとかずっとしてて、やっぱりやめとこうってだったことはずっとあるんで。そういうところが貧困だな。　　　　　　　　　　　　　（日学女グループ）

2.2　制　約　的

議論のなかで「選択」が制約された、「選ぶ自由が侵害された」という話は集中的にあがった。「金銭的」な困難と重なるが、結果としては、何をするときも「それをしてもいいのか」を繰り返し考えてしまうこと、選択肢が減ったり、制約されたり、結局やりたいことを諦めることになってしまうということが議論された。

・貧困の意味とは、生きるうえで選択ができないことだと思います。何でそう思うのかは、スーパーで買い物するじゃないですか。カレー作ろうと思って、せっかくだから、給料もらったばっかりだし、牛肉買おうかなと思ったときに、まあ、でも、これから1ヶ月やりくりするなら、安い方がいいかと思って、鶏肉を買いました。ちょっとしたこの贅沢ができない、ちょっと美味しいものとかの選択ができないというのが、貧困だと思います。　　　　　　　　　　　　　　　　　　　　　　　　（日社男グループ）

A：私にとっての貧困の意味は、貧乏とかに起因して選択肢が減ったりとか

悩んだりとか、やることができなかったりして、困っていることであると思います。僕の経験だと学費だとか、食費だとか、その辺をどうしようみたいな工面で、大変な体験でした。ほかのやりたいことのために舵を取れない、取る資本がない。それで、進路自体が途絶えてしまって、悔しい思いをしてて、泣き寝入りをすることもありました。

B：貧困やっぱ束縛とか選択肢の消去にしかならないね、選ぶ自由とかを侵害してくるっていう印象が今まで強かったので、そのイメージしか持ってないです。

C：例えば？

B：それは沢山あります。小学校の頃はハンドボールとか、行きたかったけど行けなくて、中学の塾に行きたかったけど行けなくて、高校も塾に行きたかったし、あと部活もしたかったけど、バイトは高校1年の頃からぎっしり詰まっていたので、部活できなくて、あと高校3年生のときに、なんかうちは家が貧乏っていうよりも、その進学費用に関して援助してくれないから、進学に関しては自分でお金を用意するっていう条件だった家族だから、自分で何とかしようと思ったけど、金銭的に（大学に）行けない可能性が高くて、がっちりで公務員試験の勉強に切り替えたんで、夏の終わりぐらいに、奨学金を受かったよっていう連絡があって、これなら大学なんとかいけるかなって思って、勉強をしました。あと大学になってからはサークルとかもやりたかったけど、やっぱりバイトがやばいので、できない。あとは、院の進学もめちゃくちゃ迷っています。「〇〇」学部だから、「〇〇」大学院行きたいなっていうのはあるけど、やっぱ授業料が高くて、院に行ったら「〇〇」万円年間請求されるので、なんか忙しいらしくて、バイトがあんまりできないっていう話を聞いてて、これ絶対に行けないって思ってるんで、最近は割と就職を考えています。

（日学男グループ）

2.3　心理的・感情的・精神的

金銭的、そしてそれによって制約されるという意味以外に、最も話されたの

は心理的・感情的・精神的に関わる内容である。例えば、「気持ち的な余裕がない」「難しい」と感じるなどの話が多々あった。

・学校で忙しくて、まあ、勉強できるのは結構贅沢で、いいことだと思うんですけど、それにアルバイトが加わって、勉強しなきゃいけないし、なにかしたいのに、お金も稼がなければならないということを考えると全然気持ち的な余裕がない。
（日学女グループ）

・私は両親と2人の子どもを養わなければならない、とても重いプレッシャーを感じています。家族を養うのはなぜそんなに難しいの、本当に難しい。なので、私が思った貧困は「難しすぎる」という意味です。
（外労女グループ）

また、他の人より自分が劣っているような「卑屈」や「劣等感」という意味を挙げた参加者も少なくない。

・貧困は自分の心のなかに劣等感をもつことである、お金がない、何もない。
（外労女グループ）

・私は、服を間違って購入しちゃうことを心配しています。私は有名なブランドの服は全く知らないので、オンラインで安いものを買うつもりだったけど、ブランド品の偽物を購入しちゃったことがある。周りの人は「〇〇（ブランド名）」の服を買ったのと聞かれて、私は何も分からないので、どう答えればいいのか困ってた、その時にとても卑屈を感じました。
（外留女グループ）

そして、学生や女性グループでは貧困の意味は「安心と感じられる保障がない」「心配」「不安」「心細い」などであるという話が多かった。

・今の生活状態に対して、心配と不安がいっぱいで、何の生活の保障も感じ

られないです。もし、自分や家族に急に何かがあったら、今の自分の状況では全然対応ができないです。　　　　　　　　　　　　（外留男グループ）

・貧困はずっと何かを心配している状態です。子どもから急に勉強のお金が必要と言われたらとか、他の何かでお金が必要となることとかを毎日心配するなかで暮らしています。　　　　　　　　　　　　　　　（外労女グループ）

また、外国人留学生男性のグループでは貧困の制約で、よい生活を追求する時に、精神上の「苦痛感」を感じるとの話もあった。

・資源っていうか、ないものが多すぎて、何かをしようとする時にそのコストを考慮しなければならない、多くの場合はあきらめることにしなければならないです。そうすることで、自分が追求している夢や目標は制限されて、良い生活を追求しようと思うたびに、精神的な苦痛を感じます。
　　　　　　　　　　　　　　　　　　　　　　　　　　（外留男グループ）

2.4　関係的・階級的

外国人留学生男性グループ以外の7グループは、他者との関係の視点から貧困の「無視されやすい」「差別」などの意味を捉えている。

・私は同じゼミの同級生と一緒にインターンシップに行きました。2人は成績や日本語、仕事能力も大体同じなのに、あの子は服が綺麗で、化粧もしていて、上司はいつも彼女のことを気にしています。私はただいてもいなくてもいいような存在です。実は、学校のゼミでも同じ状況で、無視されているのをすごく感じています。　　　　　　　　　　　（外留女グループ）

・私は中学校卒業して高校受かったけど、親がお金出してくれない、まあ、出すお金がなくて、結局卒業してすぐ働きに出て、16、17歳ぐらいで働きはじめた。今現在貧困かと言われたらちょっとそれは、でも、それもダ

2 貧困の意味

ブルワークをしたりとか、傍から見たら「頑張ってる」「貧困でお金がないから」とか、「一緒に遊びに行けない」とかと言われて、そういう人の言葉が差別じゃないですか、これも貧困と感じます。（日社女グループ）

そのうち、外国人労働者グループでは、上記の他者との関係をまた階級的な意味で捉えている。

A：私は「貧困の意味」は何であるかというと、それは社会の上層の人々があなた（労働者）を抑圧、排除することと思う。貧しい人々の立ち直ることが彼らに許されていない、わざと一部の貧困者を残して置いている。みんな金持ちになったら、誰がお金持ちの人たちに仕えるの、誰がお金持ちの人たちに労働してあげるの？

B：そう、これは全て比率が決められているから。そうじゃないと、お金持ちの人たちにとって、もうバランスが崩れちゃうので、混乱になるから。

A：その比率のギャップはちょっとくらいじゃなくて、大きくないと、効果がない。その「〇〇（雇用主）」は、絶対底辺の人を雇う、自分と大体同じぐらいレベルの人を雇わないでしょう、雇われないから。これらの「〇〇（雇用主）」は、なぜ日本人を雇わないの、なぜどうしても外国人を雇うの、一つは管理しやすい、もう一つは安い。「〇〇（X 国）」から来たから、叱られても、あなた（労働者）我慢するしかない、「〇〇（金額）」の"手続き"費を払って来たから、やめて帰るの？　でも、もし、雇われたのが日本人であれば、叱られて辞めたいならすぐ辞めちゃう、簡単に離れるから。

B：そもそも日本人は、こういう仕事をしないじゃん？　しかも、あなた（労働者）「〇〇（X 国）」人がこの仕事をしないなら、また「〇〇（Y 国）」の人もいるから、「〇〇（Y 国）」の人がしないなら、「〇〇（Z 国）」の人もたくさんそこに待っているから。　　　　（外労男グループ）

2.5 労働的・時間的

　日本人社会人男性グループ以外の7グループでは貧困は労働的・時間的な側面の意味があると話した。例えば、「ギリギリまでアルバイトしなければならない」「子どもなのに働かなければならない」「あちこちで回って働く」などがあった。このような労働状態がまた必然的に「時間がない」ということにつながっている。

・小さい頃から団地のなかに暮らして、究極に貧困だったと思う。その中でも親がお金がなくて、何かに追われて、いろんなところ転々としていた。私お姉ちゃんが「○○」人いるけど、一番上のお姉ちゃんは中学校の頃から新聞配達だったりとか、働いて私たちを養う。子どもが働かないといけないことが貧困だな。　　　　　　　　　　　　　　　　（日社女グループ）

・貧困は今の私にとって、家族に頼れなく、ギリギリまで（日本で留学生に許可された労働時間）アルバイトをしなければならないという意味である。
　　　　　　　　　　　　　　　　　　　　　　　　　　（外留女グループ）

・生活はいつも忙しくて、仕事に出かけたり帰ったり、あちこちで回って働いているんで、時間がないというのをすごく感じています。生活がいい人はちゃんとした仕事があるから、規則的に働いているので、比較的時間の余裕があると思います。　　　　　　　　　　　　　　（外労男グループ）

2.6 教育的

　多くのグループでは、貧困はお金がないことで幼稚園や習い事に通うことができないなどの「ちゃんと教育されている」かどうかと関わる意味からのコメントがされた。

A：うちは、団地という狭い地域のなかで育ったんで、うちの地域のいじめ

の仕方は、幼稚園に通っているか、保育園に通っているかで決まる。ちょっと意地悪したら「あの子は保育園だからね」みたいな、逆に「その子は幼稚園に通っているから、頭がいいな」って、ちゃんと教育されているっていう分類で分かれていたので。あと、お金がなくて、習い事に通わせることができないのも貧困なのかなと思う、うち小学校のとき、そんななかったよね、習い事。それこそ、1軒家に住んでいる人がいて、お嬢様グループと呼んでいるけど、お嬢様グループはそのピアノとかを習ったりして。

B：うちらは本当に学校終わったら、ランドセルを投げて、グラウンドに集合みたいだった。　　　　　　　　　　　　　　　　　　　（日社女グループ）

2.7　健　康　的

　留学生の2グループと日本人学生男性グループでは、貧困は健康に影響するという意味もあるという話がされた。

・胃が痛いとかの小さい病気、かかっても病院に行かない、ずっと我慢するようにしていて、やっぱり健康に悪くて、長期になったら生存権や健康権をやっぱり脅かしています。　　　　　　　　　　　　　　（外留男グループ）

　以上において、貧困の意味について貧困当事者である参加者たちが考えた7つの側面の内容を示した。これらの7つの側面はそれぞれが独立しているというよりも、むしろ貧困に対する異なった見方が示されている。上記の詳細内容を見れば分かるように、この7つの側面は互いに関連し合って、一つの側面での内容を他の側面に置いて考えても筋が通っていると見られるところが少なくない。例えば、健康的側面での病院に行かないことは、金銭的・経済的側面でのお金がないこととしても理解できる。ただ、両者を単純に同一視してしまうと、こうなった原因やこうなったことがもたらした影響などが見失われて分からなくなってしまう[1]。そして、本研究での上記のような貧困の意味を群れごとに分けて理解する仕方を用いた研究ではPaul Spicker(2007=2008)がよく知ら

れている。Spicker(=2008: 25)は貧困の 11 の意味の群れを一つの「輪」のなかに分けて示している。Spicker によれば、「それぞれの意味の群れは、さほど明確に定義されているわけではなく、各々は他のいくつかと重複する」「隣接するものと意味が似通っており、なかには輪の反対側にもあるものと結びつくものもある」「ともあれ、輪を回っていくにつれて定義は隔たっていく」こととなる(Spicker=2008: 26)。本研究でも、上記の 7 つの側面はそれぞれが関連し合っている部分もあるため、各々をきれいに完全に区別することはできないが、参加者たちがそうした内容を議論する時の意思を考慮したうえで整理している。ただ、ここで特に重要であるのは、貧困の意味の 7 つの側面の分け方というより、「貧困の意味」はまとまった固定的なものではなく、個々の貧困当事者にとって共通なところがある一方、違うところもあり多様であるということである。

3 誰が貧困者である・でない・なにで区別

本章の前 2 節では貧困の概念に関わる「貧困」と「貧困」に関する言説、そして「貧困の意味」について、貧困当事者の考えや理解を整理した。本節ではそれを踏まえて、参加者たちが考えた「誰が貧困者である・でない・なにで区別するか」、すなわち、貧困の定義を整理しながら見てみたい。

具体的な調査方法に関して、先行研究の「PFH」では、最初にイギリスにおける既存の研究上の貧困定義を参加者に示して、それについて議論してもらった。そこでは、参加者たちは研究上の貧困定義を理解しにくいとコメントした。その次に、「PFH」ではまた参加者たちに自分の言葉で自分の考えの通りに貧困の定義を議論してもらった。そこでは、議論はしやすくなり、参加者自身ら

---

[1] 例えば、後述の病院に行かない一人の参加者はその分のお金がないのではなく、これからの就職活動などのために貯金もしている。また、同じお金がない状況にあっても、アルバイトをする気力があるように食事の質を落とさないようにする人がいることに対して、食費を節約しても人前に出る時に自分のことを見下されないように綺麗な服を必ず何着も持つようにしている人もいる。

の考え方を示した。そのため、本調査では、参加者にそうした研究上の影響を回避するために、直接に参加者たちが考えた「誰が貧困者である・誰が貧困者でない・なにで区別するか」を議論してもらうようにした。そこで、より集中的統一的にあがったのは主に「金銭的・経済的」、「選択の余地」、「心的・精神的の余裕」に関する3点である。一方、参加者のなかにある程度論争となった点もある。それは、「貧困」であるかどうかを区別する際に、「自分の心がどう思うか」と「本人が努力するかどうか」という2点をどのように考えるべきかとのことである。以下、それぞれ紹介していきたい。

3.1 共通に考えられた点

3.1.1 経済的な理由でやりたいことが制限されるかどうかで区別

　議論のなかで最も話されたのは「お金」に関することだったが、その内容をみれば単純に「お金があるか・ないか」だけで区別するのではなく、「やりたいことができるお金があるかどうか」「自分の望みに対して、払える・使えるだけの資金があるかないか」で区別するとの意見が多かった。

・自分が何かをしたい時に、お金がなくてできないというのは貧困者だと思います。その逆に、自分が生活していく上で必要なお金があれば貧困者ではないです。　　　　　　　　　　　　　　　　　　　　（日社男グループ）

・一般的な人が望めばできることを望んでも資金がなくてできない人だと思います。つまり、金銭が原因でできないっていう状態にある人が貧困者です。貧困でないのは、自分で自由に使えるお金が十分にある人、使いたいと思ったことに対して使えるお金がある人。ただ、この定義だけで、貧困であるか・ないかって決めつけるか、ちょっと怪しくて、例えばものすごいお金を使う、夢や野望を持ってたとしたら、500億使うものが欲しいって思ってできないから私は貧困者だって言われても困るので、一般的な人が望んでも、望めばできることを自分の資金力によってできる人っていうのは貧困ではないっていう定義になると思います。　（日学男グループ）

・何かをやりたいと思ったときに、何かが制限なく経験できるかどうかで区別すると思います。それでも、何でもできるんだったら大金持ちしかできないから、人並みっていうのが、一つ区別するポイントであるかなって私は思いました。　　　　　　　　　　　　　　　　　　　　　　（日学女グループ）

　以上の発言が示しているように、ここで話された「お金」や「やりたいこと」に関して、それはさほどの大金ではなく、「必要な」「一般的」「人並」なレベルという意味であると理解できる。ただ、こういう「必要な」「一般的」「人並」という言葉自体は必ずしも明確ではないので、これに関してどの程度のことを指しているのか、参加者たちがそれをどのような感覚で捉えているかについては、次の議論からある程度示されている。

3.1.2　選択の余地があるかどうかで区別

　上記の【3.1.1】で話された「必要な」「一般的」「人並」という参加者たちが考えた生活像はどのようなレベルのことなのかに関して、調査では基本的な生活を維持することだけではなく、そのうえにさらにプラスアルファ的な「選択の余地や選択肢」があるかどうかという考え方が示されている。

・まず、ベースにあるのが衣食住と学ぶ権利と機会、どっちも得られているっていうのがベースで、それプラス、経済的理由で望む選択肢が取れるか取れないかによって区別されると思います。　　　　（日学女グループ）

・貧困かどうかって、生きるだけでなく、プラスアルファがあるかどうか、つまり、安い物以外を買う選択肢があるかどうかのことである。生きるだけだったら貧困である、貧困じゃない方は、やっぱり、ただ生きることだけじゃなくて、プラスアルファの人生の楽しみでも、そういうところがあるかないかによって区別する。例えば、こういう白いTシャツがほしいであれば、「○○（安いブランド名）」しか買えないのではなく、いろんなブランドから選べるかどうか。　　　　　　　　　　（日社男グループ）

3 誰が貧困者である・でない・なにで区別　　　79

では、ここでの「選択」はどのような状況であれば、本当に「選択できる」と言えるのかに関して、参加者たちから、以下のような基本的な考えが示されている。

・何か選択できるっていう状況でも、それに対して納得して、それを選択して、それに対して行動することができないっていう状況は貧困なのかなって思います。逆に、選択肢を自分であげることができて、それに対して納得して、これがいいっていう自分が思ったものを選択できる状況だったら貧困者ではないと思います。自分がそれを頑張れる、頑張りたいっていうふうに思えるっていうことが大事だと思います。　　　　（日学女グループ）

3.1.3 「心」の余裕があるかどうかで区別

　上記の「金銭的」、そして「選択の余地」以外に、「心の持ち方」「ゆとりがあるかないか」という心的・精神的な側面を考慮して区別する意見も多かった。

・生活の保障があるうえに、精神生活も豊かなのか、それとも精神的に苦しい状況なのかによって区別する。　　　　　　　　　（外留男グループ）

・貧困であるというのは、余裕のなさだったり、ゆとりのなさと思ってます。何事にも余裕がなくて、人と自分を比べて、自分の心が貧しいですね。一方、余裕があって、ゆとりがあってという人は貧困じゃない、経済的だけじゃなくて。　　　　　　　　　　　　　　　　　（日社女グループ）

・私はやっぱり心の面が大事だと思います。自分でこれが幸せだなって思うことを見つけられるような精神的余裕がある人だったり、そういう状況っていうのは貧困ではないかなって思います。その精神的な面で、自分はできると思って行動ができるっていうことも大事だと思います。経済的なところは確かにあるかもしれないけど、精神的な面で余裕があるっていうところは貧困者じゃないかと思います。　　　　（日学女グループ）

そして上記以外に、現状に対して自分の生活状態に満足するかどうか、自分の生活環境のなかで自分が「自主」「自由（束縛や障害のないこと）」に行動して生活を送ることができるような状況であるかどうかとの話もあった。

・お金だけではなく、自分は自主的に生活できるかどうかで区別する。つまり、自分が置かれている生活状況は、自分の能動性を発揮できる環境であるかどうか、頑張れば少しずつでも自分がよくなれる状況であるかどうかという意味で区別する。　　　　　　　　　　　　　　（外労男グループ）

・貧困であるかどうかを判断するには、例えば、現状に満足できない、それを変えようと思うのであれば、既に貧困に陥っていると思う。例えば、今の仕事の環境は相当ダメだと思う場合、自分は、嫌、気持ち悪いと思う状態にいるのであれば貧困者である。貧困じゃない状態は、現状のなかで自主ができること、どれほどお金持ちではなく、私が言っているのは毎日自由（束縛や障害のないこと）であり、自分の仕事をするときにやる気があり、毎日の生活を本当に生きていると感じられること。人は一旦自分が置かれている状況はよくないと感じて、そして、それを変えようとしても変えられないのだったら、もう貧困者であると思う。　（外労女グループ）

以上では、参加者たちが「誰が貧困者である・でない・なにで区別するか」について、より共通な統一された考えを整理した。そこでの参加者たちの発言、すなわち「必要な」「一般的」「人並」なレベルでの「何かやりたいときに、金銭的な制約や制限があるかどうか」「自分で自由に使えるお金が十分にある」かどうか、基礎的な衣食住や学べる権利と機会という「ベース」があるうえに「プラスアルファ的な選択の余地」や「人生の楽しみ」があるかどうか、「こころのゆとり」「自分の生活状況に対して変えようとしたら変えるかどうか」「自主・自由（束縛や障害のないこと）に生活できるかどうか」などを考慮すると、参加者たちが考えた貧困の定義は、どちらかというと——絶対的貧困のような基本的な生活の維持ではなく——相対的貧困に近いことが示されている。

3.2　論争となった点

　前述した内容（【3.1】）は、主に参加者のなかでより共通して考えられた内容の整理である。これに対して、議論のなかで少し意見の相違や論争が見られる内容もある。これらの内容に関して、以下で紹介していきたい。

3.2.1　自分の心はどう思うかに関する議論

　議論のなかでは、参加者たち全員は貧困が「心」の側面とも関連していると考えている。ただ、その観点から議論を進めると、次のような話があった。それは、本人が困窮な状況に置かれても、その人の「心が元気で、自分は貧困じゃないと思う」のであれば、その際に「貧困であるかどうか」をどう判断すべきか、また「本人が困窮な生活を選んだ」のであれば、その環境で暮らしている人が「貧困であるかどうか」をどう判断すべきか、ということである。具体的な議論の内容は以下である。

①自分の心が貧困でなければ貧困者ではないか

　議論のなかで「自分が貧困と思わなければ、貧困でないか」をめぐる論争が複数のグループで起こった。例えば、日本人学生女性グループでは以下のような発言があった。

　A：お金が全然なかったりとか、ご飯も十分って言えるほど食べられてなかったりとか、服がすごく少ない、そんな状況でも、心が元気で自分もこういう人になりたいという意思を強く持って、それに向かって頑張っている人は貧困者ではないかな。　　　　　　（日学女グループ）

　一方、上記の発言に対して、同グループの他の参加者から心の貧困と経済的な貧困は連動的であるという異なる見解も述べられた。

　B：貧困って何だろうって、私ずっと思ったけど、自分が貧困じゃないと思ったら、それは主観的な感じ方だと思います。でも、政策とか介入

しなければ、普通に生きていく条件がやっぱり備えられていないと、心の余裕とかそもそもそういうところにたどり着けない。やっぱり収入とかそういう経済的なところがベースで、その上に精神的余裕とか選択できるものとかが上がってくると今は考えています。

(日学女グループ)

また、上記の「B」の観点と似た話は、他のグループでも示され支持されている。

・自分が貧困じゃないという人は、貧困じゃないのかもしれないが、それは心の意味ですね。でも、文化的な生活をするのに必要な収入が得られないのであれば、それは相対的に貧困だと思います。心が幸せだからって、2ヶ月1万円で生きるってそれは無理だよね。お金がないと生きていけない、そういうふうになったら、心は絶対に下がっちゃうと思います。

(日社男グループ)

以上のように、「自分の心が貧困でなければ貧困者ではないか」に関して、統一的な見解や結論は得られなかったが、議論が進むほど、そもそも「経済的に貧困なのに、心が貧困ではない」という考えあるいは仮説が成立するのかが疑問視されている。

②自分が選んだ生活だから困窮的な生活様式でも貧困者ではないか

上記の「心の貧困」という問題について、他の観点からの議論もあった。それは、本人は自分が貧困ではない、例えば「ヤンキー」な生活を選んで暮らしていくのであれば、その人を貧困者と思わずに、そのままで放っておくべきか。あるいはそれにしても、その人に対して何らかの責任を社会の側が果たさなければならないのかという議論である。

A：自分は生活が苦しいと思っている人は貧困者です。貧困者ではない人は、選択肢に制約があったとしても、その選択肢を取り入れない生活で満足

している人や、その選択肢を知らずに「ヤンキー」の生活に満足している人などだと思います。逆に、"無知"な人に知らせることがかえって不幸になることもあると思わない？

B：困ってない人に対しては、どうすべきかね。自分で望んでその道にいる人に対して、選択肢に気づかずに、自分の生活に満足している人を社会の側はどうしていくべきかを今すごく考えています。情報が非対称的じゃないですか。「もっと楽に暮らせるはずなのに」ということをこっちは知っているけど、そっちは知らない、気づいていない、「満足しているから支援なんていらない」という時に、どうすればいいのだろうかをすごく思っていました。

A：そこで満足しているなら、放っておけばいいじゃないかと思っています。まあ、人に情報は平等に知られるべきだよね。回覧板やビラで徹底的に伝えるべきだよね。僕は両方とも答えとしては筋が通っていると思っているんですよ。そもそも一つの解に集束させていいのかと思っています。

B：そうですよね、個人がどういう社会を理想とするかによって変わりますよね。

C：自分が割りと満足している人に対しても、たとえば就職断念してる人に対しても、大学進学によってどんな選択肢が広がるかを周知していくべきだと思っています。その満足している状態が"無知"から生じているとしても、その"無知"は何か環境から生じているのかなと思います。その環境を作っているのは社会だと思うんで、きちんと責任を持って、人々が取れる選択肢を実現できるような状況を作るべきだと思います。

B：僕も似たような考えです。その選んだ、そのマイルドヤンキーの道は自由に選んでいるように見えて、全然自由じゃないっていう考え方もできると思います。やっぱ解消するのがいいな。　　　　　　（日学男グループ）

以上の「自分が選んだ生活だから困窮的な生活様式でも貧困者ではないか」に関して、実際の議論を通して、例えば、情報の少なさで困窮的な生活を自分が選んだとしても「本人がそう選んだから」だけで済ますのではなく、やはり他の生活を選んだ場合にどのような生活を送れるか、その情報提供などの責

任は社会の側にあり、そうした社会側が果たすべき責任をしっかり果たした上で本人の意思を尊重するというレベルの話を講じるべきであるというような考えが示されている。

3.2.2　本人が努力するかどうかに関する議論

　議論のなかで、もう一つの違う考えが示された話題もあり、それが「本人が努力するかどうか」ということである。具体的には「努力する人は貧困者ではないか」、または「努力しない人は貧困者としても認められないのか」、さらに「たとえ本当に努力しない、でも福祉を受けるとそれは福祉依存であるか、そのような努力しない人が援助に値するか」についての議論が活発的に行われた。

①努力する人は貧困者でないか
　参加者のなかでは「努力する人は、貧困者でない」という意見が出てきた。もちろん、それに同意しない意見もあった。以下で具体的に見てみよう。

> ・頑張って仕事しなければならない。頑張って何かをやった、でも、目標まで行かなかったとしても、何も収穫がなくても、人に軽視されない。なので、努力したが、いい結果が得られなくて、よくない経済状況で暮らしても、貧困者ではない。　　　　　　　　　　　（外労女グループ）

　同様の話は外国人労働者の男性のグループでも議論された。少し論争的であるが、幅広い論点が提起されている。

> A：努力する人は貧困者ではない。自分が努力したら、絶対いつか返しが来る。
> B：私はけっこう努力したのに、まだ貧困だよね。
> A：それは機会がまだ来てない。続けて努力することが必要。
> C：（首を横に振る）今の社会、私たちへの機会はまだあるの？
> A：でも、自分が努力しないと、いくら機会があっても掴めない。
> D：機会を掴むには能力が必要、それはまた学歴や家庭環境、社会経験、接

触する人と全て関係があると思う。
B：ある人は生まれてから「金色の鍵」を持っていて、逆に私たちのように毎日単純な体力労働ばかりの人は、いくら努力しても、結局何の能力も蓄積できないじゃない？
C：言い方が悪いけど、私たちが今やっている仕事、犬でもよく訓練したらできる。「○○」や「○○」などの少しスキルが必要となるような仕事、見たこともない。
A：でも、「○○（人の名前）」は元々私たちと一緒に働いて、なぜ日本語がよくなって、仕事も変えられたでしょう？
D：「○○（人の名前）」は「○○」と「○○」したから、身分は完全に変えたから、超まれなケース。私たち一日ずっと働いて、また夜に休まなくて日本語とかを勉強し続けてできるの？　それは非現実。
BC：そう、そう（Dに対して、賛同の意思を示している）

(外労男グループ)

以上のように、1人の参加者Aは「努力した人は貧困者ではない」と先に述べて、これに対して、もう1人の参加者Bは「努力したにもかかわらず貧困から抜け出すことができていない」と反論し、このBの話はまたC、Dにも支持されて、3人は「努力」だけがあっても「機会」や「能力」などがなければ貧困から抜け出すことができない、そして、その「能力」はまた「学歴」「家庭状況」「社会経験」などと関連するという考えを表した。さらに、3人はAがあげた「成功」した人の例に対して、それは普遍性がないまれなケースであり、自分たちの生活状況はそういう「身分を変える」「何かを勉強できる」環境ではないと反論した。

②努力しない人は福祉依存なのか、援助に値しないか
　上記のような「努力」をめぐる話は外国人留学生男性グループでも言及された。詳細な内容は以下である。

A：貧困学生であるのは、前提がある。それは勉強に努力することである。

じゃないと、ご飯が食べられなくても、貧困学生とは言えない。

B：でも、例えば、私は学費と生活費を稼ぐためにアルバイトに時間を取られて、勉強したいけどできなかった場合に、私は貧困学生と認められないのは間違っていると思う。

A：勉強がよくできてないのではなく、全然勉強しなくて、アルバイトばかりということ。私が言いたいのは、睡眠時間を削ってもプレッシャーに耐えて努力すること。それができたら、あなたは学生といえる。そして、貧困であれば、貧困学生となる。

B：私たちの考えの共通点は、勉強が大事だということだと思う。ただ、違うのは、私は、勉強に努力したかどうかや成績だけで見ないでほしい。さっき言ったように、いろいろがあって、勉強したい意欲があるのに、勉強はできていないことに対して、傍から見れば、容易に「勉強に努力していない」と言われるので、その原因を問わず、勝手に判断すべきではない。いろんな貧困学生への援助金や学費減免には勉強に努力し成績がよいという条件が付けられているので、それは間違っていると思う。

A：でも、成績がよくなくても、援助を申請すると、「学生としての本業である勉強もよくできていないのに」っていうふうに、「きちんとしてない」とか、「援助依存」とか言われるじゃない？

B：でも、援助してあげないと、さっき、あなた(A)が言ったようなご飯も食べられない状況でも、「努力してないから、援助しない」というふうにすべきなの？　極端に言うと、人が死ぬかもしれないという場合に、誰がその人の命を救う価値があるか・ないかを判断できるの？

C：だから、人が貧困状態にいる限り、人の健康や生存が影響されるから、どんな理由や原因で貧困状態になったとしても、例えば学生の場合、勉強に努力してなくて成績が悪くても援助に値すると私はそう思います。私たちはみんな人間なんですよ、みんな同じ社会に生きているので、人は貧困だからもう人間でなくなるの？　そうなってはいけないと思う。

D：実は、誰もが自分の夢があって、その夢のために努力している。ただ何等かの困難があることで、援助や福祉を必要とする場合がある。なので、やるべきことはその人の困難を理解し分析することである。さらに、や

るべきことは、この社会の保障システムは健全であるか、多くの人が自立したいと思うと、それ(社会保障システム)によって、本当に貧困から抜け出すことができるかどうかを分析することである。この社会にはまだ改善すべき点や不十分なところがあるかを分析する必要がある、単に貧困の人々が努力したかどうかを非難するのではなく。(外留男グループ)

以上のように、今回の調査では一部の参加者が提起した「努力する人は貧困者ではない」という考え方、例えば、上記の外国人労働者女性グループで話されたように努力すれば失敗しても「人に軽視されない」、また上記の外国人留学生男性グループで話されたように「きちんとしてないとか、援助依存とかと言われるじゃないか」などの発言から、ある程度参加者自身が「経済状況というより、むしろ、貧困(者)は人に軽視されている存在である」として受け止めていること、または「貧困者＝努力しない人」というような従来の保守的なラベリング、つまり「努力しない貧困者」の存在を仮に想像し、その汚名を着せられることを恐れ、自分をそれと区別しようとしていることが考えられるだろう。ここで起こった、貧困当事者自身でも「貧困」と距離を置くようなことは、本調査の全体に渡ってところどころで起こっていた。例えば、日本人社会人女性グループや外国人労働者女性グループでも、以下の同様な発言があった。

・「〇〇」の関係で子どもが自宅で亡くなった話を聞いてました。そういう普段ニュースになってない、表面化してない、でも亡くなられたことは、普通にいっぱいあるのではと思ってました。私自身はその話を違う世界の話っていうふうな感じで聞いていたけど、私も実際に離婚を経験したけど、子どもがそういう立場になることは絶対にないようにしたいです。
(日社女グループ)

・私が思ったのは、私たちのような普通の一般人こそ貧困者であるじゃないんですか？　もし、普通の一般人よりもっと貧困であれば、それはもう完全に経済源がなく、生活も維持できない状況になるでしょう。そうなったら、それはもう本当に、あまりにも貧困だ。(外労女グループ)

・私は確かに、ちょっと、貧困であるかもしれないが、それを認めるけど、でも、私はまだ路上生活までになっていない、もし、本当にそうなったら、もう、生きる意味もなくなる。　　　　　　　　　　　　　　　（外労女グループ）

　このようなこと、つまり、自分は貧困であると認めつつも、自分より暮らし向きの悪い人々を「準拠集団」として、自分を「絶対そうならないように」「そこまでになっていない」というのを評価や強調することは、本調査だけではなく、他の研究でも検討されている（Bell Hooks 1994）。Hooks（1994: 198）では、それはやはり「恥ずかしさに基づく屈辱への恐怖が第 1 要因」であると本研究と同様な分析に至っている。

4　小　括

　本章では、参加者たちが「貧困」という言葉や「貧困」と関連する言説に対して、自分たちのイメージや理解、自分にとっての「貧困の意味」、そして「誰が貧困者である・でない・なにで区別するか」について行った議論を整理した。既に本書の第 2 章で説明したように、これらの全ては貧困の概念や定義と関わるものであり、貧困当事者の視点から貧困を理解するには最も基本かつ大事な内容である。これらの内容は主に以下のようにまとめられる。

　まずは、「貧困」の言葉や言説に対するイメージと理解についてである。参加者たちは「貧困」という言葉に対して、「恥ずかしい」というネガティブなイメージを強く感じていることが示されている。そのため、普段の生活や会話のなかではかえって「貧困」という言葉を回避し使わないようにしてきた。一方、「貧困」は、また問題を強調してくれる価値もあると参加者が認めている。そして、「アンダークラス」と「社会的排除」について、参加者たちは日本では「馴染みがない」、自分たちの生活では「あんまり使わない」、その定義を「よくわからない」とコメントしたうえで、抵抗感を示した。そこで、これまで学術的に行われていた貧困の議論や研究の一部は貧困当事者の現実や関心、そして意志との距離やズレがあるのではないかと考えられる。

4 小　括

　次は、貧困の意味についてである。参加者たちは自分たちにとっての「貧困の意味」を出し合いながら議論し、「貧困」は7つの側面——金銭的・経済的、制約的、心理的・感情的・精神的、関係的・階級的、労働的・時間的、教育的、健康的——の意味があると提示してくれた。これらの内容が「貧困の意味」全てをカバーしているとは主張しないが、多様な貧困経験がある当事者が自分たちの「貧困」に対する理解を集合的に示したものであることは確かである。これらの内容は、これまでの研究者たちが行った貧困研究に比べて新しい発見があったというよりも、むしろ重なる内容が多いかもしれない。しかし、だからこそ、貧困当事者は貧困に対する専門的な知識を持っており、貧困分析ができるとの証明になるのではないだろうか。

　最後は、貧困と貧困でない状態の区別についてである。参加者たちは両者の区別には、少なくとも「金銭的な原因でやりたいことができるかどうか」「選択の余地があるかどうか」「心の余裕があるかどうか」の3点からの検討が必要であると提示した。そこで、「一般的」「人並」な生活、望み、経験ができる「必要なお金」があるかどうか、そして「基本的な生活の維持ではなく」、基本的な「ベース」のうえに「プラスアルファ的な選択の余地」や「心の余裕」があるかどうかという参加者たちが提起した区別する点から見れば、どちらかというと「相対的貧困」という貧困の定義と近い参加者たちの考えが示されている。もちろん、そのなかには統一されていない見解もある。例えば、「心がどう思うか」や「努力したかどうか」によって判断すべきかどうかに関する議論があったが、実際に議論を進めていくにつれ、貧困状態に暮らしているのであれば、その人の心も影響されるのではないか、そして、本人の「心」や「努力」はどうであるかは別として、そもそも社会側の制約や社会側が果たすべき責任が問われている。

　本章では、主に貧困当事者が見た「貧困」、すなわち貧困の概念や定義と関わる内容を整理し表した。調査参加者である貧困当事者たちが表した貧困に対する以上のような見方をより一層正確に把握するために、次章では参加者たちによる自分たちの具体的な「心配・困りごと」についての議論を通じて、貧困当事者が経験した「貧困」を見ていきたい。

第4章　集まり2——貧困当事者が経験した「貧困」

　前章では貧困当事者が考えた貧困の意味を整理した。本章では、その意味をよく理解するために、貧困当事者たちによる自分たちの具体的な「心配・困りごと」についての議論（第2回目の集まりの調査結果）から、彼らがどのように貧困を経験しているのか、貧困に対応するためにどのようなエイジェンシーを発揮したのか、そうしたエイジェンシーを発揮するなかでどのような構造上の制約があったのかを見ていきたい。

1　心配・困りごと

　本節では、主に前章で参加者たちが表した貧困の意味の7つの側面に沿って、各グループで参加者たちが共通に出した「心配・困りごと」に関する結果とそこから見られた具体的な貧困経験を見ていく。

1.1　「金銭的・経済的」に関すること

　お金に関する「心配・困りごと」は最も多かった。そのなかで、「学費・生活費の捻出」、「給料が低い・税金が高い」という話が多くあった。

①学費と生活費の捻出
　参加者の半分は学生であるため、自分の学費と生活費の捻出について、より集中的に議論した。例えば、以下のような「親との関係が悪くて、学費は全部自分で稼がなければならない」という話題があった。このような状況のなかで、学費減免などを申請するために、「世帯分離するかどうか」「ガッツリ働いたら

次年度の保険料や手取り分の収入はどうなるか」などが具体的に議論された。

A：自分は学費より少ない額の奨学金を借りて、その他をアルバイトで何とかしていますけど、とにかく時間がないです。月に10万ちょっと稼いでるけど、宿題はギリギリでやっているので、続けられるか心配です。あと、2年以降で怖いのが、1年生は4月からバイトが本格的に始まるけれど、1年間で9ヶ月しかないので、月に10万稼いでも扶養から抜けられないんです。でも2年以降、扶養から抜けた場合に健康保険などの費用を支払わなければならなくなるんです。月に1万かかるので、手取りは100万ちょっとになってしまい、あまり扶養から抜ける前と変わらない状況で、どうしようかなとか思ったりはしてます。
B：世帯分離したら、学費はやっぱタダになるんですか？
A：それも気になって、最初に学校の事務と学生支援機構に電話かけたんですよ、「独立にしたら給付型奨学金ってもらえるか」って聞いて、「それはなんとも言えません」って言われちゃって。
B：しっかり何か言ってほしいね。
A：そうですね。それでちょっと怖くて、みなさんはまず親と生計が同じくくりになってますか。
C：僕は母子家庭なんでそっちの方が有利。
A：単独生計にするか、それとも親と生計を一つにするか、デメリットとメリットが読み切れてなくて、基準も分からないので、行動に移せないんです。授業料免除の申請時に、大学の事務に聞いても、「何とも言えない」と言われちゃったんです。
C：別の学部の事務に行って聞いてみれば、同じ仕事しているから。
D：俺も一緒に行くよ（[A]に対して）！
A：ありがとうございます。とりあえず、いろんな学費免除や奨学金の申請を落ちまくっても頑張っています。 （日学男グループ）

生活費に関しては、「月々の生活費の組み立て、なんだかんだどれくらいお金を使っていいのかが分からない」「好きなことにあまりお金を使えない」「節

約などにより、心の余裕がない」などの話があった。

> A：生活費の組み立てとかは、月にいくらバイトをして、いくらお金がかかるか、そこからいくらまで減らせるかを計算して、きちんとその食費いくらまでとかを決めて、なんとかしてます。余った食費は好きなように使ってもいいよっていうふうにしてます。いろいろ、その計算だけで、すごい疲れます。
> B：節約によって心の余裕がないのはめちゃくちゃ分かるんですよ。これ、ここまで使っていいのかみたいなことをベッドで考えると一夜寝れなくなることとか、ちょこちょこあるんで。お金の余裕って、結局心の余裕だなっていうのはとても私は思うので、やっぱ貧困ってよくないなと思いますね。
> 　　　　　　　　　　　　　　　　　　　　　　　　（日学男グループ）

②給料が低い・税金が高い

　日本人社会人男性のグループと外国人労働者の2グループでは、「給料が低い、税金が高い」「収入と税や社会保険料があまりにも比例していない」との話があった。こうした低収入の状況に対応するために、参加者のなかでは自分の親戚のところで「非正式的な労働で小遣いを稼ぐこと」、どうしてもきついと感じる時に「クレジットカードで対応すること」などが話された。

> A：僕は、初任給が13、4万ぐらいで、めちゃくちゃ低いですよ。お金がなかったので、親戚のおばさんが経営する料理屋でちょっと働いて、正式な支給じゃなくて、手渡しでお小遣いをもらったり、ちょっと今月厳しいな、ちょっと働かせてくれないかなみたいな感じで。そうしたら、ちょっとご飯も食べれたりとかしてきました。それがないと、本当に生活厳しいですよ、その月13、4万円の給料だけで。まあ、給料が低いということは、会社としての形態もあると思うんですけど、国自体がもうちょっと全体的に基礎ベースを上げて欲しいなと思います。
> B：給料低いなかで、一番きつかったのは住民税を払うときです。所得に応じてとは言ってるけど、到底そう思えないぐらいの金額を課税されます。

本当にしんどいです。住民税って、普通に働いている人は給料から天引きされるじゃないですか。ただ自分の場合は、納付書で払わなければいけない。結構な額だけど、税金は払わないってわけにはいかないので、基本そういうきついと思う月に全部クレジットカードになすりつけてもありますね。これが誰にも迷惑かけないし、自分だけで解決できる。

調査実施者：そのときはクレジットカードが助けてくれて、その次の返済は？

B：耐えられる金額に割るんですよ、大きい決済があったら、かなり長い支払とかにして、例えば24回とかにして、とにかく手数料がもったいないから、お金に余裕ができたらさっさと返すみたいなことをして乗り切ったことがあります。それがなかったら多分お金が詰んでたことが何回かある。そういう意味では割と魔法のカードだな、うまく使えばピンチを乗り切れます。人にお金借りたりしなくて済みます。人にお金借りると、人との関係こじれちゃうけど、カード会社の場合は返せばそれで終わりですから。

（日社男グループ）

1.2　「制約的」に関すること

　議論のなかで、上記のお金のやりくりとほぼ同等にあがったのは、制約された経験である。例えば以下の「自転車免許を学生のうちに取りたいけど、その資金の捻出に困っている」「進学したいけど、現実は就職の方に迫られている」などの具体的な話があった。

①自動車免許

　まず、「自動車免許を取りたいけど、お金を捻出しにくい」について、議論のなかで、将来のために、自動車免許を取るメリットが大きいのは分かるが、「取るお金がない」「その時間分はアルバイトなどで働けない」というような、目先のことを維持するために結局諦めるしかないという現実が議論から示された。もちろん、参加者それぞれの状況は違うので、「お金」と「タイミング」を上手く利用して、自動車免許を取れた人もいた。

1　心配・困りごと

A：車の免許は20万で取るのは大変だけど、取る価値はあるんじゃないかと思っている。理系で、企業で働くと地方になる可能性が大きいから。

B：でも、生活厳しい人にとっては、やっぱ取るのは厳しいもの。免許を取る行為は掛るお金がその免許取るだけの20万だけじゃなくて、かかる時間分は働けなくて、あれで生活が割と厳しい人からしたら、やっぱ諦めるんですね。天秤にかけれないなって思って、その将来のために取った方がいいから、取ろうっていう選択肢ができる状態じゃないんで。20万とこれから車を乗る権利だったら、車の方がデカいのは分かるんですけど、その20万を捻出できない状態だなっていうのはあります。大学行きたいけど、高卒までで働かなくちゃいけないっていう人たちと多分似たような状況だと思う。それは、大学出た方が将来稼げる賃金は大きくでも、その大学のために掛ける費用が今手元にないっていうのと、その悩みの次元は違うんですけど、似たような話だなっていうのは思います。

C：自動車免許代、僕は去年コロナのいろんな支援金をもらって、免許合宿に行った。学校のゼミも受けながら（コロナの影響で授業は全部オンラインになった）合宿通うっていうことができて、コロナで助かった。

（日学男グループ）

②進　　　学

　進学に関して、「いままで大学院に進学しようと思っていたが、経済的に厳しいので、進路をどうするかを考えている」「将来の進路をどうするか、家族のために働くか、好きなことをするために大学院に進学するか」などの話があがった。そのなかに、単純に自分のための「進学の費用をどう捻出するか」という問題だけではなく、自分の家族やきょうだいへの心配があるなかで自分を犠牲にして家族やきょうだいのことを助けようという思いが絡んでいるような心配や困りごとが含まれている。

A：奨学金がもらえるってなったら院に行ってくると思うんですけど、そういうのがない限りは計算してみて、厳しいことがわかってるんで、就職

の方が現実的だと思う。自分が「○○(試験)」を受けたいと思ってたんで、普通に試験の準備をしながら動く準備もしてます。
B：めちゃくちゃ忙しそうですよね。
C：どうしてもバイト放棄しなきゃいけない時期がきそうな感じですね。
A：なんで、普通に就職した方が現実的だなと思って、「○○試験」1本に絞るのも全然合格率高くないんで、割と危険な賭けになるんで、就職ルートを考える方が現実的だなと思って。僕高校の頃は大学に入れば何とかなると思っていましたが、現実はそうではなく、考える必要が出てきまして、いろいろ計算したりして、一応4年後に備えてます。あと、自分の「○○(下のきょうだい)」がまだ「○○(学年)」でここから高校行って大学行くかなとは思ってるんで、自分が院に行かずに就職したら、お金あげるなりして、大学に行ってほしいなと思って。
D：それは俺も思ったわ。院に行くか、働いて実家を支援するか、相当迷った末に俺の場合は「○○」してもらえるから、(これからの)二年間は、家族、ちょっと頑張ってくれと思って、院にいったけど、まあ、その迷いは確かに俺もあった。
A：自分の場合は、「○○(下のきょうだい)」は今「○○(学年)」で「○○」年後受験じゃないですか。もし、きちんとお金あげるっていう選択をするなら、働いといた方がいいなと思っています。　　　　　（日学男グループ）

1.3 「心理的・感情的・精神的」に関すること

　この部分の議論は、主に新型コロナウイルスの流行の影響でアルバイトがいつものようにできず、収入が急減したことや、家族や将来に対して心配することなどが、結果的に「心理的・感情的・精神的」な問題に転換してしまったことに関する内容である。

①コロナの影響でアルバイトが減った・失ったこと
　コロナの影響でバイトが減った・失ったことで収入が減ったことに対する心配は、主に留学生グループのなかで集中的にあがった。留学生たちは外国語を

使って来日の外国人客の対応でドラッグストア、百貨店、飲食店でアルバイトをする人が多く、コロナの影響で外国人客がいなくなり、留学生たちの活躍の場もなくなった。このように収入が急減するなかで、「焦っている」「ストレス」「イライラ」「自分を責める」などの「心」への影響が議論から示された。こうした「心理的・感情的・精神的」な影響を受けているなかで、「毎日ゲームばかりで過ごしている」という行為もあれば、「求人情報を注意して」「できる限り機会を探して、臨時的な仕事でもやる」という行為も示された。

A：親のお金を使っているので、そのお金は実は両親の老後の生活のためのお金である。両親の老後はどうなるかということをすごく心配している。今の自分はとても焦っていて、ストレスを感じている。精神的な負担が重くて、留学していることを後悔したりして、習慣的に自分を責めて、夜には眠れないことも多くて、とても辛いです。

B：その気持ちとても分かります。去年自粛の間に、ずっと家にいて、一日中オンラインの授業ばかりで、それ以外何もできない。既に計画したことは何の進捗もなく、アルバイトも失った。ご飯代と家賃を払わなければならないので、手にあるお金が日々減っていくだけで。お金がまもなく完全に無くなることを見ていて、その時本当に恐怖を感じた。食べるのも寝るのもよくない、悪循環に陥ってしまった。　　（外留女グループ）

A：収入の激減で焦って不安な精神状態に陥って、よくイライラする。このようなイライラした状態で学校での研究をするときにもたくさんのミスがありました。今の気持ちは、研究はしたくない、なにもしたくない、毎日ゲームばかりで過ごしている。

B：自分は、コロナ前、ずっと2つのアルバイトをしていた、月に10万円ちょっとくらいの収入があって、生活も安定していた。ただ、今コロナで収入は毎月1万円までに減った。バイト先に辞めさせられていないが、シフトはかなり減らされました。それから、僕が辞めさせられることを心配し、店長に対してずっと腰を低くしている。もし、この仕事もなくなったら、完全に何の収入もなくなるんで、とても焦って、

あれこれを心配している。あと、いつか自分が辞めさせられることの備えとして、よく求人情報を注意して見てます。ただ、コロナで、バイトを探しにくい、特に留学生にとってね。今は臨時的な仕事でもやっている。例えば、大きい橋の下で除草とか、何でもやる、できるだけ維持している。できる限り機会を探しています。例えば、今回の調査も一つの機会ですね(謝礼があるから)。

(外留男グループ)

②家のこと

多くの参加者の出身家庭にはさまざまな困難がある。参加者のなかで、家のことをいつも心配していることで「勉強に集中できない」という話があった。

・「〇〇(家の事情)」で、よく家の電気とか止まるんですよ。今日も、さっき、親から今日でガスが止まるので、来週ぐらいに携帯も止まるから、お金を貸してくれませんかってLINEが来て。止まるたびに僕が払うけど、それがまとまって来たりすると、ちょっとやばい。1年2年のときはめちゃくちゃバイトしました。3年生から、給付の奨学金もらって、そこから実家に仕送りするようになったんですよ。あと、僕、「〇〇(下のきょうだい1)」と「〇〇(下のきょうだい2)」がいて、あと「〇〇(下のきょうだい3)」も「〇〇(病気名)」でちょっと大変なんですよ。「〇〇(きょうだい3)」は高校にも行ってなくて、働いていない。「〇〇(きょうだい2)」と「〇〇(きょうだい1)」は受験だし、塾も行ってないし、大丈夫かみたいな心配になって。しかも、僕、勉強している分野が「〇〇(専攻名)」なんで、そしたら何か勉強してる途中に出てくる事例とかを見て、「あ、俺や」みたいな思って、自分の家庭のことを何とかしてやりたいみたいな感じで、心配になって勉強に集中できないみたいなのがあります。

(日学男グループ)

また、外国人労働者のグループでも家族への心配があるとの話があった。そこで「夜に携帯が鳴ることを怖がっている」ことは参加者のなかで共通な心配として議論された。多くの外国人労働者の自国にいる両親の健康状況はよくな

く、子どももまだ小さく、さらに、自分たちや自分たちの家族が債務に追われており、貯蓄もなく、家族のメンバーの健康問題をとても心配している。夜に家族からの電話が来るのを怖がっているのは、そのためである。電話がくる度に、なにかアクシデントがあったのかを心配し、緊張する。ただ、心配をしているにもかかわらず、家族を養うために、日本に残ってお金を稼がなければならない。

A：夜に携帯が鳴るのを怖がっている。家から何かの連絡が来るか、何かが起こるのかを心配しているから。でも、しょうがない、両親や子どものそばにいて、面倒を見てあげるのであれば、お金が入ってこないので、お金がないといけないから、病気になったら、子どもが塾に行くとか何らかの習い事をするのは全部お金が必要だから。

B：心はどんなに辛くても、笑顔で向き合わなければならない。お金を稼ぐか、家族と一緒に暮らして面倒を見てあげるか、二者択一でなければならない。

C：そうですね、どっちかを諦めなきゃ。二者のうち、「小さい方」を諦めて、「大きい方」を確保するしかない。親孝行したいけど、ずっと家にいると、どうやって食べていくの？

B：たまに、テレビで提唱している「親孝行」とか、「子どもとの時間を大事にしましょう」っていうことに対して、自分の現状を考えると泣いちゃうんです。実際に私たちのような状況にいる人は、そういうことできるの？　誰ができるの？　　　　　　　　　　（外労男グループ）

③将　　来

「将来」に対する不安が多くの参加者の間で話された。しかし、「目先のことに対応するだけでも既に精いっぱいで、将来の備えとしては何もできない」というのが現状である。例えば、日本人社会人女性グループでは、今はシングルマザーとして小さい子どもを育てているが、子育てが終わったら、「正社員としての仕事がまだあるか」「高齢になったらまだ働けるか」「老後のお金はどうなるか」という心配・困りごとが生じる。そのことは、第1回目の集まりの時

に記入してくれていたが、第2回目の集まりの時にそれについて議論すると、以下のような話があがった。

・子どもがまだまだ小さいので、これから子どもを学校とかも入れないといけないので、老後の自分の仕事やお金のことはまだまだ考えられない。

（日社女グループ）

　外国人労働者のグループでも類似した話があった。外国人労働者たちは既に日本で何年間も働いているが、貯蓄はまだ少なく、国に帰ってもちゃんとした仕事に就きにくく、将来に対して何をどうするかは分からない、何の計画も立てられない状況である。

A：契約期間まで働いて、もうちょっとお金を貯めたいです。でも、お金を貯められても、将来には何ができるかは分からない。全ての業界業種は既に飽和になったと思うんですよ。自分ができることはもうないじゃないですか。多分できる可能性が一番高いのは、清掃の仕事かな。考えても、いい出口が考えられないので、今はもう何も考えないようにしている。とりあえず、目先の仕事をしっかりやって、お金を稼ぐしかない。人に仕事をするのは、一番簡単で何も考えなくてもいいから。

B：日本で働いたこの数年間、（自分の職業キャリアにとって）何の役にも立たない、単に自分の「青春」を「ご飯を食べるお金」と交換するだけです。でも、これは運命だとも思う、受け止めるしかない。

（外労女グループ）

1.4 「関係的・階級的」に関すること

　ここでの「関係的・階級的」という意味と関連する議論は比較的に弱い立場にいる日本人社会人女性グループと外国人労働者グループにおいて集中的に行われた。

①生活保護から抜け出すことと立場の弱い人を取り巻く環境の厳しさ

　日本人社会人女性グループの参加者全員は、ひとり親であり、生活保護を受給した経験があるため、社会の周りからの自分たちに対する厳しさを強く感じていて、「立場の弱い人を取り巻く環境がもっとオープンになれるか」を心配しながら「自分は生活保護から抜け出せるか」について議論した。

A：その(生活保護の申請)1回目が一人でいったんだけど、「心臓が悪くて、生活に困ってて、体調崩して働けなくても助けてもらえないんですか」と言って、そこはそうですねって、でも駄目だって言われた。「まあ、いいや、受けなくてもいいや」って思って、帰ったけど。1か月後に「〇〇(反貧困組織)」に連絡して、「〇〇(反貧困組織)」の人と一緒に行ったら、やっぱりバックが強いのか、そこですんなり、「はい、はい」みたい、スルースルーと話をすると、「わかりました、どうぞ」みたいな。この前のやつと思いながら。

B：じゃないと(反貧困組織の助けを求めないと)絶対駄目だと思うね。

C：絶対ダメだよ。私だってそうだった。

A：その時(1回目)、こいつ(福祉当局の担当者)だるいのかよっていう面倒くさいのかっていう感じの対応だったですね。いろいろ言って、向こうは「そうなんですね、うちでは無理ですね」。困ってるから、来てるんで、なんもその次の体制とかも言ってくれなくて、この野郎！

C：なんだろう、向こうがごまかしているように見えるかな、区別をしてるのか、一人で行くとここ(反貧困組織)と一緒に行くのと全然違う態度になっちゃうんで、役所の人達ね。誰に対しても同じ態度で、同じ説明をしなきゃいけないと思うし。

A：保護は一応受けてるけど、来月くらいには切る手続きをして、とにかくここからは頑張って働く。本当にそういうことに興味がないから、保護もらったりとかするのが、そもそも嫌、助けられるのが嫌なんです。だから、これからはこれで(保護を切る手続き)いいかな。

B：私も生活保護が切れたらいいなと考えます。ただ、子どもが小さいから、ガッツリ働けない、難しいですね。それでも、今回、子どもが小学校に

入ったことをきっかけに、少し離れたところで働きはじめた。生活保護を受けてますって知られると嫌だな。私も団地で住んでるんですけど、窓から保護課が家に来るのを見てる人もいるのかもしれない、「あそこの家、保護を受けてる」っていうのが回ってるらしくて、そういうのを知られるのが、すごく嫌で、それで受けたくないな、(生活保護を)早く辞めたい感じでずっと働いたんです。

C：やっぱり制度を使えるのに、使ったら駄目みたいな風潮があるんだよね。生活保護を受けるのは、「若いのに何で」とか。

B：やっぱ「働けるよね」って言うよね。その制度を利用する前に「ちゃんと働かないの」「なんで働こうと思わないの」っていう面が多すぎて。「子どもが小さいから」って言ったら、「いや、子どもが小さくても働いてる人はいるでしょう」って。

D：すごい厳しい社会だと感じますよね。私のケースワーカーさんは「子どもとの時間を大事にした方がいいから、急いで働かなくてもいいよ、焦らなくていいよ」って言ってくれる人ではあるんですけど。でも、やっぱり周りに、そういう制度を受けていないで日々生活してるお母さんたちもいっぱいいるわけじゃないですか。そういう人と比べちゃうって、他の人はできているのに私はまだできてないなと悩んだり、この制度から抜けるためにはどうしたらいいんだろうなとか考える。

（日社女グループ）

上記のように、参加者は周りからの厳しさを深く感じることで、いち早く生活保護から抜け出したいと思っている。このような「周りからの厳しさ」に関する内容は上記で挙げた以外に、例えば、病院に行く際に「あの人、保護受けているので、(ケースワーカーから)電話がきましたよ」と病院の人にこっそり言われること、薬局に処方の薬をもらう際に薬局の人が参加者のマニキュアを見て「色いいですね、と嫌味っぽい感じで言われた」などが議論から多く話された。

②労働条件への不満と団結の困難

上述の、社会の周りからの自分たちに対する態度や他者との関係を、参加者たちが階級的に捉えていることも見られる。例えば、外国人労働者グループでは、「給料が低い」「給料から引かれた各種の費用がなぜなのかは分からない」「労働規則やルールの決定に関与ができない、ただ規制されている感じである」「仕事を辞めることを言えない」「意見を申し立てしにくい」などの話が多かった。

A：私たちの基本的な給料は毎月13、4万円で、一年間は170万円ぐらい、そこからまた各種の保険などを除いたら、手取りは130万前後しかない。そこから、またご飯代と寮費を除いて、実際にあんまり残らないですよ。私たちは基本3年契約なんですけど、最初の1年目は実質的にサービスなんですよ、来日の"手続き費"だけで「○○（数字）」万円ぐらいかかったから。実際にお金を稼げるのは2年目からなんですよ。

B：だから、私たちは、みんな給料を少し増やすのを希望するんだけど、給料を増やすのは到底実現できない。でも、私たちはまだ若いので、ここでただ青春を無駄にしてはいけない、どうやってもっとお金を稼げるかを考えなければならない。でも、結局、仕事を増やすことが全部残業を増やすことになっているので、そうするしかない。

C：この前、残業が少なくて、もうちょっと残業を増やしてほしくて、「○○（管理人）」を通して、「○○（雇用側）」と話してみた。正直に、「○○（雇用側）」に「もっと仕事ください」を言うのは、本当に人のポケットからお金を乞うような感じで、とても恥ずかしいと思うよ。私が最も心配しているのは「○○（雇用側）」この1年2年はあんまりお金を儲けていない、あるいは既に赤字が出ているかということです。もしそうであれば、また仕事を増やしてほしいとお願いすると、本当に申し訳ない気持ちです。それを考えたら、まあ、帰国してもいいかと思って、この気持ちを含めて「○○（雇用側）」と話した。結果は少し仕事を増やしてくれたけど、それを考えるたびに申し訳ない気持ちはやっぱりありますね。
　　　　　　　　　　　　　　　　　　　　　　　　　　（外労女グループ）

以上の外国人労働者女性グループでは、低収入のなかでもっとお金を稼ぎたくて、結局、全て「残業」の方に回してしまい、そもそものレベルでの「給料が低い」問題を解決することには及ばなかった。このことについては、外国人労働者男性グループでも議論された。そこで、なぜ現状を変えにくいのか、自分たちはこの問題に対してどのような思いを持っているのかを教えてくれた。

A：私たちの仕事は、以前は週5日の8時間労働で土日休みだったけど、今は週6日の6.5時間労働で日曜休みになった。それで、今、土曜日に仕事しても、その日の休日割増がないよ。後、私以前「〇〇（業種なかでのビザ種類A）」だった時に、時給は「〇〇（800円いくら）」で、今は「〇〇（同業種なかでのビザ種類B）」なので、時給は「〇〇（1000円ぐらい）」に上がってくれたけど、でもいつもの週末や祝日時の残業割増はなくなっている。こうすると、週末の時に残業すると、逆に時給上がる前よりも少なくなるよ。何でこう決めたのかはわからない、誰も私たちに説明をしてくれなかった。私実際に感じたのは、この全ては私たちに対する制約なんですよ、ただ「こうやりなさい」だけで言われて、「あなたはどう思うか」とかを先に聞いてくれるのは全くない。

B：あと、税なのか保険なのか、いろんな項目で引かれたお金もよくわからない。

A：私たちはここで誰かの悪口を言うつもりはない、ただ各種の規定やルール、いろんな引かれた費用は何の理由なのかはわからない。

B：実際、合理的じゃないところは沢山ある。でも、誰も事前に私たちの思いを尋ねていない、「これは規定です」だけで言われて、「あなたは（この仕事）やるか、やらないか、答えてくれ」だけで済ませている。私たちは、（日本）政府がこういう状況に対して、何か関与したことも見えていない。たぶん、政府が沢山の政策を作り出しているかもしれないが、一レベル一レベルから実行してきて、私たちのところまででは、もう情報は何も残っていない、何の政策があるのかは何も知らない。

C：以前政府の調査員が来たよ、名刺も私に渡してくれたよ。でも、私何も言えない、何か言ったら、今後「〇〇（地名）」では、もう「〇〇（業種

1 心配・困りごと

の労働者)」受け入れなくなるから、私たち以後の人も来られなくなるから、もちろん自分もきっとここでの仕事を続けられないだろう。たまに、いろんな不公平なことを帰国する直前に全部言っちゃうかと思って、そうすると自分にとっては何の影響もないけど、まだ残っている人とこれから来ようとする人を考えたら、やっぱり言えない、自己中心的な人間になってはいけない。

A：私たちのここでの管理先は「○○」ですけど、「○○(管理先)」と交渉することもできない。私たちは、工場で何十人が一緒に働いているような働き方ではないので、私たちは一つの「○○(働く場所)」では、一人二人しかいないから、団結はできない。例えば、工場で働いているのであれば、何人かが一緒にストライキをすると、仕事の進捗に影響できるから、「○○(雇用側)」は私たちの話を聞いてくれるかも。私たちのように、一か所に一人二人しかいないので、辞めるなら、何の影響も起こらない。あなた(労働者)やらないと、すぐに代替できる人がいっぱいいるから。

B：しかも、私たちが来る際に「○○(数字)」万円の"手続き費"がかかったから、我慢するしかない。国に帰ると"手続き費"は無駄になってしまうので、「やめる」とは言えない、「やる」と言うしかない。どうせやるしかないから、ここにいる数年間では、できるだけ沢山の残業を入れてほしい。疲れても構わない。

D：そう、みんな残業を多く増やすと希望するようになったんですよ。だけど、みんな一緒に来たのに、それぞれに違いが出るよ(異なる雇用側によって残業時間数に違いがある)。同じ寮に住んでるから、あなたは私より残業が多くて、年間に私より何十万円多く稼げているのを見てて、普段のなかで話がちょっとうまくできなかったら殴っちゃうんですよ。この前、喧嘩したよね(笑いながらBに向けている)。

B：(笑いながら)もう忘れましょう。　　　　　　　　(外労男グループ)

以上のように、外国人労働者たちは、給料が低い、労働規則やルールもよく分からないなかで不満があるが、団結して意見を言うことができない。結局、

残業が増しても構わない、むしろ"希望"するようになってしまっている。そうするなかで、労働者同士の間に、互いに残業の多寡を競争して、殴ってしまうようなことも起こっている。

1.5 「労働的・時間的」に関すること

　掛け持ちして週に1日の休みも取りにくい厳しい労働や、本業の勉強に集中することができずアルバイトをしなければならないなどの話があった。

①アルバイトしなければならない・勉強の時間がない

　学生のグループでは、本業である勉強の代わりにアルバイトしなければならないことが議論された。例えば、「奨学金だけで、無理なんで、アルバイトしなければならない」「アルバイトしないと生活が安心して過ごせない、生活の中で納得して娯楽が得られない」「学業とアルバイトとは本末転倒になったじゃないか」「バイトをたくさんしなければならないのが辛いし、勉強との両立が大変で、勉強する時間がない、卒業できるかを心配」などの話が多くあった。具体的に、以下を見てみよう。

　A：大学生は学問が主なのに、お金がないからアルバイトしないといけない、学問とアルバイトの両立はすごい大変だなって思いました。勉強が本当はやめちゃいけないことなのに、バイトが忙しすぎて、課題がすごい適当になっちゃうって、難しい。

　B：それこそ、学問を含め、趣味やサークルとかも、やりたいことのために今アルバイトしてるはずなのに、アルバイトがどんどん割合を占めて、「ごめんその日バイト、あの日もバイト」となって、「あれ？　時間割けない！　何のためにバイトしてるんだっけ？」「やりたいことやってない」となるので、時間も割合がどうしたらいいかわからないと思う時は結構あります。

　C：確かに、バイトしないときついっていう部分があって、でも、バイトしないで奨学金だけで、全然足りない。奨学金だけだったら、やっぱり教

科書だったりとかがいろいろ心配で、もうちょっとお金に余裕欲しいなって思ってバイトしてみたものの、もっと時間がなくなって、結構精神的にしんどかった。そのしんどさを解消するために、お金の余裕、心の余裕、それを持つためにやったはずなのに、もっと辛くなって、時間がないし、課題にも追われたりとかで「あ、何してんの？」と思う瞬間やっぱある。

A：バイトが当たり前みたいなって、でもやっぱやってる人が大変なのかな。
B：社会勉強とかね、お金を稼ぐっていう経験とか、それは前向きなことだと思うけど。それでも、結局アルバイトで本来の大学生に求められてるものができてない現状はあるなって思います。　　　（日学女グループ）

　ただ、参加者たちはアルバイトをしなければいけない状況に対して、ただ単に受動的に受け止めているではなく、「勉強の時間を確保するために、いかに賢くバイトできるか」を議論した。そのなかで、収入と勉強の時間をいかに調整し、自分にとって"最善"の選択肢を選ぶのかについて、当事者の思いが示されている。

A：ちょっと質問いいですか。バイトって何やってるのですか。
B：スーパーで働いてます。
A：確かに、時間かかります。家庭教師とかは？
B：そこ、あんまりシフトを入れていないです。バイトって確かにその時間分の給料は大事だと思うんですけど、一月にどれだけお金を得なきゃいけないかっていうのにかかってくると思って、やっぱそのいくら給料良くてもあんまり入れないバイトはちょっとできないなっていうのがあります。
A：治験バイトとかっていうのがあるじゃないですか。僕一回行ったことあるんですけど、コロナで授業オンラインなんで、ベッドの上で授業を受けられるんで。そういう、なんか、まあ、ある意味賢い、短い時間で稼ぐっていうのを少なくやるとかっていう方法もある。治験は手渡しでお金もらえるんで、扶養とかでも結構いいよ。

B：20歳になったら治験に行きます。
C：僕はバイトはいかにさぼれるかを基準に選んでる。僕がしているバイトは駐車場管理で、お客さん5時間に1台ぐらいしか来ないです。それでずっと僕は勉強したり本読んだりとかしながら、こういうバイトが表には出回ってないけど、寮とか部活とかの先輩とかの人伝いでいろいろ聞いて、これサボれそうだなみたいなのが思ったらここに入って、このお金をもらいつつ勉強するみたいな状況を頑張って作りました。（Bに向けて）この前（一回目集まり後）、誘ったんよね、駐車場のバイト。
B：ええ。バイトで時間がとられて、ギリギリまでバイトをして、宿題して、なんとか単位を取れていますが、一年の間はその一般教養でいいよっていう感じで、適当にやってもいいかなとは思ってるんですけど、2年以降になって専門が始まったら真剣に取り組まなきゃいけないと思うんですよ。このまま行ったら学力大分厳しいな、正直に言って十分な勉強時間を用意できるかって言われると、厳しいんで。　（日学男グループ）

②仕事の掛け持ちなどで自分の時間や子どもとの時間がないこと
　上記の学生グループで言われた勉強の時間を犠牲にしてアルバイトしなければならないということと同様に、日本人社会人女性グループでも「ギリギリまで働いて」「月2日間しか休みをとれない」「体はかなり辛い状態」で働いていること、また「仕事をする上でのバランス」「子どもとの時間」「自分のメンタルヘルス」などの心配・困りごとがあがった。

A：旦那と別れて保護を受けて、ケースワーカーは子どもたちを大切にしなさいって言ってくれたので、3歳までは子どもと一緒にいれたので、良かったかな。でも、やっぱりそこから働くってなったら、ずっと朝からお迎えのギリギリまで働いて。夜も、子どもを親に預けてで、飲食店でまた働きに出て。ぴっちり働いていたから、本当にこの一気に子どもと接する時間が全くなくなっちゃって、自分の時間も全然ない。幼稚園からも何回電話が掛かって入って、「自家中毒に変わった」って、「気持ち不安定」って。私行けないから、家族の人とかにいろんな人に連絡して、

1 心配・困りごと

「ごめん、迎えに行って」っていうふうに言って、できるだけ穴開けないようにしてた。でも、そこからやっぱり自分の親からも「もうちょっと子どもとの時間を大切にしないと、子どもがおかしくなるよ」と言われて、自分はそうだなと思って、夜を減らして昼だけにした。

B：こっちは掛け持ちしてるから、本当に「○○曜日」しか休みもなく、「○○曜日」も昼仕事のときもあるんで、本当に月に休みがちゃんと5回あればいいかな。夜も、朝9時から、遅いときは夜の12時を過ぎるし、早ければ（夜）10時過ぎとか、本当に時間はないんです。本当にその少ない休みでさすがに疲れてる。時間がないなかで、子どもが何でも自分でやってくれて、家のことは「お願いします」っていう感じで、掃除とか洗濯とか、食器洗いとか、ご飯炊くとか。下の子は「○○」を持っている子なんで、そっちの方が手掛って、仕事中にも電話は来るけど、まあ、上の子が「あ、大丈夫だ、どうにかしとく」みたいな感じでしてくれる。「難いな」と思います。これからの学費とかを考えるとお金がかかるっていうのもあって、今ちょっと頑張って、余分にお金は取っておいた方がいいかなとかをいろいろ考えて、今「ごめん」って言って、子どもたちに申し訳ないと言いながら働くんです。自分の体ってかなり辛いところはあるけど、先のことを考えたら、今しかできないかな、年とったらもうできない。うん、頑張っちゃっている。

C：私は子どもが1歳ぐらいのときから働き出した。時間は9時から5時まで働いてて、お迎えに行って、連れて帰ってきて、ご飯食べさせてお風呂入れてとかってなると、自分の時間が全くない、疲れてるから、眠くて、眠くて、寝ちゃうみたいな感じでいろんなことが溜まっている。それにしても、どんどん慣れてきて、自分の時間は今も全然ないけど、それなりに調節できるようにはなってきた。そのような状況の中でなんとかやってきた。（子どもが）今「○○」やってて、その友達のお母さんがすごいいい人で、連れていくよっていう感じで見てもらって、（自分）その間に家のことやったりとか、ちょっと残ってる仕事片付けたりとかしてるから、本当周りの人の助けがないと、もう全然無理な感じですね。

(日社女グループ)

以上のように、学生グループでの「賢くアルバイトをする」と同様に、日本人社会人女性グループでも、「子どもを親に預けて」「周りの人の助けを受けて」「子どもに家のことをお願いする」などの方法で、「穴開けないようにしてた」「それなりに調整できている」「そのような状況の中でなんとかやってきた」ことが示されている。

1.6 「教育的」に関すること

「教育」に関して、日本人社会人女性グループでは「これから子どもの入学や習い事のお金が大丈夫か」、そして、日本人学生のグループでは「奨学金を借りて大学に通うことができるのはありがたいと思う一方、奨学金が借金であることで今の生活への影響も心配・困っている」、さらに、日本人社会人男性グループでは「奨学金の返済がきつい」などの具体的な話があがった。

①子どもの習い事

日本人社会人女性グループでは、主に子どもへの習い事について議論した。そのなかで、お金がないから習い事をさせていないが、いかにお金をかけずに何か勉強をさせられるか、また、厳しい経済状況のなかでどのような思いで習い事させていない・させているかなどの参加者の考えが示されている。

A：子どもの習い事してます？
B：してないです。お金かかるから。
C：本人の意思としては、例えばプールに行きたいとか、そういう希望が普段の生活の対話のなかから、ポロっと出たりとかありますか。
B：うん、ちょいちょい出てくるんです、空手やりたいとか。でも、見たら、月2回とかで1万円ぐらい、それは高いな。それ考えたら、家でユーチューブを見ながらトレーニングだとか、絵を描くとか、お金かけなくても自分でできることをするしかない。今、空手とかはやっぱり無理だ。

やらせたいけどね。
C：子どもが成長するいい機会っていうふうに世の中言うけど、やっぱり当事者からしたら、「そうなんだけど」みたいな感じで思いますよね。
B：うん、そうなんだけど、なかなか…
D：結局、どんどんお金がかかるね。1回いれても、検定料とか、そして、また「○○(道具)」が欲しくなったりとか、それだけのお金じゃなくて、どんどん増えていくから。(何かをやりたいと言っても)すぐにいいよとかを言えないね。
B：オッケーってゆったら、見学に行くとかなんで、オッケーって言えないな。一番、最初にお金がかからないものを、勉強だったら、教材買わなくても算盤だったら、そういう安いものはいろいろ考えたりとかはし続けてきた。これからずっとって考えるのか、あるいは、それだけで妥協してやらせるのがいいか、それとも頭のいい友達にお勉強を頼むとか、いろいろ考えて、なるべくお金のかからないような方向に。
A：できるだけ安くて、その勉強を探したもんね。今は(自分の子どもが)友たちに誘われて、「○○」をやりたいって、張り切ってやるならやらせてはいるけど、やっぱりお金かかるね、「○○(道具)」が欲しいとかさ、お揃いの何か買いますとかさ、本当にお金がかかるから、「本当に続きますか」ってちょっと深刻な感じで、「続かないんだったらやめなさい」っていうふうにする。　　　　　　　　　　　　(日社女グループ)

②奨学金のこと
　日本人学生グループでは奨学金を借りることについて、「奨学金を借りて、それを将来しっかり返すことができるかが不安」「多額の借金があると思うと、必要最低限のもの以外を買うことに罪悪感が生じる」「実際に働いてみないと、仕事を続けられるかどうかがわからないし、両親に払ってもらうこともできないから。奨学金を返せなくなった時に、陥る状況が怖い」などの心配があった。

A：奨学金はありがたいなって思って、あの奨学金なかったら、今の大学通えないです。でも、やっぱ返すのは大変だなと思うんですよ。

B：国立にしても、4年間で少なくとも200万円ですよね、最低でも卒業したときに200万円借金あるっていう状態で社会に流される。

A：そうですね、そのお金は自分が大人になってるときはずっと残ってるんだなって思うと、自分は節約してて、今、全然お金を使えない。

C：今も節約しないといけないのはそうですけど、それ以上に、私は将来仕事辞めれないなってすごい思いました。確かにそのお陰で通ってるけど、結局返さなきゃいけないから、やめられないっていうプレッシャーが働き始めてからすごいあるだろうなって思っています。

B：方向転換できないっていうのは確かだね。逆に制約される。それこそ、一時期専門学校に行こうかなという気持ちがあって、コロナで全然授業が対面じゃないし、これ意味あるのかみたいな意識があって、だったら自分の好きなこと、その関係の専門学校に行ってみるかっていうのをすごい悩んで。でも、結局お金ですね、奨学金また申請するのかと思って、色々ありましたね。結局変えてないけど、今も半分以上オンラインで。

C：それこそ、なんで学費を払うのと思いました。

B：全部オンラインの授業にして、お金どうして同じ額を払わなければならないのと思って、何十万円の学費で、音声を買うことで、それ、授業の意味がなくなるじゃないと思いました。「あ、この生活が将来の借金になってるんだ、こんな辛いのに」を感じて、マイナスしかない状態があって、すごい辛かった。

C：なんか奨学金って、名前はいいように聞こえるけど、ただの借金だよね、それで誤解しちゃう人もいそうだなって、私も最初わからなかったです。奨学って、学問を奨励するってことですね。　　　　　　　　　（日学女グループ）

上記に対して、日本人社会人男性グループでは「奨学金の返済はきつい」、そして「健康で文化的な生活を送れるように」、国に対して「教育を無償にしてほしい」という議論があった。

A：僕は奨学金を借りて、働いてるけど、返済が結構きつくて、「月一万ぐらいだったら大丈夫だろう」と高校とかで思ってたけど、「そんなこと

ないぞ」と今思っていて、だから、そもそも、小中と同じように高校、専門学校、大学も無償化しちゃえばいいじゃんっていうのはずっと思っていて。それこそ、勉強はしたいけど大学に入って、その後にめちゃいい給料をもらえるところに入れるかと言われたら、そうでもないし、日本絶対給料悪いし、そういうなかで借金返すかって考えたら大学行かないで働こうとかにして、学びたいけど諦めるみたいな人達も出てくると思う。奨学金ってなくなって、国が全部無償で受けるようにすればいいのに。

B：そうですね。今、義務教育は中学校までって、中卒でなんて雇ってくれる会社がないじゃないですか。高卒でも、今だいぶ少なくなっている。そういうふうになったら、その後に健康で文化的な生活を送れるかと言うと、ほぼ無理に近いだろう。土方とかだったら仕事あったりするけど、土方の働き方は健康かっていうと、そうじゃないでしょう。こういうめちゃ辛い労働環境とか考えると、北欧のように無償にして、それって本当に平等だし、お金がある / ないとかかわらず自分の学業ができて。

(日社男グループ)

1.7 「健康的」に関すること

「健康」に関しては、主に「健康的な食事を取れない」「怪我や病気になっても病院にいけない」ということを常に経験していて、自分の健康についての心配が話された。

①健康的な食事を取れないこと

留学生のグループでは「節約するために一番安い方法で食事をしている」ことがよく見られ、「体は大丈夫か」というような飲食の節約による健康問題についての心配があがった。

A：いつも安いスーパーで安いものばかり買っている。割引品があったら一回に沢山買っておいて、実際に食べ切れるまでにはもうすでに賞味期限

が切れている。長期的に、このようなギリギリ食べられそうなものばかりを食べるとやっぱり体にはよくない。

B：この前自粛の間に、インスタントラーメンばかりの生活だった。段ボール1箱のラーメンを買って、吐くまで毎日食べた。野菜は食べられないので、ビタミン剤を飲んでた。

C：私も同じで、いつも安いビタミン剤を飲んでいる、これで野菜を食べなくてもよいかなとしてきた。ただ、多分それが、私がよく病気になる原因であるかな。毎回病気になるときに、病院に行くかどうかをためらう。よく半月ぐらい我慢して、なんとかよくなるでしょうと思いながらそのままにしてきた。　　　　　　　　　　　　　　　　　（外留女グループ）

以上のように、割引品を一回に沢山買っておくことで、賞味期限が間近なものや賞味期限が切れたものばかりを食べること、そして栄養バランスが取れないことへの心配に対し、参加者は安いビタミン剤などを頻繁に飲んでいることが議論から分かった。

②怪我や病気になっても病院にいけないこと

上記と同様に、お金を節約するために「軽い怪我や病気だと病院に行けなくて、困っている」との話もあった。

A：ちょっと熱出たとか、絶対病院、僕、行けないですね。行ったら3千円かかるよね。

B：これぐらいの余裕がないんですか。

A：貯金はしてるんで、そこから削ってはできるんですけど、結局熱出ても2、3日で治る時とかは全然あるんで、その2、3日で治る熱のために3千円払うかを思うね。あとなんか「〇〇（病気）」とかあって、本当は月一回通わなきゃいけないですけど、3千円かける12で、3万6千かって思うと、耐えるしかないな。とりあえず、4年になったときに、就活しながらどれだけバイトができるのかっていうのが怖いんで、とにかくお金を貯めといて、我慢して貯金してます。

C：大学の保健室が結構いいんですよ。ただで薬とかももらえて、あと「〇〇(学部名)」が「〇〇(病気名)」を無料で検査してくれるんですよ。
B：その情報をどうやってわかったんですか。
C：めちゃ調べました。タダで使えるものを全部使おうと思った。

(日学男グループ)

　以上のように、「お金」などの資源が限られているなかで、参加者たちはただ何もしない、あるいは単純に被害者として不利を被ったような存在であるだけではなく、それぞれ自分なりの思いがあって行動していることが分かった。例えば、「受診をしない」代わりに、これから就職活動などのアルバイトができない時期の備えとして「貯金」という行為をしている人がいた。そして、ほかに、情報を調べて「タダで薬をもらえる」「無料で検査してくれる」大学の保健センターなどを利用している参加者もいた。

2　貧困当事者のエイジェンシー

　本節では、主に前節で参加者たちが議論した「心配・困りごと」をもとに、そういったことを経験するなかでの貧困当事者のエイジェンシーをより具体的に検討していきたい。ここでのエイジェンシーとは「行為する能力のこと」(Lister 2011: 3)を指している。貧困当事者のエイジェンシーを検討する際には、人々が日常生活のなかで貧困を経験する際に取った行為に焦点を当てるため、貧困状態にある人々を彼らの生活のなかでの積極的なエイジェントと見なして、貧困に対応するのにどのような意志、力、スキル(Krumer-Nevo & Benjamin 2010: 8)を持っているかを見ることができる。以下、貧困当事者のエイジェンシーを具体的に検討する前に、貧困当事者のエイジェンシーを検討する際の本研究における視点と注意点を述べておきたい。

2.1 検討の視点と注意点

　貧困当事者のエイジェンシーを検討する先行研究のうちで多いのは、低収入や経済困難のなかで、家族や個人によるコストの削減や収入の確保、そしてお金を含む各種資源のマネジメントなどについて、その具体的な〈やりくり〉を検討した研究である(Sophia Parker & Robin Pharoah & Tamara Hale 2008; Simon Pemberton & Eileen Sutton & Eldin Fahmy & Karen Bell 2014; Hulya Dagdeviren & Matthew Donoghue 2019)。そして、こうした低収入や経済困難のなかでの貧困当事者の〈やりくり〉を中心に検討した研究以外に、エイジェンシーのある一つの形式にこだわらず、ある特定の集団やグループとそこでのより具体的な課題にフォーカスした研究もある。例えば、(1)シングルマザーや労働者階級の「母親」を対象にして、「いいお母さん」になるために「子育て」と「就労」に対して、母親たちは社会文化や公的政策の影響を受けながらどのような対応や行為を取ったのかを検討した研究(Simon Duncan & Rosalind Edwards 1997; Carol Vincent & Stephen J. Ball & Annette Braun 2010)、(2)ホームレス者を対象にして、彼らの生活行為や仕事に対する考えなどを考察し、ホームレス者が尊厳を確保するためにどのように自己のアイデンティティを構築しているのかを検討した研究(Irene Vasilachis de Gialdino 2006; Judith G Gonyea & Kelly Melekis 2017)、(3)福祉受給者に対して、彼らの福祉受給経験から福祉政策を検討し、政策策定を裏付けている従来の福祉受給者に対する見方に異議を申し立て、今後の福利政策を策定する際に積極的な当事者の主体性を考慮することの重要性を検討した研究(Wright 2016)、(4)長期失業者を対象に、彼らのスティグマをマネジメントする戦略と社会参加からの退出との関係性、そして就業支援の公的政策からの影響とこれに対する失業者が行った抵抗行為を検討した研究(Michelle Peterie & Gaby Ramia & Greg Marston & Roger Patulny 2019a, 2019b)、など多様な研究が挙げられる。

　これらの研究は基本的にインタビュー調査をメインに、場合によっては参与観察(Vasilachis de Gialdino 2006)やエスノグラフィー的なフィールドワーク(Parker & Pharoah 2008)などを加えて行われている。これに対して、本研究において参加型アプローチを用いて貧困当事者のエイジェンシーを検討するのは

2　貧困当事者のエイジェンシー

主に以下の3つの理由による。

　まず、上述の先行研究が示している通り、これまでの貧困当事者のエイジェンシーを実証的に捉えた先行研究では、主にある集団やグループを対象にして、そこで集中的に表されているエイジェンシーの特定の形式、またはある特定の課題に焦点を当てて検討が行われている。これらの研究は個別の課題を理解するには有効ではあるが、貧困当事者をより総合的に理解していくには難しい。これに対して、本研究は、参加型調査の一つの利点である多くの参加者からの情報や知識が迅速に集められる点を生かしながら（Chambers & Mayoux 2003: 8）、参加者全員の関心がある共通課題とそれらの課題に対して行われた多様なエイジェンシーを一つの調査枠でまとめて提供し、貧困当事者のエイジェンシーの一側面ではなく、より「総合的なエイジェンシーの図」を描くことによって、貧困当事者を複雑かつ実在の人間として理解することを図る[1]。

　次の理由は、本研究の出発点である貧困当事者の主体側から貧困を理解することと関連している。つまり、いかに情報を貧困当事者の視点から正確に捉えることができるかということである。Chambers & Mayoux（2003: 8）によれば、参加型調査では、多くの話題についての議論は各参加者からの発言や反応がその場ですぐに他の参加者の確認を受けられるため、そうした相互検証を通して得られた情報はより正確で信頼性が高い。本調査研究では、上述の先行研究が用いてきたインタビュー調査[2]ではなく、参加型調査手法を用いて情報を参加者同士間でのインタラクティブな確認や検証を経てから生成したため（第2章）、より貧困当事者の主体側に近い調査結果を得られると考えている。

　そして、以上の2つの理由——さまざまな情報源へ迅速にアクセスしながら多様な情報を一つの調査枠でまとめて示すこと、そして、データのクロスチェックを行い、より洗練されたものにすること（Chambers & Mayoux 2003: 8,

---

[1] 逆に言えば、貧困のある特定の課題とその課題に対応する際に貧困当事者が行ったエイジェンシーをより深掘するには、参加型調査よりむしろインタビュー調査の方がより適しているかもしれない。ただ、完璧な調査方法がない以上、調査研究の出発点や目的と合致する方法を選択すること、そして、可能であれば単独の調査方法ではなく、異なる実証方法で多角度からの検討ができるとより望ましいだろう。

[2] 調査実施者が調査参加者と1対1の形で質問と回答を繰り返して生成した情報の場合には、調査者の観察や主観的な判断も含まれている。

12)——以外に、3つ目の理由として次のことが挙げられる。Lister (2002) によれば、「参加」は人々の自分自身のエイジェンシーに対する感覚を高めることができる。本調査では、こうした貧困当事者が集まって自分たちの貧困経験を話しあいながら自分たちの対応や対策を分析し合うこと自体も貧困当事者たちのエイジェンシーの一つとみなす。この意味から言うと、本調査研究では参加型の調査手法を取ることによって、貧困当事者の自分たちのエイジェンシーに対する感覚を高め、インタビュー調査を中心としてきた従来の研究が捉えることのできない、もう一種類の貧困当事者のエイジェンシー(すなわち、貧困当事者が自分たちのエイジェンシーを分析し、それを集合的に示すこと)をも捉えていると考えられる。

　では、実際に本研究で目指している多様な貧困当事者のエイジェンシーを一つの調査研究の枠で検討し示すために、具体的にどのようにすればいいのか。この点について、Lister (=2011: 189) が提示した「貧困状態にある人が行うエイジェンシーの形式」(図1) は分析ツールとして特に有効であると評価されている (Krumer-Nevo & Benjamin 2010; Wright 2012)。Lister (=2011: 181-190, 2011: 3-6, 2015: 145-154, 2021: 124-130) は貧困当事者のエイジェンシーを4つのタイプ——〈やりくり〉〈反抗〉〈脱出〉〈組織化〉——に分けて、以下の図1のように示している。垂直軸は「日常的」なエイジェンシーと「戦略的」なエイジェンシーの区別を表し、人々の選択が生活にどのような戦略的意味合いをもたらすかに基づいて区分けされる。水平軸の一方の端は個人(広い意味で個人の暮らし向きに焦点を当てる)を、もう一方の端は政治やシチズンシップにかかわる行為を示し、抵抗ないし幅広い変化を実現しようとする試みを含む (Lister 2011: 3)。Lister (=2011) は、これは行為の分類であって行為者の分類ではないとしている。従って、どの個人をとっても、その人が4つの領域にある全ての形態のエイジェンシーを行っているということがありうる。さらに、このエイジェンシーの形式は、全てのエイジェンシーをきれいに分類できるわけではなく、これはあくまで貧困とエイジェンシーの議論を形づくるために用いるとしている (Lister=2011: 190)。そのため、本節の次項から検討する、貧困当事者たちが実際に行ったエイジェンシーに関しては、一つの領域で述べられた行為がまた他の領域で再度言及されることもある。例えば、日本人社会人女性

グループでは、自分の親や周りの人に子どもを見てもらうようにして、自分が働けるようにすることは、日々の生活の資金を稼ぐための日常的な〈やりくり〉であると同時に、自分の子どもの教育費を準備するために行った〈脱出〉戦略でもある。さらに後述したように、女性が行ったこうした行動は、社会の文化

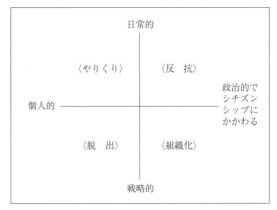

図1　貧困状態にある人が行うエイジェンシーの形式
出典：Lister（=2011）『貧困とはなにか──概念・言説・ポリティクス』（松本伊智朗監訳、明石書店）189頁

や周りの見方によって常に変わっていく。従って、貧困当事者のエイジェンシーを検討する際に、それぞれのエイジェンシーは具体的にどのような状況のもとで行われたのかを意識し、そしてそれを連続体として見るべきである。このような貧困当事者のエイジェンシーの見方は、貧困の現実に対する理解をより深めて、貧困当事者の創造的かつ能動的なエイジェンシーを認めると同時に（Wright 2012: 315）、貧困当事者がそれに適応し対応する戦略をも見ることができる（Krumer-Nevo & Benjamin 2010: 10）。

ただ、Lister（2015、2021）はこのような貧困当事者のエイジェンシーに焦点を当て検討をしていくなかで、以下のような「ロマン主義化・理想化」と「個人主義化」の2点に対して、特に注意を払う必要があると述べている。

まず、全てのエイジェンシーがその個人ないし他者にとって建設的なわけではない Lister（2011: 3）。エイジェンシーが暴力行為や法規制に対する違反行為などを通じて表現される場合もある（Lister=2011: 182）。例えば、本調査の外国人労働者グループでは、労働者同士で互いの残業時間や稼ぎの多寡が気になって暴力をふるうことなどがあったし、また日本人社会人男性グループでは、生活費を稼ぐために無届けの仕事をしていることなどがあった。このような内容を示すことによって「貧困当事者」にマイナスのイメージが付けられるかもし

れない。ただ、これはWright(2012)が指摘しているように「もし悪いあるいは望ましくない意図・行動・結果を取り入れなければ、エイジェンシーの概念化を完了できない」「重要なのは、エイジェンシーのこの暗い側面を全ての社会的アクターに帰することであり、動機と行動が最も容易に監視される最も強力でないもの（例えば、貧困当事者）に限定されるべきではない」(Wright 2012: 320、括弧は筆者による補足)と考えるべきである。つまり、貧困でない人が「誤った」ことをしてしまう場合もあるが、それは貧困当事者だけに限定されるべきではない。人間である限り、「彼ら」が「私たち」と（貧困者と貧困でない人）同じように失敗や「誤った」決断をしてしまうことも含めて考えれば、貧困当事者と貧困でない人には紙一重の違いしかない(Lister=2011: 182)。

　また、エイジェンシーを理想化することの裏面として、貧困当事者が〈やりくり〉や〈脱出〉などをうまく行使できないことでよりいっそう失敗と恥辱の感覚を悪化させてしまうことにもなりかねないのである(Lister=2011: 183)。さらに、貧困当事者のエイジェンシーを理想的に強調することはまた、貧困当事者を非難すること——彼らが自分のスキルなどを適切に適用しなかったかのように——に容易に変換されがちである(Krumer-Nevo & Benjamin 2010: 10)。例えば、本調査の日本人社会人女性グループでは、参加者の一人が、自分がシングルマザーとして生活保護を受けていることについて、「生活保護を受けていないで日々生活しているお母さんたち」と自分を比べて「他の人はできているのに私はまだできてないな、悩んだり」している。これに関して、Lister (2015, 2021)はDavid Taylor(2011: 787)とWright(2012: 311-318)の観点に賛同し、エイジェンシーは個人主義的に理解されるべきではないと主張している。エイジェンシーは関係的であり、エイジェンシーの行使は、単に個々のリソースだけに依存するではなく、それは社会的文化的な構造のなかで行使されているため、社会環境や文化的価値観が個人の選択に影響を与える上で重要な役割を果たし、さらに社会における他者との相互作用のなかで自分に対してどう働きかけるかとも関係しているのである(Taylor 2011: 787; Wright 2012: 311-318; Lister 2021: 128)。この点に関して、本調査でも同様なことが見られている。例えば、日本人社会人女性グループでは、自分の労働状態と子どもと一緒にいる時間をどのように調整するかが常に周りのケースワーカーや親などに影響さ

れている。また、生活保護の申請や受給、生活保護から抜け出すことなどの意思決定や行動も、福祉担当局や反貧困組織、近所の人、社会の風潮などに左右されている（詳細は後述）。

　以上のように、Lister(2015, 2021)は貧困当事者のエイジェンシーを検討する際に特に注意すべき点である「ロマン主義化・理想化」と「個人主義化」を説明した。そのうえで、Listerは改めて自分が提示した図1のエイジェンシーの形式を利用してエイジェンシーを分類し示す際に、それ（エイジェンシー）を人々の生活を形作る構造的な制約と機会において検討しなければならないと強調している(Lister 2015: 145)。そうすることによって、貧困状態に暮らす人々のエイジェンシーはどういった制約のもとに行われたのか、だからこそどこまでできたか・できなかったか、またはなぜそうしたか・しなかったかを見る際に、ロマン主義的・理想的、そして個人主義的な考えを回避でき、エイジェンシーと構造と両方の関係からより総合的な貧困理解を得られるだろうと考えられる。従って、本節の以下は、まずLister(=2011)が提示したエイジェンシーの分析ツールを利用して、前節の参加者たちの「心配・困りごと」に対して、参加者たちはそれをどのように経験し、いかなるエイジェンシーを行っていたのかを改めて整理していきたい。貧困の構造上の制約についての検討は、その次の第3節で述べる。

2.2　やりくり

　最初に、日々の対処である〈やりくり〉について見てみよう。Lister(=2011: 190)は貧困状態での〈やりくり〉は日常的で個人的な領域に入るとしている。〈やりくり〉から見られた「生き残るための苦労」は、最近の貧困研究——本研究の第1章で紹介した先行研究——「THDOP」(2019: 17–18)では、それを貧困の「コアの経験」の一部として特定している。貧困当事者が、これらの苦労を経験するなかで行った〈やりくり〉は人間のエイジェンシーの積極的創造的な発揮と見なされて評価されている(Fiona Williams et al. 1999: 156–183; Lister=2011: 190; Mary Daly & Madeleine Leonard 2002)。では、本調査研究での参加者たちは貧困を経験するなかで具体的にどのような〈やりくり〉を行った

のか、以下で見てみよう。

　まず、前節で最も顕著に表れているのは金銭的・経済的などの資源の少なさのために起こった「心配・困りごと」である。Stephen Gilliatt（2001）によれば、こうした資源が限られているなかで貧困当事者が「貧困」に適応するには、主に「資源の増大」「支出の最小化」「ストレス管理」の3つの形態があると論じている（Gilliatt 2001: 65）。本調査でも同様にこのような3つの対応が多く見られている。例えば、学生のグループでは、学費や生活費の捻出に関して、資源を増やすために、「奨学金を借りる」ことに加えて、「ガッツリとアルバイトする」ことがある。また、支出を減らすために「学費減免を申請し」、少ない収入のなかで食費などの出費にいくら使うかを「細かく計算」することも行われている。そのなかで、学費減免や奨学金の申請に通るように「世帯分離」するかしないかなどを考えながら、制度上のわからないことを学校や関連機構に問い合わせるなどの行動もした。勉強や生活の維持ができる程度までのアルバイトをしなければならないことで、収入は非課税範囲を超えて、「世帯分離」しない場合とあまり変わらないこととなってしまう結果になる可能性が高いが、そうした「資源の増加」や「支出の最小化」をする対処が行われたことを確かめることができている（【1.1-①】）。

　また、日本人社会人男性グループでも、お金がないなかで、クレジットカードをうまく利用することで住民税の納付ができたこと（【1.1-②】）、そして、日本人社会人女性グループでは、自分の親や周りの人に子どもの面倒を見てもらい、自分が働けるようにしていることが見られている（【1.5-②】）。前者は「人に迷惑を掛けたくない」という思いで、自分が利用できる個人的な資源（クレジットカード）をうまく使いこなすことで迫られた出費に対応することができ、さらに、その後の返済にトラブルが起こらないように、24回払いでうまくマネジメントしてきた。前者のような個人的な資源を利用することに対して、後者は自分の社会的なネットワーク（親や周りの人の助け）を利用し、働けるようにしてきた。こうした資源が限られているなかで、人はなんとか生活を切り盛りし、あれこれをつなぎあわせ、ないものはないとして我慢することは、貧困当事者が積極的にエイジェンシーを発揮するプロセスであると評価されている（Lister=2011: 193; Elaine Kempson et al. 1994; Daly & Leonard 2002）。ただ、こ

うしたエイジェンシーの発揮は「お金がない」「収入が低い、税金が高い」などの制約のなかで行われたことであることを忘れてはならない。

　ここでの「制約」も、利用できる「資源」も、そしてその「制約」のもとで行われた「エイジェンシー」も、人によって違いがあり、結果にも「差」が出ている場合がある。例えば、日本人学生男性グループでは自動車免許を取るメリットを全員が認識しているが、取った人も、諦めて取らないようにした人もいる。その結果の違いには、次のような参加者の実際の思いが示された。新型コロナウイルスの影響で大学の授業が全てオンラインになったこと、そして国や文部科学省、大学から一時的な支援金が出たということを利用して、合宿で自動車免許を取れた参加者がいた。一方、同グループでのもう一人の参加者（前者と大学の入学年度が違う）は「免許取るだけの20万だけじゃなくて、かかる時間分は働けなくて、あれで生活が割と厳しい」という状況のなかで、自動車免許を取ることを諦めることにした（【1.2-①】）。ここで分かったのは、〈やりくり〉の結果は違うものの、参加者の全員が自分の具体的な状況を考慮し、優先順位を付けて〈やりくり〉を行っていることである。こうした優先順位を付けて〈やりくり〉を行う際に、参加者の家族に対する配慮が含まれていることも見られる。例えば「進学」ということに関し、自分は大学院に進学したいが、下のきょうだいにも「これから大学に進学してほしくて、お金をあげたい」「家族に生活費をあげたい」などの思いで、進学を諦めることを考えて就職などの早期準備をしていることが議論のなかから分かった（【1.2-②】）。

　このような多くの制約のなかで長期間的に〈やりくり〉をしていた結果、ストレスなどの「心理的・感情的・精神的」な影響もしばしばもたらされる。例えば、日本人学生男性グループと外国人労働者男性グループでは、家族のことを心配することで、「勉強に集中できない」「夜に携帯が鳴るのを怖がっている」などがある。家族に「何かをしてあげよう」という気持ちが強く、自分のアルバイト代や奨学金から家族に仕送りをすることや、そして、両親や子どものことを心配しつつも優先順位を考えて、自国に帰らず日本に残って家族を養うためのお金を稼がなければならないことが挙げられる（【1.3-②】）。

　ただ、参加者たちはいつもうまく対応ができているわけではない。例えば、留学生のグループでは、「コロナの影響でアルバイトが減らされた・なくなっ

た」「収入が少なくなった」ことで、「ストレス」「イライラする」「焦って不安な精神状態」などを感じていることが少なくない。これに対して、今のアルバイトを辞めさせられないようにバイト先の店長に対して「腰を低くする」人や、「求人情報をよく注意する」人、「大きい橋の下での除草」などの臨時的なアルバイトをする人もいれば、「食べるのも寝るのもよくない」「自分を責める」という行為を行った人もいる(【1.3-①】)。こうした状況が続くと、また次項で述べた〈反抗〉というようなエイジェンシーの行使に変わっていくこともある。

　以上で示しているように、〈やりくり〉は貧困当事者の日常生活のなかでもっともよく行使されたエイジェンシーの一つの形態である。こうした各種の資源を利用して行った〈やりくり〉はうまくできたとしても/できていなくても、それを詳しく見ることは、貧困当事者が抱えている自分たちの「心配・困りごと」や、それに対してどのような思いでどういった制約のもとで何をしてきたのかを理解する助けとなる。

2.3　反　抗

　2つ目のエイジェンシーの形態に関して、Lister(=2011)はそれを「日常的抵抗」を通じての〈反抗〉としている。Lister(2011: 4)によれば、これは「非公式の、だいたい陰で行われるもので、主として目前の現実的利益に関心がある」のである。この抵抗の目標は、政治的変化ではなく、「生き残り、生きながらえることであるのがほとんど」である(Lister 2011: 4)。では、本調査では参加者たちが具体的にどのような〈反抗〉を行ったのかを以下で見てみよう。

　本調査で見られた〈反抗〉と関連する内容においては、特に参加者の強い感情が含まれているように見られる。その感情は場合によって「不満や怒り」で、他方では「絶望や落胆」である。

　ここでの不満や怒りの多くは、福祉担当局や行政部門などの社会機構に対してもたれ、〈反抗〉がなされている。例えば、日本人社会人男性グループでは、「給料が低い、税金が高い」という状況に対して、自分の親戚が経営しているレストランで「正式ではなく、小遣いをもらう」形で収入を増やすことがある。このような働き方は実際に「無届けの仕事」である。こうした「無届けの仕

事」をすることで、本業の収入だけでは生活に足りない分を補うことができて、その分の収入も課税されない(【1.1-②】)。また、日本人社会人女性グループでは、生活保護を申請する際に、自分がやはり無理だと思う時は福祉担当局に言われたことを受け入れて一旦諦めるが、周りの人と相談したり助けを求めたりすることで再度申請する行為もあった(【1.4-①】)。前節で紹介した参加者がこれらのことを議論する際に使っている言葉を見れば分かるように(例えば、「国自体が全体的に基礎ベースを上げて欲しい」「こいつ」「この野郎」)、こうした〈反抗〉を行う意識には参加者の当局への不満が含まれていると考えられる。そして、時にこうした不満や怒りは他の場合ではまた暴力行為になることもある。例えば、外国人労働者グループでは、相手が自分より残業が多いことでより多く稼いだことに不満を感じ、暴力をふるうこともあった。こうした暴力行為は決して建設的なエイジェンシーの行使ではないが、自分が置かれている状況やさらされている待遇に対する不満や怒りという気分をはらす行為だと考えられる(【1.4-②】)。

　一方、こうした福祉担当局や行政機関などの社会機構の「力」が大き過ぎると見なされる場合に、参加者たちの感情はまた「絶望や落胆」に転換しがちである。参加者がこうした「大きな力」に対して、その時に行う〈反抗〉は、多くの場合は「無声的抵抗」(Robert Walker 2014: 127-128)となる。本調査では、例えば第3章で述べた外国人労働者女性グループでは、自分は「アンダークラス」のように扱われても「反論しない」「黙って頑張っていく」というような発言がある。そして、こうした「絶望や落胆」を一時的に忘れるために、例えば、外国人留学生のグループでは「ゲームばかりやる」というような意気消沈して自己を麻痺させる行為もあった(【1.3-①】)。

　また、第3章で述べたように、参加者は「貧困」の言葉に対して常に「スティグマ」や「恥ずかしい」という感覚が伴っているように感じているので、こうした貧困の汚名に〈反抗〉するには「言説的抵抗」(Vasilachis de Gialdino 2006: 485)もしばしば行われている。本調査でも、類似の内容が見られている。例えば、第3章で述べた外国人留学生女性グループでは、「アンダークラス」についての議論では、「貧困学生と聞いたら、とても向上心があって努力しているイメージである」という発言があった。こうした貧困学生に対して積極的

なイメージやアイデンティティを認めることは従来のステレオタイプやネガティブなイメージへの〈反抗〉と見なすことができ、他の研究でも実証されている（例えば、Vasilachis de Gialdino 2006; Gonyea & Melekis 2017）。また、貧困の汚名やスティグマに対して、よく「生き残るために我慢する」か、それとも「そこから完全に外れる」かの意思決定に迫られていることがある。例えば、外国人労働者女性グループでは、自分の低収入という状況に対して、雇用側にもっと仕事をくれないかとお願いしようとする際に、「恥ずかしい」という思いがあって、生活をある程度犠牲にしても自分の自尊心を堅持し「帰国してもいい」という選択肢も考えた（【1.4-②】）。

　以上、本調査から見られた参加者たちが行った〈反抗〉について整理したが、ここではもう少し調査現場での参加者たちが話をする際の様子や雰囲気を補足したい。実際の参加者たちの話のニュアンスや態度から見れば、参加者たちは、上述の「不満や怒り」または「絶望や落胆」の感情を表す際に、何らかの不公平にさらされたという思いがあるように感じられる。そうした「不公平にさらされた」という思いのなかで、例えば、日本人社会人女性グループでは、反貧困組織の助けを求めて、強いバックのもとで生活保護を再度申請した行為は「本当に困っているから」という思いのなかで行われた。そして、無届けの仕事で「小遣い」をもらう行為は「国全体的に基礎ベースが低い」なかで「低い収入」で、自分の「生活の厳しさ」を補うために行われた。このような〈反抗〉のうちに、たとえ法規制に反するような行為が部分的には含まれても、それは生存や生き残るためであると理解できる。

2.4　脱　出

　3つ目は貧困からの〈脱出〉である。Lister（=2011: 210）によれば、これは抵抗と容認の混合したものであり、個人的・戦略的分野にある。こうした個人レベルでの戦略的行動から、貧困からの〈脱出〉に向けた姿勢もある。本調査では、主に「教育」と「仕事」を中心に以下のような〈脱出〉行為が見られている。

　多くの参加者は、自分たちが「教育を受けられなかった」ことで「低収入

や「貧困」という状況に陥ったと痛感している。だからこそ、貧困の連鎖を止めるために自分の子どもにきちんとした「教育」を受けられるようにし、よい「仕事」に就くことによって貧困から抜け出せるように頑張っている。例えば、日本人社会人女性グループでは、繰り返し自分は勉強したくてもできなかった話をして(【第3章2.4；第3章2.6】)、今後自分の子どもが学校に行く費用を用意するために、体を壊すまで「頑張っちゃってる」(【1.5-②】)。同様な話は、外国人労働者グループでも話された。国を離れて日本で「○○(業種)」として働くのは辛い面はあるが、家族のために(両親の医療費や子どもの教育費など)頑張って働いている(【1.3-②】)。そして、こうしたなかで、家族メンバーの全員が協力し合って〈脱出〉戦略に取り組んでいることがよくある。例えば、外国人労働者グループでは、夫婦のどちらか一人が日本で働き、国内に残った一人は実家とそれほど離れていない都市部に出稼ぎをしながら、家にいる両親や子どもに気配りができるようにしている。加えて、家にいる(労働者の)両親は(労働者の)子どもの面倒を見るというようなことがよくある。日本人社会人女性グループでも同様な戦略が見られている。子どもを親に見てもらうか、子どもに家事や下の子の面倒を見てもらって、自分が働けるように調整している。

ただ、こうした戦略を立て、貧困から抜け出ようとする行為は、参加者が暮らしている社会での文化や周りの人々の意見や見方にも影響されている。例えば、日本人社会人女性グループでは、生活保護を受けて、周りからは「若いのに何で」「子どもが小さくても働いている人はいるでしょうね」というような偏見があるため、「ギリギリまで働いて」いることにしている(【1.4-①】)。ただ、こうした労働状況は常に「時間のなさ」につながっていくので、子どもへの世話が十分にできなくなり、周りにまた「子どもとの時間を大事にしなさい」などと言われている。それを受けて、お金を稼ぐより子どもとの時間を優先にし、夜の労働時間を減らす行為も見られている(【1.5-②】)。ただ、参加者の過去の生活歴からみれば、いくら〈脱出〉の戦略を立て、労働形態や働く時間を調整しても、貧困から抜け出ることが容易でないと理解できる。例えば、参加者のなかで自分が子ども時代に「勉強を続けられなかった」、そして今は子育てや生活の維持もしなければならないため、ダブルワークで非正規のパートというような形で仕事に従事していること(日本人社会人女性グループ)、

「スキルがない仕事」や「"青春"の仕事(体力等がある若いときにしかできない仕事、その仕事の多くは職業のキャリアアップにつながらない)」をしていること(外国人労働者グループ)は普通である。こうした、構造側の社会文化、限られた教育や労働の機会と環境などの障害があるゆえに、参加者が利用できる資源が制約されて、貧困から抜け出すことを困難にさせていると考えられる。

ここでの「制約」が特に厳しい場合には、個人が発揮した〈脱出〉というエイジェンシーを弱めることがある。その際に、戦略的なエイジェンシーと日常的なエイジェンシーとの境界線は曖昧になってしまっていく(Lister 2015: 153)。例えば、一部の参加者は「子育てが終わってから、正社員としての仕事はあるか」「将来のための能力の蓄積はできない、将来に対して希望を持たない」などのように将来のことを心配するが、目先のことや子どもの教育費などを優先にして、自分の老後のために何かを準備することは「まだまだ考えられていない」(日本人社会人女性グループ)、「日本で仕事を変えることができない、帰っても何をするかはわからない、社会は既に飽和状態になっている」ので、「何の計画を立てられない」、とりあえず「契約期間まで働く」「人に仕事をするのは、一番簡単で、何も考えなくてもいい」、今の状況を全て「運命」だと考えて受け取る(外国人労働者女性グループ)などの考えや行為が示されている(【1.3-③】)。

また、学生グループでも、大学での学業を終えて良い仕事に付いて、貧困から抜け出すために、自分の学生時代ではいくら奨学金を借りて、どのぐらいのアルバイトをして、そして、学費や食費はいくらにするかを細かく計算し、戦略的に計画を立てていることが見られている(【1.1-①;1.5-①】)。ただ、奨学金を借りることは借金となるので、それを考えて、「学生時代から節約し」「健康的な食事を取れない」「病気になっても受診に行かない」によって、健康に影響し、今後何十年も社会人として健康的に働くことに大きな懸念が生まれていることが考えられるだろう。また、卒業してから「そのまま借金を負っている状態で社会に流されて」、仕事に就いた場合でも、それは自分が好きではない仕事であっても、奨学金の返済があるため、仕事を辞められない状況に陥ることを心配している。さらに、日本人社会人男性グループで議論したように、「借金返すかって考えたら、大学行かないで働こうとかにして、学びたいけど

諦める」となることも考えられるので、かえって奨学金が「制約」となるのではないかとの議論があった(【1.6-②；1.7-②】)。

　なお、上記の「教育」を受けて「仕事」に就くというようなルートはかなり長期的である。大学生にとって、大学だけでも4年間、親である社会人にとって自分の子どもを育成するには、小学校から大学までも16年間がかかる。Lister(=2011: 210–212)によれば、こうした長期のスパンで貧困の動的側面やそこで人々の生活状態などを検討するには、長期的データの確立が助けとなるが、この類の調査の多くが量的なものであり、非個人的なマクロレベルにおける全体像を提供しているにすぎない。そこでの関係する個人のエイジェンシーがそうした動的側面にどう反映されるか、そして貧困から抜け出るための戦いの苦しさといったものへの洞察は得られない。これに対して、本研究で提示した〈脱出〉を含む貧困当事者のエイジェンシー、またエイジェンシーと社会文化や構造との関係等についての検討は、ミクロレベルから貧困の動的側面に見ることに対して補完的な役割を果たしたと言えるだろう。

2.5　組　織　化

　最後は、変化をもたらすための〈組織化〉についてである。これは、政治的シチズンシップに関わる戦略的分野にあり、集団的戦略的なエイジェンシーを行う機会を形成する(Lister=2011: 215–216)。Lister(=2011: 216)によれば、マクロレベルの調査では、多くの場合、貧困と剥奪にともなって、政治的・市民的活動や集団的活動の水準が、他の人々と比較して低くなることが示唆されている(Sidney Verba et al. 1993: 317; Chris Attwood et al. 2003: 26)。このことは、「政治的なエイジェンシー」の欠けた存在としての「貧困者」というイメージを助長する(Judith Goode & Jeff Maskovsky 2001: 14)。ただ、Lister(=2011)は、また、少なからぬ貧困地域から得られたミクロレベルの証拠は、ある程度まではあるが、少なからぬ住人が、多くの障害に直面しているにもかかわらず、確かに〈組織化〉され、市民として活動していることを明らかにしていると述べている(Lister=2011: 216)。本調査でも、少なくはあるが、〈組織化〉として解釈されるエイジェンシーの行使が見られている。

例えば、本調査での日本人グループでの議論を行う際に、ちょうどＡ市給付型奨学金の拡充を目指したキャンペーン運動が行われていた。本調査の参加者には、そのキャンペーンに参加した人と、キャンペーンの参加に呼ばれたが拒否した人もいる。参加した人は「学費や奨学金を見直して、教育負担を減らしてほしいという要望を行政側に届けてほしいとの思いで参加した」と教えてくれた。一方、参加に拒否した人は「バイトがいっぱいで、キャンペーンに参加する時間がない」と教えてくれた。また、ここで述べたキャンペーンのような集団的政治的活動までに至らなくても、例えば、本調査での日本人社会人女性グループでは、反貧困組織に入会し助けを求めて、福祉担当局や行政側に対して自分たちの訴えを申し立てることが見られている(【1.4-①】)。

上述したように、本調査から見られた〈組織化〉に関連する参加者のエイジェンシーの行使は他の３つの形態のエイジェンシーの行使と比べて明らかに少ない。その原因となる〈組織化〉を制約するものとしては、次の３つが考えられる。まず一つは、本書の第３章で述べているように、貧困の汚名やスティグマの影響で、参加者は「貧困」を「恥ずかしい」ものと思って、自ら「隠す」うえに、「バレたくない」という思いが特に強いからである。そのため、「貧困者」というアイデンティティで人を集めるには難しくなる。もう一つは、例えば外国人労働者グループでは、自分たちと普通の工場の労働者との労働形態の違いに気づいて、「分散して働いていること」と「ストライキしても、すぐに代替の労働者が入れられること」により、組織化して団結するには困難であると指摘している(【1.4-②】)。そして、３つ目は、本調査の実施に協力してくれた２つの反貧困組織は、確かにどちらも会員である当事者が組織の主人公となる団体であり、当事者を組織し反貧困活動を行っているが、調査から分かったのは、どちらの組織も脆弱な状況に置かれて、リソースも不足しており、組織の運営に苦悩していることである。これらの制約があるからこそ、貧困当事者が政治的シチズンシップに関わる戦略的なエイジェンシーを発揮できたことは少ないように見える。

3 貧困の構造上の諸側面からの制約

　本章の前2節では参加者たちの「心配・困りごと」とその対応を見てきた。そこから分かったのは、貧困当事者は「貧困」に関するさまざまな心配や困りごとを抱えていると同時に、〈やりくり〉から〈組織化〉までの自分なりのエイジェンシーも発揮していることである。一方、こうした貧困当事者の目線から彼らのエイジェンシーを理解していくことによって、「主体」と「構造」とのぶつかり合いから、貧困の構造側からの制約を検討する余地も提供されている。本節の以下では、その制約を「物質的・経済的」「社会的・文化的」「政治的・代表的」の3つの視点から検討することができた。

　これからの検討に用いられた材料には前節と重複する内容が多くあるが、視点を貧困当事者の「エイジェンシーの行使」から「エイジェンシーを行使する際に受けた制約」に転換し、「貧困の構造上の制約」という問題を改めて確認し強調しておきたい。

3.1 物質的・経済的

　参加者たちの議論から分かったのは、貧困当事者たちが抱えていた心配や困りごとの大部分は、物質的・経済的資源の少なさで起こったことである。こうした「お金がない」なかで、参加者たちは日々の生活を暮らしていくために、「資源の増大」や「支出の最小化」などのやりくりを行い、できる限り自分たちのエイジェンシーを発揮し対応してきた。ただ、ここでは、「対応」というものの、必ず何でもうまく対応できたわけではない。

　例えば、学生のグループには、親との関係が悪く、家族から金銭的な支援をもらえない参加者がいた。自分の学業を続けるために、奨学金や学費減免の申請が親の収入に影響されないように「世帯分離」を行ったうえで、生活上の「出費を細かく計算」し、「ガッツリとアルバイト」していた。ただ、就学や生活の維持ができる程度までのアルバイトをすると、その収入はまた課税範囲に入って、「世帯分離」しない場合とあまり変わらないこととなってしまう。し

かも、学生たちにとって、奨学金を借りることで学校に通えるようになったが、制約となる側面も感じられている。奨学金を借りることは借金となるので、「それを考えて、学生時代から節約」し、これから卒業後にも「そのまま借金を負っている状態で社会に流されて」、仕事に就いた場合でも、それは「自分が好きじゃない仕事であっても、奨学金の返済があるため、仕事を辞められない状況に陥るか」という不安を抱えている。さらに、社会人グループで議論したように「借金返すかって考えたら、大学行かないで働こうとかにして、学びたいけど諦める」となることも考えられる。これらの議論が深まっていくほど、「なぜ日本での教育は北欧の国々のように無償化できないのか」という現行の政策や制度へ問いが向けられ、実質的に教育制度を通した経済的再分配のあり方が争点になっている。

そして、上記で述べたような税と社会保障や奨学金などの制度・政策上の不都合を孕んでいる経済的再分配に関して、特にその根底にある賃労働と関わる階級問題が外国人労働者グループからも指摘されている。第3章で述べたように、外国人労働者たちのなかでは「私たちは彼ら（社会の上層の人たち）と同じ階級ではない」というような考えがずっと抱かれている。なぜこのような考えを抱くかに関して、以下の参加者たちの話から理解できる。

まず、外国人労働者たちは、自分たちが暮らしている社会は"社会の上層"によって作られていて、そして、自分たちがそうした社会システムのなかで最も不利な底辺層にさせられていると分析している。具体的には、「社会の上層の人々があなた（労働者）を抑圧、排除し…貧しい人々の立ち直ることが彼らに許されていない、わざと一部の貧困者を残して置いている」「みんな金持ちになったら、誰がお金持ちの人たちに仕えるの、誰がお金持ちの人たちに労働してあげるの」「これは全て比率が決められているから。そうじゃないと、お金持ちの人たちにとって、もうバランスが崩れちゃうので、混乱になるから」などの参加者たちの分析があった。

そして、外国人労働者たちは、自分たちと雇用側との労使関係を次のように認識している。外国人労働者たちは、雇用側がなぜ外国人を雇うのかの原因を「絶対底辺の人を雇う、自分（雇用側）と大体同じぐらいレベルの人を雇わないでしょう、雇われないから」「なぜ日本人を雇わないの、なぜどうしても外国

人を雇うの？　一つは管理しやすい、もう一つは安い」と述べたうえで、自分たちが置かれている不利な状況を次のように説明している。それは、「〇〇（X国）から来たから、叱られても、あなた（労働者）我慢するしかない、〇〇（金額）の"手続き費"を払って来たから、やめて帰るの？　でも、もし雇われたのが日本人であれば、叱られて辞めたいならすぐ辞めちゃう、簡単に離れるから」「しかも、あなた（労働者）〇〇（X国）人がこの仕事をしないなら、また〇〇（Y国）の人もいるし、〇〇（Y国）人がしないなら、さらに〇〇（Z国）の人もいるから」ということである。

　さらに、このような労使関係のなかに、貧困当事者にとって不利な再分配として機能する労働規則やルールが表れている。例えば、参加者たちが抱えている心配・困りごとである「給料が低い」「給料から引かれた各種の費用はなぜなのかは分からない」「労働規則やルールの決定に関与ができない、ただ規制されている感じである」「仕事を辞めるのを言えない」「意見を申し立てしにくい」などが議論からあげられている。こうした低収入、しかも労働条件を変えられない状況のなかに、自分の生活と自国にいる家族を養うのに十分なお金を稼ぎたいため、結局、もっと残業を増やすことになっても構わない、むしろ"希望"するようになってしまっている。そうするなかで、労働者同士のなかで、互いに残業の多寡を競争して「殴っちゃう」ことも起こっている。

　ここまで見てきた内容は、まさにマルクス主義が論じているような資本主義的労使関係に内在している再分配ないし階級の問題が、今現在の日本社会に明らかに存在し作動していることを示している。

3.2　社会的・文化的

　以上で述べたように、貧困当事者は「物質的・経済的」な制約を受けて、「お金がない」や「収入が低い」などの状況にいながら、生活をしていくためにできる限り何らかのエイジェンシーを発揮してきた。ただ、こうしたエイジェンシーの発揮は、「物質的・経済的」に制約されているだけではなく、その社会の文化や周りからの自分に対する見方にも影響されている。

　参加者たちが「貧困」に対して、常に「スティグマ」や「恥ずかしい」とい

うネガティブな感覚を持っていることは既に本書の第3章で述べた。参加者たちは、このネガティブな感覚を避けるために、社会の周りからの自分に対する見方を気にし、またそれは、自分がとる行動や戦略を強く規定している。例えば、外国人労働者女性グループでは、自分の「収入が少ない」状況に対して、雇用側に「もっと仕事をくれないか」とお願いしようとする際に、「恥ずかしい」という思いが強くて、高額な来日の"手続き費"を払ったにもかかわらず、「このままで、帰国してもいい」という選択肢も考えた。一方、生き残るために、自分の尊厳を堅持する選択肢が取れず、どうしてもその「恥」を負わざる得ない場合に、参加者たちは「反論しない」「黙って頑張っていく」というようにするしかなく、積極的なエイジェンシーの行使はできなくなってしまう。

そして、なぜ外国人労働者たちが自分の「仕事」に対して「恥」を感じるのかに関しては、労働者たちの自分たちが従事している仕事に対するコメントからある程度考えられる。例えば、議論のなかでは「私たちが今やっている仕事、犬でもよく訓練したらできる…少しスキルが必要となるような仕事、見たこともない（させていない）」というコメントがある。このコメントから、外国人労働者たちは自分たちが従事している仕事にやりがいがない、自分はここで働く価値がないとなんとなく感じていることが分かる。そして、このように外国人労働者たちにやりがいがない、価値がないと感じさせる理由として社会的文化的な要因が考えられる。例えば、外国人労働者たちの議論では、自分たちが一番苦しい仕事をしているのに「給料が低い」、そして「仕事をする際に○○（雇用主）が後ろからあなた（労働者）をよく覗いている」（【第5章1.2】）などの話があがった。

このような、外国人労働者たちが従事している仕事に対する社会や労働市場からの金銭的な評価、そして実際の労働の場で彼らが受けた扱い方は、明らかに社会側から外国人労働者たちの労働価値や人としての尊厳に対して承認や尊重（リスペクト）が大きく欠けていることを示している。こうした承認や尊重が欠けているからこそ、先に述べたように、人々が「生き残るために我慢するか」、それとも自分の自尊心を堅持し、生活をある程度犠牲にしても「そこから外れるか」の意思決定を常に迫られている。

このようなエイジェンシーの発揮が社会文化に影響されていることは、日本

3 貧困の構造上の諸側面からの制約

人社会人女性グループでも見られている。例えば、日本人社会人女性グループでは、社会は「〇〇(年齢)」代の女性に対して「結婚をして、子どもがいる方、そして、独身で何か仕事をされている方、その2種類ぐらいしか社会から認められてない」とコメントし、厳しい社会の見方を感じていることが話された。そして、参加者たちは、自分がシングルマザーとして、生活保護を受けていることについて、周りからの「若いのに何で」「子どもが小さくても働いている人はいるでしょうね」というような厳しさを強く感じているため、自分の子どもを自身の親に、または、下の子どもを上の子どもに面倒を見てもらって、自分が働けるように調整している。生活保護をいち早く切れるように、体を壊すほど過重に働いていることも議論から見られた。ただ、こうした労働状況は子どもと接する時間が少なくなることにつながって、子どもへの世話が十分にできなくなってしまい、今度は周りに「子どもとの時間を大事にしなさい」「子どもがおかしくなるよ」と言われている。それを受けて、女性たちはお金を稼ぐより子どもとの時間を優先にし、労働時間を減らす行為をしたことも見られた。

以上のように、女性たちは、最初に生活保護を受けていることで、周りからの「若いのに、なんで働かないの」というような偏見や世間の目に影響されて、子どもを誰かに見てもらうようにして自分が働けるようにしてきた。そして、自分が働くことで子どもとの時間が少なくなって、今度は「子どもを大事にしなさい」という周りの人の意見が出て来た。それを受けて、仕事を減らすように調整した。このようなシングルマザーの特性や困難を承認せずに、仕事と子育ての両立を強要するような社会文化は、参加者たちにとって厳しくて矛盾的であるにもかかわらず、常に彼女たちのエイジェンシーの行使を左右し影響を与えている。結局、先に述べた外国人労働者たちと同様な状況に置かれていて、どのように意思決定をしても常に社会的文化的な不利を被っている。

3.3 政治的・代表的

貧しい人々への配慮がある政治は、政治機構における代表の公平性を高め、最も「声」が弱い人々でも、自分たちの生活に影響を与える意思決定に関与で

きる。つまり、自分自身について話すだけではなく、自分自身のために話す能力を高め、民主的プロセスに参加する権利があると承認されるようにすることである (Rosalind Eyben et al. 2008: 14)。ただ、このような政治に至るのは必ずしも容易ではない。なぜなら、社会における権力関係の構造は、政治における貧しい人々の代表を妨げるからである (David Mosse 2007; Eyben et al. 2008: 17)。本調査研究では、貧困当事者が行えた政治的エイジェンシーの行使と見られる内容は特に少ない。ただ、少ないからこそ、構造上の政治的・代表的側面からの制約が強く、だから行使できなかったと考えられる。以下、調査結果と合わせながら具体的に見ていきたい。

　例えば、生活保護の申請に関して、参加者は自分の申請が福祉担当局に拒否されたことに対して、不満ではあるが、自分より明らかに力が強い福祉担当局に対して、やっぱり「無理」と思って、「拒否」を一旦受け止めていた。その後、反貧困組織と相談し再度申請し、当局に承認されて受給できた。「拒否」から「承認」までに1カ月間の時間しか経っておらず、申請者の貧困状況も変わってないのに生活保護を受給できたことから、反貧困組織に入会して助けをもらうことで、貧困当事者は自分のエイジェンシーを個人的なものから集団的なものに変換できたと理解できる。

　また前述のように、本調査を行う際にA市で給付型奨学金の拡充を目指すキャンペーン運動が行われていた。本調査の参加者のうち、このキャンペーンに参加した人は、自分の声を政府や政策策定の関係者に届けたいという考えで参加した。一方、誘われたのに参加しなかった本調査の参加者は、なぜ参加しなかったかについて以下のような話を教えてくれた。

・（キャンペーンの組織側が行った）食糧配給みたいところに連絡先を残したことあって、そこから勧誘はされて、ちょっと断ってました。断った理由とは、なんか、いくら活動してても、やっぱ社会ってなかなか変わるんじゃないんで、そのために今自分が自由に使える時間を失いたくないなって思って、本当に参加していくべきだっていう意識はあるんですけど、うん、バイトない日ゆっくりしたいっていう思いがあって、結局自分のことでいっぱいなんで大丈夫ですっていうので。　　　　　　　（日学男グループ）

ここでの「いくら活動しても、やっぱ社会ってなかなか変わるんじゃないんで」という発言は、参加者のキャンペーンなどの政治活動に対する「無力感」を示していると理解できる。これは、日本人社会人女性グループでの生活保護の申請が拒否された時の参加者と同様に、勢力が大きい社会機構に対して、貧困当事者のエイジェンシーの発揮を弱めていくことが示されている。このように貧困当事者たちの政治的でシチズンシップに関わる〈反抗〉や〈組織化〉というエイジェンシーの発揮への制約がなされていくほど、貧困当事者たちは自分と関わる物事の決定過程に関与ができなくなり、徐々に周辺化されて貧困でない人たちに誤って代表されてしまうこととなっていく。結果的には、社会の周りや他者から自分に対する見方や扱い方などについて、その修正や見直しを呼びかけにくくなってしまう。

4　小　括

　本章ではまず、第1回目の集まりの議論が提示した貧困の7つの側面に沿って、参加者たちが実際に抱えている「心配や困りごと」を整理した。以下はその要約である。
　第1に、「金銭的・物質的」に関すること。お金に関する「心配・困りごと」は最も多かった。そのなかで、「学費・生活費の捻出」や「給料が低い・税金が高い」などの具体的な話題があがった。
　第2に、「制約的」に関すること。議論のなかで上記のお金に関する話とほぼ同等に多くあがったのは「制約された」経験である。具体的には、「自動車免許を学生のうち取りたいけど、その資金の捻出を困っている」と「進学したいけど、現実は就職の方に迫られている」という話題があった。
　第3に、「心理的・感情的・精神的」に関すること。議論に表れた具体的な「心理的・感情的・精神的」の問題は、主にコロナの影響でアルバイトがいつものようにできず収入が急減したこと、または家族や将来に対する心配に起因していた。
　第4に「関係的・階級的」に関すること。これは比較的弱い立場にいる日本

人社会人女性グループと外国人労働者グループで多く議論された。日本人社会人女性グループでは、参加者全員はシングルマザーであり生活保護を受給した経験がある。そこで、参加者は社会の周りからの自分たちに対する厳しさを強く感じていて、「立場の弱い人を取り巻く環境がもっとオープンになれるか」を心配しながら「いち早く保護を切りたい」との意思を示した。そして、こうした社会の周りからの自分たちに対する態度や他者との関係を外国人労働者グループでは「階級的」に捉えていることも見られている。

第5に、「労働的・時間的」に関すること。議論のなかで、参加者たちは貧困を労働的・時間的な意味で捉えていることも見られている。具体的には、本業(学業)を十分にすることができず、アルバイトしなければならないこと、ダブルワークで休みを取れない・子どもとの時間が確保できないなどの話があった。

第6に、「教育的」に関すること。「教育」に関して、主に自分の子どもの入学や習い事などの教育費、そして、自分の奨学金の借り入れと返済について心配されている。

第7に、「健康的」に関すること。参加者たちは、よく「健康的な食事を取れない」「怪我や病気になっても病院に行けない」ことを経験しているため、自分の健康を心配している。

上記のような「心配・困りごと」の整理によって、なぜ参加者たちが前章で述べたような貧困に対する見解や思いを持つのかがさらに明確となってきただけではなく、貧困当事者たちが貧困を経験し対応するなかに具体的にどのようなエイジェンシーを発揮したのか、そうしたエイジェンシーを発揮する際にどのような構造上の制約を受けたのかを検討するための材料も提供されている。

まず、貧困当事者のエイジェンシーに関して、本調査は従来のような貧困当事者の特定のエイジェンシーの形式や課題を検討するのではなく、一つの調査研究の枠でより総合的な貧困当事者のエイジェンシーの全体図を描くために参加型アプローチを用いて調査を行った。そこで、主にLister(=2011)が提示した「貧困状態にある人が行うエイジェンシーの形式」という分析ツールを利用し、貧困当事者のエイジェンシーを〈やりくり〉〈反抗〉〈脱出〉〈組織化〉に分けて具体的に検討することができた。そして、こうした貧困当事者のエイ

4 小　括

ジェンシーを検討する際に、特に意識したのは Lister(=2011: 182-183)が強調した「ロマン主義化・理想化」と「個人主義化」というような考えへの注意を払うことである。

　このような貧困当事者のエイジェンシーについての注意深い検討はまた、貧困当事者がエイジェンシーを行う際に彼らがどのような構造上の制約を受けたのかを見ることを可能にしている。本調査では、主に「物質的・経済的」「社会的・文化的」「政治的・代表的」という3点からその制約を検討することができた。ここで特に強調したいのは、このような貧困の構造上の制約を検討する仕方は——従来のような貧困当事者を貧困の被害者として受動的に貧困に影響されていると描く貧困記述と違い——貧困当事者を積極的なエイジェントと見なすことによって、貧困当事者は制約を受けているなかで、何らかのエイジェンシーを発揮し貧困を対応していることを実証できた。これが「貧困」と「貧困当事者」を改めて理解していくことの助けとなる。

第5章　集まり3──貧困当事者が振り返る調査参加

　本調査の第3回目の集まりでは、参加者たちに調査の結果(これまでの議論をもとに整理した逐語録)を確認し、全体の調査参加についての感想や評価を自由に語ってもらうようにした。そこで、貧困に対する考えが調査参加の当初に比べて変わったところがあればあわせて教えてもらうようにした。調査の結果確認についての説明は既に本書の第2章で述べた。本章では、主に参加者からの調査参加の感想や調査自体に対する評価をもとに、本調査の参加者である貧困当事者にとって、調査参加は何を意味するか、そして今後の継続的な貧困についての参加型の議論や調査の実施に対して何か建設的な意見や提案があるのかに焦点を当て、調査現場での議論のシーンを挙げながら説明していきたい。こうする理由は、主に参加型貧困調査の原則を最大限に堅持し、参加者たちの「参加」を調査結果の確認までにとどめず、調査自体に対する評価をも含めて担保できるようにするためである。これはまた、本調査研究で一貫してきた貧困当事者の主体性と専門知識の尊重の体現でもある。

1　貧困当事者にとっての調査参加の意味

　本調査では参加者たちの調査への「参加」に向けて、一連の調査の手続きの工夫に努めた(第2章)。こうした手続きを踏まえたうえでの調査参加が参加者たちにとって何を意味するかは、「自分の言葉で貧困とはなにかを話せたとともに、貧困に対する認識も深まった」という参加者たちのコメントから理解できる。

1.1 貧困について議論できた

　参加者たちのコメントでは最も多かったのは、自分たちは普段の生活のなかで貧困について議論することがめったにない、普段話せないことを調査参加で話せた、参加してよかったという調査参加の感覚である。そのなかで、今回の調査参加で「心のなかに閉じ込めている、本当に我慢した本音を言えた」、貧困というセンシティブな話であるのに「積極的に堂々と言えた」、さらに「参加型」についてもっとよく理解できたという具体的な話があった。

> A：自分の心のなかにある「声」を言い出したので、気持ちはとてもリラックスできた。こう一緒に座って話し合う機会は素晴らしいことだと思います。
> B：本当に、何回もおしゃべりをして、良かった。私たちの心のなかに閉じ込めている、本当に我慢した本音を言えたので。　　（外労男グループ）

> ・思い出してみると、自分のお金に関することとか、あんまり人にこんなに積極的に話したことがなかったし、それこそこういう話し合いの場で堂々と言えることがすごい私的に珍しくて、だから、「あ、そうなんだ」って思うこととか、そういうラフさっていうか、堅苦しくない場で自分の話ができるっていうので、調査のようにじゃなくて、自分たちにできることがこうやってきたので、すごいよかったと思いました。　（日学女グループ）

> ・やっぱり参加してはじめて、参加型っていうのは、やっぱり先生とかから教わるっていうのとは違うな、やっぱりいいなというふうに思いますね。
> 　　（日学男グループ）

　すでに第3章で明らかにしたように、そもそも貧困にネガティブなイメージを持っており自分が貧困であることを「恥ずかしい」から「隠す」なかで、今回の調査では参加者たちがなぜ上記のような「積極的に堂々と言えた」のかについて、参加者たちのコメントから以下のような理由が考えられる。

1 貧困当事者にとっての調査参加の意味

　一つは、今回の調査では参加者同士は初対面であるからこそ、フィルターを掛けずに「自分だけじゃないんだ」と感じながら普段の周りの人に言えない貧困という辛い話でも「隠すことなく楽しく話ができた」という参加の感覚を持てたことである。

A：私はみんなのいろんな話が聞けて良かったなと思ってね、初対面だけど、ね、こういう場を設けてもらってよかった。具体的ないろんな経験してる人たちが集まって自分たちのことを包み隠さずお話できたっていうのはすごくいい経験ができたなと思います。

B：私も、楽しみながら（カレンダーを見るボディーランゲージをする様子）参加したんです。やっぱり生活保護を受けてるとか、あまり周りの友だちに「生活保護を受けてます」とは言いづらいから、こういう話し合いができた、良かったなと思います。

C：やっぱり、いろんな話を聞けて「あ、うちだけじゃない」、そういうふうに感じられる場がなかなかないから、うん、結構、楽しいなと感じてる。

（日社女グループ）

A：すごい楽しい会話だったかなと思います、3回参加して。全体的にいろいろ話したけど、貧困に関して話すことっていうのは、基本生活の中で絶対ないはずなんで。自分最近ずっと1人暮らしで、周りの人がどういうふうに生活しているのかというのは、まず見えないし、なんか赤裸々に言ったら変だけど、お金でこういうことで困った、住民税がやばかったとか、こういう支払いがきつかったとか、こういうのを話せたのは、すごい、あ、自分だけじゃないんだなって思います。

B：そうですね、調査とかってよりも、感想交流の感じだった。なかなかこうやって貧困っていうテーマで話すこともなかったので、この機会はすごいよかったなと思ってます。知らない人だったので、何をしてるか、どういう仕事してるかも分からない状態で話したら、変なフィルターってないから。

（日社男グループ）

また、「隠すことなく楽しく話ができた」もう一つの理由として、以下の議論から「共通の話題」「共通のアイデンティティや経験があること」が重要であると理解できる。

・率直に楽しかったですね。お金ないっていう話題って、普通の人に話しにくいですよ。ここで共通の話題にして、話しやすいなっていうのがあって、めちゃくちゃ良かったなっていうのはあります。　　　　（日学男グループ）

A：貧困のことを話すみたいなのを聞いて、すごい話しにくいことなのかなって思って、でも自分が話したいから。最初、貧困に対するイメージというところから入ったりとかして、少しずつ体験談とかも出てきたからちょっと話せたかなって思います。

B：1回目の時も話したけど、恥ずかしいから、こう集まって、貧困なので団結とか、みんな声を上げましょうっていうのは、そういう恥ずかしい観点からするとやっぱり難しい。ただ、貧困は実際、奨学金を借りてアルバイトしてその難しさもあって、それが貧困とも関係するので、そういうアイデンティティか、カテゴリーとかで人が集まると割としやすいかもしれない。例えば、今回みたいな、それぞれ関心がある課題とかで、そうするところから貧困を議論するのはしやすかったと思います。

A：それぞれ経験や持っている貧困のイメージは結構違うし、今回のこう絞っていれば、関心ごとによって集まりしやすいね。

C：背景っていうか、アイデンティティが大体一緒な人たちだと、最初はちょっと恐れるっていうか、これ話していいかなみたいなところがありましたが、でも話してみたら、「あ、通じるじゃん」とか、「あ、私もそれ分かる」みたいなのがあって、「一人じゃないんだ」っていう感覚がちょっと心強くなって、話しやすかったり。一方、背景が近いといっても、認識の違いが出てきたりするので、自分と違うけど、でも「あ、自分もそうなる可能性があるな」とかっていうふうに考えられたのはすごい面白い。

1 貧困当事者にとっての調査参加の意味

B：共通点を3つ見つけると親近感が湧きやすくなるみたいな話を聞いたことがあって、私たちは女性、学生、そして奨学金などのお金っていうところでも共通点があったりとか、もう話してるなかで、間違ってる、間違ってないとか、自分の意見ダメだとか、そういう考えとかは全くなく、出てきた感情をそのままバーって言える感じですごい話しやすかったし、楽しかった。
（日学女グループ）

そして、参加者のなかには、以前他の貧困に関するインタビュー調査を受けた経験がある人もいた。これらの参加者は、以前に参加した調査と比較して、今回の調査は「自分の考えで自分に関わることを話すことは話しやすかった」「自分を含むみんなが困っていることを共有したうえで、気にせずに話せた」「いい感じに脱線できる」、そして「強い参加感」と「リラックスできた、インタラクティブである」と評価した。そして、これも調査中に話しがしやすかった一つの理由であると参加者は教えてくれた。

・私は本当にもっと若いときにいろいろ取材や調査されたので、家まで行って、自分が質問されて答えるみたいな形式で、本当に一対一で、まずはどこで生まれたのとか、そういう生い立ちで、なんで離婚したのとか、そういうことを喋って、だから、その聞かれたことに答えるみたいな感じ、とりあえず全部話してみたいな、今回のような自分でこう考えて、思ってることを話すっていう感じではなかった。今回のことは、なんだろう、自分に関わることというか、貧困と子どもたちのことって、割と喋りやすい。
（日社女グループ）

A：自分が困ってることをなんか言わないっていうのが美徳みたいな雰囲気があるじゃないですか。だけど、今回のは、みんな困ってることが分かってるので、そういうことを気にせずに話せたっていうのはとてもいい経験だったし、なんか普通に一対一でインタビューされるよりも、こういう雑談が入るから、こういう4人とかでやったら、その雑談からポロっと面白いな、とてもいいグループディスカッションだったなと思い

ます。
B：いい感じに脱線できるから。話のなかで普通に新しい話題とかに自然に行けるんで、面白かったです。　　　　　　　　　　　（日学男グループ）

A：強い参加感を感じました。一人だけであればどうしても言えることが少なくなる。こうしてみんなの考えをお互いに出し合い、自分が言いたいことをもっと完全に表現できた。これは、インタビュー調査より面白いところだと思います。また、みんなが話をしているうちに思いついたことをすぐにメモして、その場でみんなと議論できる。これが普段のアンケート調査を受けた時にできないことだと思いました。

B：こうしたグループディスカッションの形は、リラックスできるので、もっと自分の考えや見解をアウトプットしたくなり、保留するとか、いい加減にごまかしをするとかがない。私が今言っているのは自分が以前参加した調査と比較した感覚ですね、その聞かれて、答えるみたいなこと。あと、沢山の話をしても、他の人とのインタラクティブな会話上のやり取りがなければ、自分の考えを深掘することができない。例えば、AさんやCさんの多くの話は私に気づきをくれて、もっと話をすることができた。　　　　　　　　　　　　　　　　　（外留男グループ）

なお、上記のような言いにくい貧困についても「話しやすくて」「堂々と」議論できたというコメントのほかに、参加者同士の積極的なエイジェンシーの行使や強い力に感動させられ励まされたことも議論のなかで評価されている。例えば、以下のような「前向きな感じ」「すごく感動を受けて…僕も頑張ろう」「すごく励まされました…やっと勇気を出して…」というような話があった。

・結構、来れてよかったかな、前向きなよい感じです。　　（日社男グループ）

・なんなのかはわからないですけど、すごい感動を受けて、この話ずっと続けたらいいな、もう僕も頑張ろうみたいなのを思いました。

1 貧困当事者にとっての調査参加の意味

(日学男グループ)

・もう終わるんですね。私は皆さんにシェアしたいグッドニュースがあります。私、アルバイトを見つけました。1回目集まった時に、私は「私にとって、貧困は運命である」と言いましたよね、それは私日本に来てからこれまでに、いくつかのアルバイトの面接を受けたけれど、一回も受かったことがなくて、まあ、それは運命なのかなと思いました。ただ、これまで皆さんのいろんな日本での頑張ったことを聞いて、すごく励まされました。なので、私はやっと勇気を出して、もう一度アルバイトを探して、面接にチャレンジしました。この前Dさんが教えてくれたコンビニのアルバイト、先週末に面接を受けて、採用になりました(他の参加者は拍手する様子)。

(外留女グループ)

同様に、日本人社会人女性グループや外国人労働者女性グループでも、自分たちの貧困経験や心配・困りごとを議論すること自体が自分たちにとってはとてもいい経験であり、「つながって縁を感じること」「支えてもらえること」を感じて、「希望を持てる」ように感じているというコメントが出された。

A：こう集まって話し合ったこと、なんていうのかな、希望が持てるというか、貧困っていう言葉でつなげて、縁みたいな感じで思います。
B：やっぱりなかなか友達とかには言いにくい話っていうか、そんなにお付き合いはないけれども、こういう何回か会った人に話せる話ってやっぱりある、同じ境遇だから。その結びつきがやっぱり大事だし、今の自分にとっては、すごく支えてもらえるっていう感じになるのだなと思いましたね。こういうのをやったら、多分もっと参加したいと思ってくれる人っていっぱいいると思う。

(日社女グループ)

・こうしたお喋りの感覚がとても好きで、貧困についての話だけれども、喋ってもプレッシャーも感じない。言いたいことを好きなように言って、本当に楽しかった。また、人はそれぞれで、その考え方は違うところもあ

るので、みんなで話し合うことで、より多くの視点から問題を考えることができたことも、とても勉強になりました。正直に言うと、なぜかわからないけれど、希望が湧いてきたような気が、今、しています。私は、自分の心のなかに思ったことを話すことができました。自分の困っている問題が議論されました。これらの私たちの考えを外に発表し、より多くの人に見られるようにできたら、何等かの変化ができるのかなと思います。すぐにできなくても、少しずつ良い方向に変化していくでしょう。

(外労女グループ)

　上記のように調査参加のなかで参加者たちは「感動」「支えられた」「希望」をより多く感じた。また、それだけではなく、例えば上記の外国人労働者女性グループが語ったように、参加者同士の話を聞くことも勉強になったというコメントもある。こうした互いの貧困に対する考えを聞きながらそれを理解し勉強することはまた参加者の権利意識の喚起につながり、そこからまた貧困の意味をさらに発展させていくことも見受けられた。この点について、次項で説明する。

1.2　貧困認識が深まった

　本書の序章で述べたように、これまでの貧困議論においては貧困当事者がそこでの議論から排除されていることに対して、本調査研究では貧困経験を持っている参加者たちがそうした貧困の議論や調査に参加できるようにした。特にグループディスカッションの形式を取ったことで、参加者の一人だけではなく、同グループの他のメンバーの貧困に対する見解も知ることができる。このような調査環境のなかで、議論を行っていくほど、参加者たちは当事者としての権利意識を持つようになることが見られる。具体的に、以下の外国人労働者男性グループでの議論を見てみよう。

　A：知識を得ることができました。例えば、貧困という言葉について、今まで貧困が一体どういうことなのかをこんなに具体的に考えることがな

かったけれど、今は、貧困は確かに問題だと思っています。というのは、以前、私は貧しいから、それはただの「貧しい」であり、どうしようもないと考えていて。でも、議論を通して、なんで私が貧困でなければならないのか、私は貧困になるべきではないと今思っている。私は今、本当にこれから何をするかを考えなきゃと思って、変化すべきです。貧困であるのは私の個人的な問題ではなく、社会のルールや規則が私をここに閉じ込めたのだと、今はこう考えています。私が日本に来て仕事するのは、確かに自分が来たいから来たのですが、その前提として、既に私たちが来るように、政策自体が設計されていたのです。ただ、あなた(外国人労働者)はただの労働力として来てほしいだけで、あなたが来なければ「○○(Y国)」人がいるし、「○○(Y国)」人が来なければ「○○(Z国)」人もいるから。だから、あなたは重要じゃない、来なくてもいい。だからこそ、その政策があなたに発言権を与えるような設計をしていないのも事実です。

B：そうですね、何回も議論し、感覚が徐々にできている(自分が貧困をよく分析できること)、貧困は確かに問題だなと実感するようになりました。

(外労男グループ)

　以上のように、外国人労働者たちは、一連の議論を通して、最初に「私は貧しいから、それはただの貧しいであり、どうしようもない」との考えから、最後に貧困を問題視し、「何をするかを考えなきゃと思って、変化すべき」と考えるようになった。さらに、そもそも自分はなぜ貧困なのかを問いながら、政策設計の問題や自分たちの「発言権」、また、自分たちが置かれている状況をさらに考えるようになっている。

　また、上記の外国人労働者グループの場合と同様に、他のグループの参加者たちも自分が当事者として福祉を受給する権利があることを認識するようになったことが見られる。例えば、日本人社会人女性グループでは、もともと生活保護に対して、非常にスティグマ感をもっていたが、第3回目の集まりの最後に、そうしたスティグマ感が軽減され、困った時に生活保護を受けることは人間としての権利であるという認識に転換する傾向が見られている。

A：Bさんが言った心のゆとりって考えたら、自分の中でもいろいろ、改めてここまでしなくてもいいのかもしれないって、思うようになった。

調査実施者：ここまでしなくてもいいっていうのは？

A：一生懸命ダブルワークとかをして、どうにかやろうとしてるけど、やっぱり子どもとの時間も全然少なくなるし、自分もかなり疲れは出ちゃうから、なんか、そこまでしなくても、もうちょっとスローペースで、ダブルワークするでも、夜の仕事もうちょっと減らすとか、でもいいのかな。

B：私が思うところは、そんなに、切羽詰まって生活保護を切る必要がないというか、うん、何だろう、使える制度を利用しながら、昼間なり、片方働くとか、働かないっていうのはないけど、生活保護制度っていうのがせっかくあるんだから、それを使えるし、使いながら、うちみたいに昼は働く、夜は子どもたちと過ごすっていうふうにするのもいいよ（Aさんに対して）。

A：本当にそういうこと（福祉受給）に興味がないから、わからないし、そういう思いも本当にないけど、こうやってわかる人がいて横から言ってくれる人がいたら、そういうもんなんだなっていうのは感じるようになった。そんなに保護を受けてるからって、ビクビクってその必要はないかなと思いながら、そんなに生活保護なんか恥ずかしく思う必要がなくなってきたかなって、やっぱりいろいろこう話して、詳しくなってから、まあ、なんというんですかね、それが人間の権利ですかね、困る時に保護を受けるって、まあ、だんだんにわかってるようになった。ただ、どうしても自分が求めているものと、やっぱりちょっとそっちに行くと、縛りがあるとか、そういうのが自分は嫌だから、今はこれで（ダブルワークをして、保護を切ること）いいかな。

B：やっぱり車が大きいですよね。私はそう思うんですけど、車の縛りが一番あれかなって思う（後略）。　　　　　　　　　　　（日社女グループ）

以上のように、参加者Aさんは他の同じく生活保護を受けている参加者たちの議論を受けながら、生活保護が一体どういう制度なのかが分かるように

なった。加えて、特に同グループの参加者Bさんからの生活保護を受給していることに対する思いと自分（Aさん）へのアドバイスを受けて、従来の生活保護を受けていることで「ビクビク」「恥ずかしく思う」ことが軽減され、困った時に生活保護を受けることは人間の権利であるということを認識するようになった。

そして、こうした権利意識が喚起されていくなかで、議論を進めていくほど多くの参加者は自分の貧困に対する認識は当初より深まったと話してくれた。本調査の3回の集まりは主に調査結果の確認であるため、調査参加の当初に比べて貧困に対する認識が変わったと思った参加者に、その場で改めて一言で「貧困の意味」を言ってもらうようにした[1]。

そこで得られた貧困の意味をさらに発展させていくと見られる内容を本節の以下でリストアップする（重複する内容について、簡潔で分かりやすい発言を代表として取り上げる）。

・貧困は比較することによってさらに明白になっていく状態である。
（外労男グループ）
・人生に何かしら困っていたりとか、困りそうだったり、助けがほしいという状態は貧困である。　　　　　　　　　　　　　　（日社女グループ）
・貧困の意味は、心と体が不健康な状態だったり、不自由を感じる時かなと思ってて。　　　　　　　　　　　　　　　　　　（日社男グループ）
・貧困はただお金が足りないだけではなく、自分が生活が不自由で、苦しくて、困ると感じることがあれば貧困である。　　　　（外労男グループ）
・何らかの制約があって、選択の幅が狭まって、物事に優先順位を付けなきゃ、何かを諦めざるを得ない苦しい状況は貧困です。（日学女グループ）
・貧しい状態であるゆえに悩んでいる、あるいは困っていること。困ってい

---

[1] 一方、本調査の約三分の一の参加者は最初の1回目の時に話した貧困の意味とあまり変わっていないとコメントした。考えや認識が変わっていない参加者たちに関しては、彼らは自分の過去の生活でずっと貧困を経験してきており、調査参加よりかなり長い間貧困を考えてきたためすでに完成された貧困理解があるので、調査の初回からの考えを一貫して調査の最後まで持ち続けてきたと解釈できる。

るのに、なんか見えない存在とされやすい、あんまり意見が通ってない。
(日学女グループ)
・社会機構や制度に対して、それを変える力が弱くて、自分の状況が変えられない。　　　　　　　　　　　　　　　　　　　　　(外留男グループ)
・自分で幸せを得られない状況のことです。　　　　　(日学女グループ)
・貧困は他人が想像しづらいものだ。　　　　　　　　(日学男グループ)
・言葉を通して話し合わないと理解してくれないこと。　(日社女グループ)
・ただの衣食住だけではなく、生活に必要なもの、時間・心の余裕なども手に入れられず、困っており、適切な制度や助けによって改善できる可能性があるもの。　　　　　　　　　　　　　　　　　　(日社男グループ)
・人の権利の侵害である。　　　　　　　　　　　　　(日学女グループ)
・人間の自由と発展の権利が制限されたこと。　　　　(外労女グループ)
・積極的に頑張っていく原動力である。貧困だから、抜け出すためにもっと努力し自分の生活を改善していきたくなるので、一つの駆動力でもある。
(外留女グループ)

以上の内容は明らかに第1回目の集まりの時に話した貧困の意味より深まっており、貧困の意味が発展されたことを示している。例えば、第1回目の集まりの時に「貧困」を「人間の自由や権利の侵害」として直接に意味する発言は少なかったが、第3回目の集まりの際にそうした内容が多く表れている。このような貧困に対する理解や認識の変化は集まりごとで変わっていくだけではなく、会話が行われる最中にも変化が表れている。例えば、上記の外国人労働者女性グループで話された「人間の自由と発展の権利が制限されたこと」に関して、その時にどのような議論の様子であったかを見てみよう。

A：私は、変わったけど、まだ言葉でよく表現できないです、もう少し考えます、あなたたち先に(B、C、Dのほうを向いて)。
B：1回目の最初に「貧困の意味」を議論した時に、私たちは「お金がない、お金がない、お金がない」ということばかり言いましたね。実は、お金だけではなく、精神的に幸せを感じるかどうか、生活上で自由(束縛

や障害のないこと)であるかどうかも、貧困の意味に含まれると今は思います。例えば、「○○(雇用主)」はあなたに対して、人としての人格上の信頼があるかどうか。なぜかというと、実際に働いているとき、「○○(雇用主)」が後ろから覗くことがよくあります。

C：(Bに対して)そんなことはよくあるでしょう。私は以前一時帰国で空港までの道でも彼らにずっと付いてこられた、私の逃げることを心配しているから。彼らはいつも私に「あなたは自由です」と言いますが、それは自由ではないです。私も普通の人のように、自由に移動や新しい仕事にチャレンジしたいです。ただ、私は日本ではそれができないです。私が知っていることが少ない、情報も少ないです。私は私の意志と自由が制限されていると感じていて、私は能力を発揮できないです。私は人間として、誰よりも劣っているわけではないです。ただ、今の状況では、自分は何かが欠けているように感じさせられています。私はこれが貧困だと思います。

D：要は「貧困はお金と精神的の両方面」ですね。私たちは、前、言ったのは「貧困はお金が足りない」それだけ、"文化"がないから(教育の程度が低い)。

A：さっき、話さなかったのですが、それは自分が思ったのは本当にそうなのか(正しいか)が分からなくて、黙りました。でも、みんながここまで言っているから、特にCさんが言ったことはとても共感できて、私は、その感覚は、自分が人としての生存や発展していくための権利が、まあ、なんかうまく言えないが、でも何かがあって、それで、権利が制限されていると感じています。こう言ってもいいよね(みんなに目を向いて、確認している様子。みんなは、「うん」と言いながら頷いている)。であれば、私が今思った貧困とは人間の自由と発展の権利が制限されたことである。

(外労女グループ)

上記の議論を見ると、貧困の意味を「金銭」から「権利」までに発展させられたことには次の原因が考えられる。まず、全体の議論は3回に分けて行ったので、参加者たちは徐々に参加型の議論や調査に親しんで、自分の意見を皆の

前で発表したり、自分の観点や発言を説明したりすることに慣れていった。そして、調査自体をグループディスカッションで行ったことでさらに「参加」を機能させて、インタラクティブな議論ができた。参加者は議論のなかで互いを支持し、多くの話題に対して、同じような経験や思いを持つ人は一人だけではなく、自分が言っていることと同様に思う他の人もいることで、自分が認められている・尊重されている感覚が会話のなかで容易に生じる。そのため、参加者は本音をもっと話したくなっていく。さらに、議論のなかで、参加者の誰かが既に何らかの考えがあるが、それが正しいかどうかは分からなくて、ただ、皆の議論のなかで自分の考えが確認できたことによって、参加者は自分の考えは特殊ではなく、他の自分と同じような考えを持っている人もいると感じることができる。これらの一連のプロセスを経てから、本節の最初に紹介した参加者の「参加の感覚」、そして、以上のような参加者の意思表明の自信も増すようになって、制約を受けずに自分の意見を言えるようになった。

　なお、以上で紹介したような参加者たちは「参加の感覚」や貧困認識の深まりについて多くコメントした以外に、以下のような話も一部の参加者からあがった。

- 僕は、今回のこの4人で貧困を議論して、この4人は変わった気はするんですね、これをやったことで貧困に対する意識っていうのは変わった気がするんです。なんか自分が当事者として発表する場になって、初めて当事者意識というか、そういうのが住み着いたと思ったんです。参加することで、自分が当事者でこういうことを話したなっていうような意識付けができたというふうに思っているので、こういう機会を他の学生とか、困っている多くの人たちにあれば、自ずと徐々に近づいて、そういう貧困に対しての意識、自分のなかでももちろん、そして社会全体にも影響し、その全体の意識が変わっていくのではないかなというふうに思います。

（日学男グループ）

　この発言が示している通り、参加者は今回の調査参加を通して、「貧困に対する意識は変わった、当事者意識が住み着いた」ことを評価するが、もっと意

味があるのはいかに参加の機会を作り出して、より多くの人々を包摂していくか、ということだと提言した。このような貧困議論の主体、そして、貧困議論をどのように行っていくべきか、つまり、貧困議論の「だれ」と「いかに」に関する内容は、本調査の最後の部分にて調査全体に対するコメントをしてもらうところに多く表れている。これらの内容は次節にて詳述していきたい。

2 貧困当事者からの調査に対する改善提案

　前節の最後に紹介したように、参加者たちはこのような参加型の貧困の議論や調査を継続的に行っていくことで社会全体の貧困に対する関心や理解が変わっていくことを期待している。こうした期待のなかで、参加者たちは今回の調査参加の経験を踏まえて、今後の継続的な調査実施に向けて、多くの改善提案や建設的な意見を検討してくれた。そこでの内容は主に、「だれ」が貧困議論の主体となるべきか、「いかに」貧困を議論していくべきかという2つに分けられる。本節の以下では、その内容について紹介していきたい。

2.1 「だれ」が貧困議論の主体となるべきか

　まず、貧困議論における主体についての検討である。参加者たちは今後参加型貧困調査を行っていく際に、そこでの参加の主体は貧困経験を持つ貧困当事者であるべきだと最も主張した。例えば、日本人社会人男性グループでは、自分たちは貧困経験をしてきたから議論がよくできたことに対して、もし全く貧困経験がない人を参加の主体とすればその結果が変わるのではないかとコメントしている。

・今回集まった4人は喋れる人じゃないですか。自分の意見をこうだとか、人の意見を聞いて、すぐに反射で喋れるような人達だったと思うんです。みんなはそういう貧困とかって何かしらと見えていて、経験とかがあるからパッと出しやすかったので、逆に全然貧困経験がなさそうな人でやると、

結果変わってきそうだな。　　　　　　　　　　　　　　（日社男グループ）

そして、ここでの「貧困経験がある人々」について、さらに具体的に議論された内容もある。例えば、日本人学生男性グループでは、自分のグループが貧困経験がある大学生男性だけで組まれたことに対して、性別、職業、年齢などの違う立場にいる人を一つのグループに入れて、議論することによって、そこでの「化学反応」はどうなるのかに関心を持っているというような話があった。

A：今回、貧困経験がある大学生男性っていうので作られてね、その進んで話しやすいなっていうのはあったんですけど、ちょっと立場の違う人とも話してみたいな。

B：確かに、何かカテゴリーの違う人というか、今って、結局、大学生かつ男性じゃないですか。これのメリットはストレスフリーで摩擦が少ない議論ってことだと思うんです。逆に性別、職業、年齢とかのカテゴリーの違う人と話すと、また何か化学反応とか、多分新しい意見とかは出るんじゃないかなと思ってます。　　　　　　　　　　（日学男グループ）

上記の日本人学生男性グループでのコメントと同様に、他のグループのそれぞれにおいても類似した話があった。例えば、以下の日本人社会人女性グループでは、シングルマザーだけではなく、ひとり親という視点でシングルファザーも入れて議論すると違う発見が出てくるのではとの話があった。

・シングルマザーにだけスポットが当たりがちだけど、結構今シングルファザーの人も多いみたいで、シングルファザーの人の方がもっと世間的に冷たい感じにさらされたりとかするみたいなんで、やっぱそういう人たちともみんなで話したりしたいなと思いました。シングルファザーの人とのこういう場もあるといいかもしれないですね。男の人の方が恥ずかしいというか、1人で抱え込む部分が多いと思うんですね。だから男の人同士で話し合って、その後に男女混合で話し合って、また違う発見、女の人のメンバーだけで話し合うのとは違う視点で、ひとり親のことを見れるかなって

2　貧困当事者からの調査に対する改善提案

思いました。　　　　　　　　　　　　　　　　　　（日社女グループ）

　同様に、他のグループでは、社会人や学生以外に、小中高の児童・生徒たちが自分と他の子との違いなどのような話も聞きたい、それで「考えが広がりそう」との話があった。

・小、中、そして高校生はどう思ってるかなって興味があって、下の世代ほど多分もっと考えたことがない話題あるのかな、それで考えが広がりそうなって私はちょっと思った。　　　　　　　　　　　　　（日学女グループ）

A：なんかもっと学生とかに聞いても面白そうですけどね。今回社会人だったから。中学生や高校生とか、聞く機会があれば、気になった。
B：家に金ないなと、小学校高学年ぐらいだったら、他の子と違うみたいなのを感じるから、同じような内容やってみても面白そうだな。

（日社男グループ）

　子どもの話を聞きたいということは日本人社会人女性グループでも言及された。母親たちは、子どもが自分の家の貧困のこと、両親が離婚したことなどを子ども自身がどのように見ているのか、そこで、親である大人が考えたことと違うかについて、強い関心を示している。

A：この3回で議論してきた貧困、初回も話したけど、貧困という言葉によって、すごく重苦しいものに感じる。
B：そうですよね、なんか大人の言葉ですね、子どもたちわからないだろうな。子どもたちが自分たちのことをどう捉えてるか。
A：そうですよね。特にある程度大きくなって、いろいろ善し悪しがわかるところになってくるので、子どもたちにも貧困をどういうふう見っているのかを研究したらいいのかな。ひとり親世帯、子どもたちとお母さんないしお父さんとセットで話をする場っていうのはあると面白いかもしれないね。

B：そう、面白いかもしれないね、私が小さい時だと、もう自分の家は貧乏だと分かってたから、お母さんとその家族でご飯食べに行っても、なんとなく値段を見て、安いものを選んだりとか、そういう考えがちょっと出てきてるけど、今の子どもたちだとしたら、ずいぶん食べたいものをバッと言ったりとか、自分の家のことをどう捉えてるのかなっていうのを気になりますよね。

A：うちの子はまだ小さいけど、その子がある程度6歳7歳とかになってきて、いろいろわかってくる頃になったら、「どうしてお父さんいないんだろう」って絶対なると思うんですよね、そのときにどういうふうに答えるべきかっていうのは、日々やっぱり模索することであるし、本人たちもお母さんとそういう話をちょっと遠慮してる子とかいると思うんですよね、お金の話、お父さんの話とかっていうのって、お母さんに、ちょっとできないなと思ってる子とか絶対いると思うんで、そういう子たちとお母さんたちを今日は好きなことを言っていいよっていうふうにして、話し合える場があると、そのひとり親のお母さんたちにも、良い影響があるっていうか、子どもに普段聞けないことを聞いて聞かせてもらったりとか、自分たちも普段伝えられないことを伝えたりとかできてすごく面白い、いろんなことに発展していけるような場になるじゃないかなと思います。

B：子どもが思ってる貧困の内容と、私たちが思ってる貧困の内容は違うかもしれないし。

（日社女グループ）

　以上の議論で示されている通り、シングルマザーである参加者たちからは、「シングルマザー」に限定せずに、「ひとり親」であるシングルファザー、そして、子どもを含めて、包括的な視点から貧困を含む議論をさらに行いたいとの考えがあがった。そうすることによって、「参加」の場は単純に調査を行う場所ではなく、「いろんなことに発展していけるような場」になることを期待しているという参加者たちの意見が表明されている。

　また、議論をしていくなかで、貧困議論におけるその主体は「だれ」であるべきかだけではなく、他の貧困議論のエイジェントとの関係についても一部の

2 貧困当事者からの調査に対する改善提案

グループでは言及された。例えば、以下の日本人学生女性グループでは、貧困経験がある人々が貧困議論の主体となるべきと主張しながら、政治家や専門家へ期待することも表明した。

> A：私たちがこう言った、こういう話あるのに政治家の人、私たちの話を聞いてもらって、そういうのはすごく面白くなるかなと思ってね。今まで、政治家の人の話をみんなで聞いてみようというイベントはよくあるんですけど、その逆は私知らない。それこそ、選挙会のところに行けば、本人がいれば、その人の話を聞けるけど、あくまでメインが政治家なんで。なんか、私たちがメインなので、その政治家が私たちの話を聞いてもらうべきじゃない？　かつ、私たち自身が聞きたいことを、その政治家がその場にいるから、聞いてみるみたいなのすごい面白いなって思った。
> （日学女グループ）

ただ、Aさんは政治家に来てもらうようにすることが、また一部の参加者にとって参加の障壁となる可能性も言及した。

> A：（上記の続き）ただ、私たちはこういう内容で話してて、聞いてもらいたいみたいなのが、ある程度具体的に分かってるけど、新しく人募集しますよってなった時に、「え？　政治家来るんだったら、難しそう」って、なっちゃって、結局本来の意図するところとは変わっちゃう可能性が結構高いなって思った。
> （日学女グループ）

上記のAさんが心配するような「自分は専門知識がないので、政治家の前で正しく言えるか」という点は、日本人学生女性グループだけではなく、ほとんどのグループも言及した。この疑問に対して、上記のAさんと同グループの他の参加者は、そうした場合に専門家も議論に入れることを提案した。自分たちが議論の主体となって、「専門の言葉」や「政治のプロセス」などの分からないことがあった時に、専門家に確認や助言をもらうようにすることをコメントした。

B：(上記[A]の続き)例えば、私たちはメインの参加者として、また、専門家の人を招いて、難しいと感じる時に、例えば言葉の意味とか、政治のなんとかのプロセスとかについて、助言してくれたら、議論が活発に、中身も具体的になるのかなって思います。　　　　　　（日学女グループ）

　以上のように、参加者たちは、従来のような政治家や専門家が貧困議論を主導するのではなく、貧困当事者を貧困議論の主体にして、政治家の話を聞きに行くのではなく、政治家が貧困当事者の話を聞きに来るようにするという考えを表した。また、その際に専門家には貧困当事者の代弁者となるのではなく、貧困当事者たちが自分たちの「声」を出すための助けとなる役割が期待されている。

　なお、ここでの日本人学生女性グループでの議論から示されたように、貧困議論の主体について議論しているうちに、そこでの議論の内容はまた自然に「いかに」そうした主体の参加を保障していくのか、そして、主体の参加を保障したうえでこれからの貧困議論をどのように行っていくべきかというような方向に展開していくことが見られる。このような内容は他のグループでも多く見られている。本節の以下では、こうした内容について紹介していきたい。

2.2　「いかに」貧困を議論していくべきか

　上述のように、貧困議論の「だれ」を検討していくなかで、貧困議論の「いかに」にも言及してきた。こうした議論のなかで言及された「いかに」と関連する内容は主に2つの部分に分けることができる。

　第1の部分は、前述の「だれ」に関する議論が示したような既に参加すべきと考えられた主体はいかに「真の参加」ができるか、つまりその「参加」をいかに保障できるかに関することである。ここで述べられたのは、主に参加者たちが考えた「参加」を保障するための重要なポイントである。そのなかには、今回の調査にとっての改善点と考えられる内容も含まれている。また、本書の第1章で紹介した先行研究から示された知見である情報伝達、コストや時間などの環境整備の重要性が本調査では参加者たちによって改めて強調された。そ

れ以外に、もちろん参加者たちが実際に調査参加してから得られた新たな知見もあり、先行研究への補足となる内容が見られている。その内容を、主に以下の9点に整理できる。

①出発点。「参加」にとって、まず参加者たちが共通・共有する出発点——「貧困」について議論したい・話したいということ——は重要な前提条件であり、よいスタートにつながる。

・私たちの共通の出発点、つまり、私たち皆が貧困について話したいということ、これは共通の貧困経験よりも重要だと思います。この出発点があるからこそ、良いスタートができた。　　　　　　　　　　　　　（外留男グループ）

②組織。「参加」を成していくには、参加者をサポートしながら人々を組織すること（包摂や拡大を図ることであり、一方的なリーダーシップのような関係ではない）が必要である。

・貧困はただ生活していけないだけではなく、多くの場合は無理に維持することである。貧しい人々は、社会や行政に何かをしてほしいといった議論をすることというより、何かを諦めたこと、あるいは現状を維持し懸命に生きることが日々の現実には多かった。（社会や政府から何かをしてくれることを）望んでいるが、自分たちが（政府や行政側に）気にされているとは思わない。組織する人や組織がなければ、貧困当事者が自発的に貧困問題について議論や話し合いをし、それを外に公表したり、政府に伝えたりすることは困難である。　　　　　　　　　　　　　　　　　　（外労男グループ）

③謝礼。参加のために交通費や時間などのコストを参加者に負わせてはならず、円滑な「参加」に至るために、交通費を含めた謝礼の事前渡しが必要と指摘された。

・僕、これがなかったら（謝礼）、多分来れなかった、参加してなかったと思うんです。報酬がないと参加できないっていうのは、ちょっともったいな

いなというふうに思いますね、時間とか。これに参加すると何かしらのメリットがあるっていうことが最初から分からないと難しいと思うんです。
（日学男グループ）

・参加するには、交通費すらも出す余裕もないかもしれないし、そうした場合は最初からもう行かないとするかもしれない。　（外留男グループ）

④ウォームアップ。調査開始の時点で、参加者たちがお互いをよく知り合えるように、時間をかけた自己紹介やゲームなどを行い、「参加」の場を温めることで、スムーズな議論につながる。一方、できる限り参加者に負担を掛けないように、バランスがよく取れた時間配分も配慮しなければならない。

・もうちょっと、1人ずつの自己紹介の時間があったらいいかな、さらっと名前だけじゃなくて、しっかり時間を取って、子どもがいますとか、皆さんのことを知ってから話ししやすいかなと思います。　（日社女グループ）

・一回目関係性づくりっていうか、一緒にゲームしたり、ただ自己紹介する回があってもいいのかなって思いました。ただ、参加者も結構忙しいし、一回が増えるとちょっと負担が多くなっちゃうかもしれないとも思いました。
（日学女グループ）

⑤簡単な内容から始めること。参加者たちの身近な話から議論をはじめると、より話しやすい。そこからまた多くのことも考えられて、話も進みやすくなる。

・1回目の温まってないときに難しい言葉、内容をみんなで話し合うというよりも、1回目のときにちょっと砕けた感じの話題から始まって、最後は貧困とは何かにした方が考えられると思う。考えられるし、みんな柔らかくなって、多分こうじゃない、そうじゃないとかをもっと言える。
（日社女グループ）

⑥環境作り。「参加」の場で参加者たちに自由に話してもらうのは参加の基本原則であるが、全体の進行と関わる話題ごとの時間配分、そして、参加者たちが安心して話ができるようにグループ内での参加人数などの「参加」に関する環境設定がとりわけ重要である。

・今回話してるなかで、結構時間大丈夫かを心配してた。時間を明確にして、このぐらいの時間までこういうこと議論っていうことをしてもらえたら、時間の余りが分かったら、もっと話したいことあったらもっと深めたりとかもできたかなと思った。あとは、人数も私結構意識するので、4人が限界で、なんか8人とかなったら、絶対に、私喋らない側の人間、だから、できるだけ話しやすいっていうような環境を作ってくれるのがすごくありがたかったと思ってました。　　　　　　　　　　　　　　　（日学女グループ）

⑦徹底的な情報伝達。「参加」の情報をいかに潜在的な参加者たちに届けるかはもちろん大事であるが、それ以外に参加者たちに専門知識がなくて雑談でも大丈夫であることを事前に伝えることも大事である。

・私が今回参加するにあたって感じたのは、最初になんか専門、まあ、基本的知識は要るのかなっていう不安があったので、今後、こういう議論やりますよっていうふうに伝える時に、本当に自由にこういう話を最初に雑談の形で話すよっていうのをはっきりで伝えるっていうのが大事かなと思います。　　　　　　　　　　　　　　　　　　　　　　　（日学女グループ）

⑧調査連絡の手段。プライバシーの保護を考慮し、参加者を安心させるために参加者と調査実施者との間での多様な連絡手段を設けることは必要である。

A：僕メールで多分「〇〇さん（調査実施者）」にわざわざ参加したいですってメールしたと思うんですけど、メールでわざわざやるのは、まあ、僕はこれに興味があったので全然やったんですけど、普通の人だったらちょっと面倒くさいなと思う。僕「〇〇」に張り紙があったのは後から

知ったんですけど、ライン、電話などがあるのは知らなかった、(携帯を指しながら)このメールアドレスだけしか知らなかったんです。

B：確かにそうです。メールするのは結構緊張したんで、でも、結局メールでしたのは、僕ライン持っているけど、なんかすごい携帯と紐付けられてる感じがするんで、知らない人とちょっとあんまり交換したくないね。グーグルフォームとかで、そういうサービスなんかもっとやりやすいサービスがあったら。 (日学男グループ)

⑨尊重(リスペクト)。尊重・真剣に対応されることが「参加」にとって不可欠な要素である。「参加」の場で自分たちが本当に尊重されて真剣に対応されるか、自分のことを理解してくれるかが参加者に大きく影響し、そうでなければ、安心が感じられず、参加する意味もあるとは思わないので、意見表明する意欲もなくなる。

A：今、選挙が行われているんじゃないですか、それ、実際に誰がなっても同じでしょう、興味なくなっちゃうんだよね。声が届かないし、あげても無駄なんでしょうと思う、諦めるんですね。まあ、本当に聞いてくれるんだったら、参加したいですね。そうじゃないと、時間の無駄だし、ね。(他の参加者に確認する様子)。

B：何のために来ているのっていう感じになるよね。

A：そう、聞いてますって？　多分喧嘩になっちゃうと思う。すごく分かるよね、聞く気がないんだなこの人、そういうのに敏感になっちゃうから、特に、今だってそうでしょう、大事な話を真剣に聞いてくれる人の方が少ないからね。 (日社女グループ)

・みんな大体同じような経験をしているので、何を言っても分かってもらえる気がします。でも、他の場合であれば、私は何も言いたくない、言う必要がない、言っても理解をもらえないかもしれないから、意味がない。

(外労女グループ)

2　貧困当事者からの調査に対する改善提案

　第2の部分は、これからの貧困に関する参加型の議論や調査の方向性と課題を提示し、それに向かっていかにこうした議論や調査を発展していくかに関することである。議論のなかで、いかに「参加」をよりよく保障できるかだけではなく、これから参加型貧困調査を継続的に行っていくうえでどのような方向に向かって、いかなる課題があるのか、そしていかに調査を発展していくのかも提示されている。これらの内容は大まかに分けて、以下の3点にまとめられる。

　第1に、今後、諸貧困問題の解決に向けての「脱貧困」についても議論すべきであり、いかに貧困から抜け出すかを議論していくべきという提案があった。

・貧困に関して、私前はずっと隠して、できるだけ誰にも自分が貧困であることが分からないようにしていたので、心を開いて人と話せなかった。でも、今回のように、こう座って皆と一緒に喋って、考えを共有することで、少しずつ自己分析し、そして、人の考えも聞くことができたので、基本的に有益だったと思います。(前の自分が)話をすることも避けていたのに、今こう話し合って、考えて、皆の意見や考えを聞いて、新しい理解を形成していくことができたので、これ自体はとても意味がある進化していくプロセスだと思います。私が今考えているのは、私たちは、今回のことをもとに、これからどのように脱貧困できるかをテーマにして、さらに継続的に議論していくべきです。これは前向きなとても良い方向性と課題だと思います。　　　　　　　　　　　　　　　　　　　　(外留女グループ)

　第2に、貧困当事者たちの貧困議論を「政治」へと反映することである。参加者たちは貧困について議論した内容を政治家や行政側に伝えるべきだと考えていた。

・結局どれだけ騒いだところで、政治家の耳に入らなければ世の中は変わらないので、立法行政を担っているのは政府ですので、政府に届けるにはどうすればいいかっていうと、有権者に届けるのがいいという感じになります。　　　　　　　　　　　　　　　　　　　　　　　　　　　(日学男グループ)

・政治的な話とか、援助支援金とかの話も出てたじゃないですか。そういう制度を変えて欲しいっていうところで、意見というか、やっぱり、行政だったり、国だったりに、若者、特にこういうグループごとに人たちが、こういう意見を持ってますよっていうことを、それこそ、こういう書面にしてもいいし（逐語録を指しながら）、見せるだろうというか、うん、持っていけたら。もしかしたら、新しい何か貧困問題の解決に役立つ政策ができるかもしれない。　　　　　　　　　　　　　　　　　　　　（日社男グループ）

　上記のような、政治に反映したいということは多くのグループで熱く議論された。なぜ、多数の参加者がそう思ったのかについて、少し補足したい。参加者たちの発言を見ると、最も大きな原因としては、参加者たちは自分たちの声を政治家が聞いていると思わないからである。
　例えば、日本人社会人女性グループでは、「国民の声を聴く」というのはあくまで政治家たちの「キャッチフレーズ」であり、実際には「聞く耳を持っていない」と思っている。

・うちらの声が届いていないと思う。国は、うん、聞いてないだろう。そのなんか弱い声を聞く力とか、小さな声を聞く力とかをキャッチフレーズにしている政党もあるけど、いやいやいや、すごい追い返され方したこととかあるから、「生活保護とかの制度をよくしてください」という話をしに行った時に、「生活保護なんて、ご飯食べて、屋根あるんだから、いいじゃん」みたいなこと言われたりとかするから、そういう人たちが議員でしょう、国民の代表でやってて、聞く耳持ってないんだろうなと思ってる。
　　　　　　　　　　　　　　　　　　　　　　　　　（日社女グループ）

　同様に、日本人学生女性グループでは、政治家たちが実際に貧困を経験したことがない、国会の答弁や行政側のホームページで載せている内容も抽象的であり、だからこそ貧困当事者たちの「声」を政治家に聞いてもらう必要があると話しながら、政治家は自分たち（貧困当事者）の声を本当に聞きたいのかについて疑問を持っていると述べている。

A：国会の答弁みたいなNHKとかやってたのを見てても、同じようなことを、なんか抽象的な、大枠みたいなのをぼやっと答えて終わって、もしそこに私たちが行ったとしたら、絶対すごい具体的に、こう「ああああ！（戦う姿勢）」になるのかなと思いまして。なんとか省のホームページ見ても抽象的で、なんか具体的な内容が全然書かれてないから改善されないのかなって思うことはありました。

B：やっぱり経験してたりしないと分からないと思うし、まあ、でも全部経験することできないから。やっぱり、声を聴かないといけないけど。なかなか、こういう声って、私たちも届けようとする努力もしてこなかったし、うん、政治家の人も本当に聞きたいと思ってるのかな、ちょっと疑問。

（日学女グループ）

第3に、事実上の民主的な貧困議論に参加する資格を付与するように要求すること。外国人労働者グループでは、クレームを申し立てる権利が本当に承認されているのかが集中的に議論された。そこで、外国人労働者たちは、自分たちがメンバーとして貧困議論に参加する資格が付与されているとは思わない、自分たちが日本の「政治」に対して貧困問題に関するクレームを申し立てる可能性を感じていないことが示されている。

A：何かを決める時に、「〇〇（管理先）」と「〇〇（雇用側）」が先に話し、全て決めたでしょう。私たちが話し合いに呼ばれたことは全くない、決めたことを通知されるだけです。「来年どうする」みたいな時にも、彼らが先に決めて、その後（「〇〇（雇用側）」が）残してほしい人だけ残す。逆に、私らから何か言いたいことがあっても、聞いてくれない、「〇〇（管理人）」に言っても、（管理人が労働者の）話を選択して、一部しか通訳しなかったり伝えなかったりする。

B：（同じ雇用側での）先輩が「〇〇（管理人）」に、これ言っちゃダメ、それ言っちゃダメといろいろ言われた。「〇〇（管理人）」に教えられた通りに言わなければいけない、事実を言ったら、すぐ国に帰らされる、もうここはあなたを雇用しないようにする。私たちは「〇〇（数字）」万（の

手続き費)を掛けて来たので、今、手に入ったのは何もない、だから仕事がなくなることを非常に恐れています。

C：この前、先輩の一人が、日本語はうまくできるので、「〇〇(管理先)」と交渉に行ったんですよ。そこで「〇〇(管理先)」に「あなたが何を言っているのか聞きたくない、すぐ帰れ」と言い返された。そこから、数日後にはもう彼は国に帰らされた。 　　　　　　　(外労女グループ)

A：日本は労働力が不足しているから、外国人に働いてもらうようにしているので、彼らはあなたたちが尊重されるべきとは思っていない。彼らは、あなたたち「〇〇(X国)」人があまり使えないと感じたら、また「〇〇(Y国)」人を呼ぶ。問題が起こった時に、彼らは問題が出るところを「直す」必要があるとは考えていない、彼らはあなたたちが問題を言うのであれば、あなたたちを替えればいいからと考えている。

B：日本政府には何か普通の人々が声を出すルートがきっとあると思うけど、私たちにとってあまりに遠い存在なので、話をしようとしても届かないでしょう、そっちとつながれない。

C：私たちはそんな声をあげる資格がないでしょう、意見を言う番があなたたち(外国人労働者)には回ってこない。プライベートでしか言えない、彼ら(政府や政治家)はあなたたち(外国人労働者)と全く関係がない(ようにしている)。何か言えば必ず反論されるので、例えば、保険料が高いと言えば、「決まったルールだから」と言い返され、それで終わり。不合理が沢山あるが、彼らは気にしない、彼らはあなたたち底辺にいる人々の立場から考えようともしない、特に私たち外国人に対してね。

　　　　　　　　　　　　　　　　　　　　　　　　(外労男グループ)

上記に対して、参加者たちは「声」を出す難しさを述べながら、声を出す大事さと意欲を強く示している。

A：だからね、私たちはもっと多くの「〇〇(自分と同じ業種の人)」に一緒に声を出してほしいですよ。でも、それは相当多くの人々が参加する必

要がありますね。一定の人数に達して、集団的に私たちの声を外に伝えてはじめて、ようやく問題が重視されるようになると思います。
B：一人が話をするより、沢山の人が一緒にこの話をすると、きっと聞いてくれるので、給料はアップしてくれなくても、食事や住む環境などの待遇は多少改善してくれると思います。
A：どんな考えや意見でも社会に反映すべきです。反映したら、必ず何か変化が起きるわけではないけど、何も言わないと変化の可能性すらない。同じ問題が繰り返し提起されて、絶対にいつか「上（政府）」に重視される。誰も、何の声も出さないのであれば、あなたをちゃんとした扱いにしないでしょう。
(外労男グループ)

　以上のように、声を出すのは難しいとわかっている一方で、自分たちの声を出す意味も認識しているため、外国人労働者たちは今回の調査に対して、研究者に代弁してもらうというよりは、研究者の力を借りて自分たちの「声」をそのままで発信したいと考えている。

A：(上記の続き)あなた(調査実施者)が帰って、この調査を公表して、そうすると社会が少し変わるかもしれない。私たちは専門家のプロの分析は要らない、これまでの数日間にここで議論した真実の内容をそのまま公開するだけでいいです。政府の専門家はただ貧困を想像し、何か政策を考えなければならないとしているに過ぎない。彼らがお金持ちの人々と貧しい人たちの収入を計算式に入れて、ある数値を出して「ほら、これが貧困ラインです」として、社会の中で何人が貧困である、何人が貧困でないと主張するように言っています。でも、なぜ、実際に貧困についてどのように考えているのかを私たちに聞いてみないの？
(外労男グループ)

　以上のように、多くの外国人労働者は、「参加」の資格が拒否されていると感じている。「参加」に呼ばれていない、何か言いたいことがあっても、言えない、聞いてくれないと感じている。さらに、第４章でも述べたように、来日

の際の手続きで多額の費用がかかったので、普通の日本人のように容易に仕事を辞めることができない状況であり、不満があっても、声を出せずに我慢するしかない。このような状況は、参加者たちが自分の声を出して、貧困を議論する発言権を求めていること、そして、もともとのレベルで「貧困当事者であるというメンバー資格があるかないか」の間の線引きをどのように引くべきかが問われていることを示していると考えられる。

3　小　括

　本章は、本調査の参加者である貧困当事者の調査参加に対する振り返りを中心に整理した。そこで、主に調査への参加は参加者にとって何を意味するか、そして調査参加を通して、今後の調査実施に向けて参加者からはどのような改善提案があるのかについて説明した。こうすることは、本調査の実施とそれによって得られた貧困理解の妥当性を調査参加者である貧困当事者の視点から検証することができたと同時に、今後に生かせる新たな知識の生産にも寄与している。

　まず、本研究は参加型貧困調査を通じてこれまで貧困の議論や調査から排除されてきた貧困当事者をそこに参加できるようにした。そこで、参加者たちは今回の調査参加に対して以下のような積極的な調査参加の感覚を持てたことを評価してくれた。

　第1に、自分の言葉で「貧困とはなにか」を議論できたことである。本調査では、類似の貧困経験がある参加者たちを一つのグループに組んだことや参加者たちの関心事を議論の話題としたことなど、参加者の調査への「参加」を担保するような工夫をしたため、参加者たちは「いい感じに脱線できる」「強い参加感」「インタラクティブである」というような参加の感覚を教えてくれた。それで、参加者たちは初対面ではあるが、互いに分からない状態から変なフィルターを掛けずに、「貧困」という言いにくいセンシティブなことでも、「自由に／積極的に／堂々と／隠すことなく楽しく」話せたと評価している。

　第2に、互いに理解・勉強し合って励ましを得られたことである。参加者同

3 小 括

士は集まって実際の日々の生活のなかで自分たちが心配して困っていることを議論することによって、互いの貧困経験とその対応を理解し勉強することができた。それで、参加者は自分ひとりだけではないことがわかって、参加者同士の積極的なエイジェンシーの行使や強い生きる力に感動し、「希望を持てること」「つながって縁を感じること」「支えてもらえること」などを述べつつ、励ましを得られたと評価している。

　そして、本調査は、参加者の調査への「参加」を担保できたことに加えて、議論自体をグループごとに3回に分けて行ったこと、さらにグループディスカッションの形式で進めたことによって、「参加」をさらに機能させた。こうしたなかで、以下の第3と第4で述べているように、参加者たちの福祉受給の権利意識が喚起されるとともに、貧困に対する認識も深まったことが見られた。

　第3に、権利意識を喚起したこと。今回の調査で参加者が議論の主体となってグループディスカッションを行っていくなかで、互いの貧困や福祉受給に対する考えや態度を聞くことができ、そして自分の考えを確認することもできたとのコメントが多かった。こうしたなかで、参加者たちが、貧困に陥った原因は個人的な問題なのか、社会のルールや規則、政策制度には問題がないか、自分に他の人々と同様に社会の一員として享有すべき発言権が実質的に付与されているのかを考えるような議論の場面があった。そして、議論を進めていくほど参加者たちの福祉制度に対する理解が深められて、従来の福祉受給に対するスティグマの感覚から、自分は当事者として福祉を受給する権利があると認識するようになったという変化が起こった場面もあった。これらのことから、参加者たちの貧困当事者としての権利意識が喚起されていると理解できる。

　第4に、貧困認識を深めて貧困の意味を発展させていくこと。議論を進めるほど、上記の第3で示されているように、参加者たちは互いに理解・勉強し、当事者としての権利意識を持つようになっていく。こうしたなかで、多くの参加者は自分の貧困に対する認識を調査当初より深めることができ、自分たちが新たに考えた「貧困の意味」を加えてくれた。なかには、「困る/助けてほしい/不自由な状態」「見えない存在/意見が通らない/話しが合わないと理解してくれないこと」「適切な制度や助けによって改善可能性がある/抵抗すべき対象」「比較によって明白になる」「力が弱くて、自分の状況を変えられない」

「人の権利の侵害／人間の自由と発展の権利が制限されたこと」などの内容が多かった。これらは最初に調査参加した際に話された貧困の意味をより一層発展させたものと考えられる。

　最後は、参加者たちはこれら一連の参加のプロセスを通して、貧困に対する認識と考えが促進され、このような参加型の貧困に対する議論や調査を継続的に行えたらと期待している。そこで、今後に向けて参加者たちはまた、誰が貧困議論の主体となって、いかに貧困を議論していくべきかについても検討し追求するようになった。以下の第5と第6は参加者たちがこれまでの調査参加の経験を踏まえて、貧困議論の「だれ」と「いかに」をめぐって考えた調査自体に対する改善提案である。

　第5に、「だれ」が貧困議論の主体となるべきかに関しては、参加者たちはまず何より貧困経験のある人が貧困議論において主体となるべきだとはっきりと主張している。なぜなら、彼らに貧困経験があるからこそ語れる「貧困」がある一方、全く貧困経験がない人を参加の主体とすると、その結果が変わるのではないかと考えている。それゆえ、今回の参加者たちは、貧困経験者が貧困議論の主体となるべきであると考えている。そして、参加者たちは、貧困経験がある人のなかでも、特に性別、職業、年齢などが違う立場にいる「シングルファザー」や「小学校・中学校・高校の児童・生徒」など、今回の調査に含まれていない人々も今後の調査に包摂していくべきだという具体的な提案をした。

　第6に、「いかに」貧困を議論していくべきかに関しては、その議論の内容はまた以下の2つに分けられる。

　第1部分は、「主体」の「参加」をいかに保障できるかに関することである。参加者たちは今回の調査参加の経験をもとに「参加」を保障するための9つの重要なポイントを考えてくれた。すなわち、共通の出発点、人々の包摂や拡大を図るための組織、先払いの謝礼、議論開始前のウォームアップ、議論は簡単な内容から始めること、参加者が慣れやすい環境作り、参加者の心配を払いのけるような調査の情報伝達、参加者が安心して選択できるような多様な連絡手段、そして、何より大事である調査参加者への尊重（リスペクト）である。

　第2部分は、これからの貧困を議論する方向性および課題と関わる内容である。参加者の多くは「参加してよかった」と評価し、このような参加型の貧困

3 小 括

の議論や調査を継続的に行っていくべきだとコメントしている。そこで、今後は「貧困とはなにか」だけではなく、いかに「脱貧困」ができるかについても議論し、そこで議論できた自分たちの希望や提案を「政治」へと反映することが一つの重要な課題であると多くのグループで言及された。その際に、貧困当事者を「主体」とすべきである一方で、政治家や専門家も議論に入れるべきだと述べられた。ただし、従来のような政治家の話を聞きに行く形式ではなく、自分たち(貧困当事者)の話を聞いてほしいとし、専門家に対しては自分たちに助言することや自分たちの声を出すことの助けとなる役割を果たすことを期待していた。

　以上では、参加者が本調査に対して行った振り返りを6点に分けて整理した。この6点の内容を見れば、次のような一連の変化が起こっていることが分かる。まず、第1と第2で示したように、本調査では貧困経験を持っている参加者たちが貧困の議論や調査に参加することが、参加者にとっては普段言いにくいことを自由に議論ができるよい経験となり、互いに理解し合って励ましを得たということである。そして、こうした参加の感覚が持たれるほど、また第3と第4で示しているような参加者たちの権利意識が喚起されて、貧困に対する認識の深まりが促された。続いて、調査が進むほど議論自体がまた第5と第6で示しているような貧困議論の「だれ」と「いかに」についての検討へと導かれ、実質的に貧困は「なに」であるかを議論するために、「だれ」が貧困議論の主体となって「いかに」貧困を議論していくべきかという貧困議論のあり方が貧困当事者によって追求されたと考えることができる。

終　章　本研究で理解し得た「貧困」

　本研究は主に参加型貧困調査を通じて貧困当事者の視点から貧困を理解することを目的としてきた。そのため、本研究は従来の貧困議論に対して、批判的なレビューを行い、貧困当事者の主体側から貧困を理解するために有効と見なされている参加型貧困調査について、方法論の視点から調査実施上の課題を検討し、調査を実施した。そこで得られた調査結果をもとに、貧困当事者が語った「貧困」、特に貧困の理解や研究にとって重要な主題である貧困のイメージ、貧困の意味、貧困と貧困でない状態との区別（第1回目の集まり）、貧困当事者のエイジェンシーと貧困の構造上の制約を検討した（第2回目の集まり）だけではなく、こうした重要な主題を理解し得るために行った本調査に対する調査参加者たちの振り返りをも検討できた（第3回目の集まり）。本章は最終章であり、本調査研究を通して貧困当事者が語った「貧困」（第1節）と本調査研究から調査者が学んだこと（第2節）を述べて、今後の課題（第3節）を提示して全体のまとめとする。

1　貧困当事者が語った「貧困」

　本節は主に本研究で明らかにした貧困当事者が語った「貧困」、すなわち貧困と関連する7つの主題を整理しておきたい。

　(1)貧困当事者は「貧困」に対して、「貧しくて、困っている」感覚を持ち、ネガティブなイメージを持つ。貧困の恥ずかしさを避けるために、貧困を隠すようにしてきた。貧困には見えにくいという性質がある。
　漢字を言語の主要構成要素とする日本社会では、人々は「貧困」という言葉

に対して、まず何よりも漢字の通り「貧しくて、困っている」という感覚を持っており、ネガティブなイメージを持つ。こうしたネガティブなイメージを持つことで、自分は貧困であっても、普段の生活ではあえて「貧困」という言葉を使わないようにし、そして自分が貧困と見られないように/そう言われないように、常に自分の貧困を隠している。よって、貧困は見えにくいという性質があると考えられる[1]。

一方、貧困当事者は「貧困」に対してネガティブなイメージを持っているが、「貧困」という言葉は貧困問題の存在を社会に提示する価値があると認めている。そのため、自分たちがどのようにこの言葉を受け止めるかは、この言葉が善意か悪意かに基づいて使われていることにもよるという意見を表明した。

(2)「アンダークラス」と「社会的排除」は、日本では馴染みがない言葉であり、聞いたときのイメージはネガティブである。貧困研究の一部の議論は貧困当事者の現実、関心、意志とかけ離れていることが示されている。

この2つの「貧困」と関連する言説はどちらも欧米社会からの渡来語であるが、日本の貧困研究でも頻繁に使われている。こうした研究で広く議論や使用されている言葉に対して、貧困当事者のなかで大学教育を受けている学生グループでもこれらの言葉を初めて聞いた人が大多数であり、意味も分からない

---

[1] 貧困が見えないようにされているという問題の原因は貧困当事者が自ら貧困を隠していることであり、貧困当事者のせいであると誤解されないように、少し説明を加える。貧困当事者たちの議論(第3章)から理解できるのは、日本での貧困はアフリカのような状況(参加者たちの話でいうと、人々が家も服もなく、見た目だけで明らかに貧困だと分かる)ではなく、貧困を隠す余地があるから、貧困がもたらす恥ずかしさやスティグマ感を避けるために、貧困当事者は貧困を隠している。つまり、従来の一部の人々に思われるような第三世界の国々と比べて、日本のような先進国では貧困はもうないのではなく、日本での貧困はただ見えにくいだけである。ここでの貧困の恥ずかしさやスティグマ感を避けるために貧困を隠すという点を Lister の貧困の車輪モデル(Lister=2011: 22)を用いて考えると、日本では貧困状態に暮らす人々が貧困の象徴的・関係的側面からの影響に大きく晒されていることが考えられ、対応すべき問題である。なお、こうした貧困の見えにくい性質が不当に利用され、社会における貧困の恥ずかしさやスティグマ感が煽られれば、貧困がもっと見えにくくさせられる可能性も考えられる。だからこそ、本文で述べたように、貧困問題の存在を強調し社会に提示するには「貧困」という言葉を使う価値もあると貧困当事者によって認められている。

人がほとんどである。ただ、直感的に聞いたイメージはネガティブであり、抵抗感を示した。ここでの「馴染みがない」「よくわからない」というコメント、そしてそこから示された「抵抗感」は、本調査だけではなく、「アンダークラス」と「社会的排除」が最も議論されているイギリスにおいても同様な調査結果がある (Jan Flaherty 2008)。この点は、これまでに学術上に行われてきた貧困の議論や研究の一部と貧困当事者の現実との「距離」が示されているのではないかと考えられる。そうした貧困当事者の現実と「距離」がある議論において使われている言葉や言説に対して、参加者たちがそれをどのように受け止めているのかを以下に示す。

まず、「アンダークラス」に対して、悪意と差別があるように感じられ、勢力が強い方が勝手に使っている、根拠がない言葉ではないかと疑われている。そのうち、この言葉は人を区別するようなイメージが特に強く感じられ、参加者からはその線引きや基準は何であるか、そこで区別された人と人との間に人間としての本質的な違いはあるのかについて疑問が呈されている。ただ、貧困当事者のなかでも弱い立場にいる人であるほど、抵抗はあるがそうしたネガティブなイメージがそのまま受け入れられて内面化されている感覚も示されている。

そして、「社会的排除」に対して、参加者はそれを社会的活動に参加できずに社会から外されたという意味で捉えている/理解している。参加者たちは、この言葉の「社会に参加できない」「社会から排除された」問題を強調してくれる役割を肯定するが、どうしても同情された感覚も覚えるとコメントした。一方、「社会に参加できない」とは違う観点からのコメントもあった。それは、いわゆる社会一般に見なされている「主流」に合わないといけない圧迫感や同調圧力である。一部の参加者は、そもそも「主流」と見なされていることそれ自体は、自分たちにとって必ずよい/正しいわけでなく、その「主流」に溶け込もうとするより、それに反抗している思いを表明した。ここで分かったのは、上で述べた学術研究と貧困当事者の現実との「距離」があるのみならず、これまでの一部の貧困研究上で提唱されているような「彼ら（＝貧困当事者）は社会的排除された結果、不利な立場に置かれているので、だから彼らに何かをしてあげて我々の社会主流に包摂しよう」という論点と貧困当事者の関心、そして

意志とのズレもあるだろう。

　(3)貧困は「お金がない」だけではなく、選択が制約された・選ぶ自由が侵害された「制約的」な意味、劣等感や苦痛感などを含む「心理的・感情的・精神的」な意味、他者との相互作用で生成した「関係的・階級的」な意味なども有しており、多様でダイナミックである。以下の第1〜第7はその要約である。

　第1に、「金銭的・経済的」である。全てのグループは、貧困の第一の意味は「お金がない」ことだと考えている。そのなかに、衣食住の生活必需品の確保に困難があり、そして、子どもや若者にとってごく普通の玩具やお菓子などを買う経済的な余裕もないという具体的な意味が含まれている。

　第2に、「制約的」である。ほとんどのグループは、貧困により選択が制約された、選ぶ自由が侵害されたなどの「制約的」な意味で貧困を捉えている。具体的には、金銭的な困難で、何をするときも「それをしてもいいのか」を繰り返し考えてしまうこと、選択肢が減ったり・制約されたり、やりたいことを諦めることなどの意味があると思われている。

　第3に、「心理的・感情的・精神的」であり、「金銭的・経済的」と「制約的」と議論の同じくらいの割合を占めている。具体的な表現としては、「気持ち的な余裕がない」「難しい」、そして、他の人より自分は劣っているような「卑屈」や「劣等感」、さらに、「安心と感じられる保障がない」「心配」「不安」「心細い」ひいては精神上の「苦痛感」などである。

　第4に、「関係的・階級的」である。多くの参加者たちは、他者との関係の視点から「貧困」は「無視されやすい」「差別」などであると考えている。そのうち、外国人労働者グループでは、このような他者との関係が階級的な意味でも捉えられている。

　第5に、「労働的・時間的」である。少なくない参加者たちは、「貧困」は労働的・時間的な意味があると話した。ここでの労働的な意味とは、例えば「学生としての本業である勉強に影響がでるほど、ぎりぎりまでアルバイトしなければならない」「子どもなのに働かなければならない」というような、本来はそうあるべきではないのに、生活を維持するために労働が課されていることである。そして、このような労働状態がまた必然的に「時間がない」ということ

につながってくる。

　第6に、「教育的」である。多くのグループでは、貧困はお金がないことによって、幼稚園や習い事に通うことができない、行きたい大学に行けないなどの教育と関わる意味もあるとコメントされた。

　第7に、「健康的」である。一部の参加者は、貧困が健康に影響をもたらしていることを認識し、生存権や健康と関わる意味として言及している。

　以上のように、今回の調査では貧困の意味に7つの側面があるということが貧困当事者たちによって分析された。そのうち、お金と関わる「金銭的・経済的」の意味が最も多く議論されている。一方、上記の7つの側面のうち6つが金銭的なこと以外のことを意味しており、貧困の「金銭的・経済的」の意味とともに貧困の性質を示している。そして、こうした7つの側面がある貧困の意味のなかで、貧困の階級的な意味についての検討は近年の日本の貧困研究では少なくなっているが（志賀 2020）、今回の調査では外国人労働者グループでの議論からそうした貧困の階級問題が鮮明に示された。この点から言えるのは、グローバル化がなされてきた今現在の日本社会で貧困の階級問題が減少、あるいはなくなったのではなく、もっと周辺化されたグループに移動しただけだということである。特に「人種」や「国籍」問題が絡んでいるため、貧困の階級問題はより一層複雑で見えにくくなっている[2]。

（4）「相対的貧困」に近い貧困観であり、これまでの日本の先行研究で示されている日本人の「絶対的貧困」の貧困観と異なっている。

　本調査では「貧困と貧困でない状態をなにで区別するか」に関する議論では、①金銭的な原因でやりたいことができるかどうか、②選択の余地があるかどうか、③心の余裕があるかどうかが貧困と貧困でない状態と区別する際に考慮すべきポイントであり、共通認識として議論された。そこで、「お金」や「やり

---

[2] つまり、ここでの貧困は階級的問題である同時に、グローバル時代において生じた問題でもある。例えば、外国人グループでの議論から示されているように、外国人である自分たちは、日本社会において他の日本人と同じように扱われているのか、政治における発言権が事実上に付与されているのかが問われている。これは、また従来の領土国家の視点から検討してきた経済的再分配と文化的承認という貧困の政治は、グローバルレベルの貧困問題を対処するには依然として有効であるかが疑問視されている。

たいこと」は「必要な」「一般的」「人並」なレベルであると意味付けされている。そして、こういう「必要な」「一般的」「人並」は「基本的な生活の維持ではなく」「衣食住や学ぶ権利などの基本的なベース」があるうえに「プラスアルファ的な選択の余地」や「心の余裕」があるかどうかという意味であると解釈されている。これらの内容を見れば、どちらかというと「相対的貧困」の貧困の定義と近い参加者たちの考えが示されている。また、議論のなかで特に何度もあげられた言葉には「余地」「余裕」と「自由」「自主」があった。漢字の「余」はギリギリではなく、必要以上であることが含意されている。また「自由」「自主」は、自分は能動性があり、自分の思いのままに何かやりたいことが実行できるという意味を示している。これらも「相対的貧困」と近い意味合いで理解できる。

　類似の議論は先行研究の「PFH」でも行われた。「PFH」では、最初はイギリスの研究に既存の3つの貧困の定義[3]を紙に印刷し、参加者たちにどれが貧困の定義と思うかを選んでもらうようにした。そこで、参加者はこれらの定義を理解するには難しいとコメントし、結果は最も厳しい水準の「絶対的貧困」の定義が参加者たちに選ばれた（注3の③）。しかし、「PFH」ではその後に、今度は研究上の貧困定義と関係させずに、参加者たちに自分が考えた貧困の定義を自由に議論してもらうようにした。そこでは参加者たちは自分なりの考えを話すことができ、結果として貧困の定義は主に「経済的・物質的に基づく定義」「制限された行為に基づく定義」「心理的・精神的に基づく定義」という3つのカテゴリーからなると議論ができ、本調査と似た調査結果が得られた。

　また、日本の先行研究としては、一般の日本人の人々（対象者は貧困者に限定したものではない、排除したものでもない）の貧困観や貧困の定義をアンケート調査で捉えた青木（2010）、そして青木（2010）の調査設計を利用し、貧困者（母子生活支援施設利用者）に対してアンケート調査とその調査対象者のうちの一部に対するインタビュー調査も加えて行った岩田（2007）の研究がある。い

---

[3] 3つの貧困の定義は次のとおりである。①本当に必要なものを買えるが大半の人が当然と思うものは買えない。②食べて暮らしていくには足りるが、その他の必要なものを買うには足りない。③負債をかかえずに食べて暮らしてはいけない（British Social Attitudes Survey 1995,「PFH」: 50）。

ずれも、「絶対的貧困」と近い調査結果が示されている。青木(2010)はアンケート調査票を持って、貧困のイメージや定義などに関わる設問と選択肢を調査対象者に示して選んでもらう形で行った。これは、あくまで研究者が事前に想定し用意した、かつ限られた選択肢のなかから選んでもらうことなので、貧困当事者の考えに多かれ少なかれ影響や制約を与えたと考えられる。岩田(2007)の研究はアンケート調査後にインタビューも加えて行ったが、そこで研究者が事前に準備した質問がどれほどその前段階でのアンケート調査の内容と結果に影響されたか、そして、そこでの調査対象者からの回答がまたどれほど研究者が事前に準備した質問や調査実施者との会話のやり取りなどに影響されたかには懸念が残る[4]。

上記に対して、本調査では、参加者にそうした影響を与えることを回避するために、自分が考えた「誰が貧困者である・誰が貧困者でない・なにで区別するか」を参加者たち自身に直接的に議論してもらうようにした。その結果、「相対的貧困」と近い参加者たちの考えが示されている。こうした「PFH」(研

---

[4] 青木(2010)と岩田(2007)は同じ調査プロジェクト(うち、アンケート調査は2004年～2007年に実施)に基づいて行われた研究である。この調査プロジェクトの設問とその選択肢を見れば、例えば、誰が貧困者であるかに関する設問『あなたは、もしも人々が以下のような状況にある場合、それを「貧困の中にある人々」、あるいは「貧困の中におかれている人々」と考えますか』の下に、a)ホームレスとして路上生活をしている、b)1年以上失業状態で生活している、c)生活保護を受給して生活している、d)サラ金等からお金を借りて生活している、e)ローンを抱えた生活をしている、f)生涯の大半を施設で生活している、g)高齢者用の介護施設などで生活している、h)高齢者が一人で地域で生活している、i)大きな身体的障害を持って生活している、j)健康保険がない生活をしている、k)非合法滞在者として生活している、という選択肢がある。そこでの調査対象者は、たとえそもそもそういう「厳しいレベルの貧困」というような意識がなかったとしても、そこでの「ホームレス」「失業」「生活保護」などのキーワードを目にしたときに、「確かにそれこそ本当の貧困者だ」と思いがちになる恐れがある。同調査票のほかの設問にも同様の限界がある。例えば、貧困のイメージに関する設問の下に、「戦前や敗戦直後」などの選択肢が並べられている。もちろん、青木(2010)や岩田(2007)の調査の実施時期の2004年～2007年と本調査の実施時期の2021年とでは時間の隔たりもあり、社会の発展とともに人々の考えが変わったことも理由の一つと考えられる。ただ、近年、青木(2010)と同様な調査手法を用いて同じ北海道で行った調査には由水(2020)がある。由水(2020)では「貧困として最も強くイメージされるものは途上国や戦前の日本であり、医療や食べ物、電気やガスなど、生きていくために必須なものがない状態が貧困として高い割合で認識されている」ことが示され、青木(2010)と同様の調査結果に至っている。

究上の貧困定義を参加者に選んでもらうこと)、青木(2010)及び岩田(2007)と異なる調査結果が示されている理由は、調査の設計や実証手法の違いによるだろうと筆者は考えている。つまり、調査対象者(貧困であるかどうかは別として)がどれほど既存の研究や研究者などからの影響を避けることができ、直接的に自分自身の考えで調査プロセスに関与し、また「決められた選択肢から選ぶ」のではなく、よりオープンな対話や議論を経たうえで、貧困を定義することができるかどうかが、調査結果(貧困基準の広さ、あるいは狭さ)に影響を与えているだろう[5]。つまり、ここでの「参加」の程度はとりわけ重要であると考えられ、更なる実証検討が必要である。

(5)貧困当事者自身により提示された「心配・困りごと」を議論することによって、なぜ上記のような貧困認識を持っているのかを理解する助けになる。これはまた貧困当事者の実際の関心の所在を把握するために役に立つ。

本書の第4章では、貧困当事者たちの貧困認識をよく理解するために、貧困当事者たちが実際に心配し困っていることについての第2回目の集まりでの議論を、第1回目の集まりで議論した貧困の7つの側面に沿って整理した。こうすると、参加者たちがなぜそのような貧困認識を持つのか、そうした貧困認識が具体的にどのように形作られたのかを理解し確認するための助けとなる。

他方、こうした整理の仕方を少し変えれば、以下の表3のようにまとめることができる。そこでは、貧困当事者たちの関心の所在がさらに分かりやすく示されている。貧困当事者自身が集中的に提示した「心配・困りごと」は15個あった。そのうち、以下の表3での3、4、8は一つのグループだけで議論された。それ以外は全て2つ以上のグループで言及された。ここでの15個の「心配・困りごと」は、全ての貧困当事者の関心を網羅できているわけではないが、

---

[5] 例えば、一般社会における最低生活費を試算するために、イギリス(Jonathan Bradshaw et al. 2008)、そして日本(阿部 2011)で行われた「Minimum Income Standard」の研究でも、一般市民である参加者たちは調査への関与度が高く、そこで検討できた生活基準も比較的寛大である。なお、「Minimum Income Standard」の参加者である一般市民に対して、今度仮に貧困当事者が「参加」するかどうかが貧困の基準(厳格か寛大か)と必然的な関係がないとしても、貧困当事者が貧困に関する議論や調査から排除されてもよいというわけではない。本書の第1章で述べたように、手続上の不正義の問題が生じてくるからである。

1　貧困当事者が語った「貧困」

表3　貧困当事者の関心の所在

	日本人学生・男性	日本人学生・女性	外国人留学生・男性	外国人留学生・女性	日本人社会人・男性	日本人社会人・女性	外国人労働者・男性	外国人労働者・女性
1　学費・生活費の捻出	○	○	○	○				
2　給料が低い・税金や社会保険料が高い		○			○		○	○
3　自動車免許を取る資金の捻出	○							
4　進学したいが、現実は就職するように迫られている	○							
5　コロナの影響でアルバイトが減った・失ったこと			○	○				
6　家のこと	○		○	○			○	○
7　将来						○	○	○
8　生活保護から抜け出すこと・弱者に対する社会環境の厳しさ						○		
9　労働条件への不満と団結の困難							○	○
10　アルバイトしなければならない・勉強の時間がない	○	○						
11　掛け持ちや出稼ぎなどで自分の時間や子どもとの時間がない						○	○	○
12　子どもの習い事							○	○
13　奨学金のこと	○	○			○			
14　健康的な食事を取れないこと				○	○			
15　怪我や病気になっても病院にいけないこと	○		○	○				

注：第4章での「心配・困りごと」についての紹介は、同一の関心が複数のグループで議論された場合には代表的な内容だけ取り上げている。これに対して、本表はそれぞれのグループでどのような話題が議論されたかを示している。

ある程度それぞれのグループの特徴と全体の貧困当事者の関心は大体どこにあるか、実際に何を心配し、なぜ困っているのか、どのような貧困からの影響を受けているかを把握するのに役に立つ。

　(6) 貧困当事者は多様なエイジェンシーを発揮できる能動的な主体である。この点は従来の貧困当事者の「保守的な他者化」と「リベラルな他者化」を問い直すものである。

終　章　本研究で理解し得た「貧困」

　貧困当事者たちは自分たちの心配・困りごとを議論するなかで、そうした心配・困りごとをどのように経験しそれらに対応したのかをリアリティをもって教えてくれた。これらの内容は貧困当事者のエイジェンシーを検討するためにとても有用な材料である。そして、こうした貧困当事者のエイジェンシーを検討し、その全体像を系統的に文章化することによって、「貧困」と「貧困当事者」を理解することができた。それにより、既存の貧困当事者に対する誤って承認されたイメージやステレオタイプが問い直されている。

　具体的には、議論を通して貧困当事者たちは貧困に対応するなかで〈やりくり〉〈反抗〉〈脱出〉〈組織化〉などの多様なエイジェンシーを発揮したことが示された。本研究では個別の問題について分断的な説明を避けるために、Lister(=2011: 189)が提示した「貧困状態にある人が行うエイジェンシーの形式」を利用することによって、貧困当事者のエイジェンシーの行使を連続体として見ることができ、貧困当事者のエイジェンシーの総合的な図を描くことができた。そこでは、貧困当事者が自分なりの知恵を持って、生活資源のやりくりや貧困脱出の戦略を立てるなどの積極的なエイジェンシーの発揮がよく示されている。これは本書の序章で述べたような従来の貧困当事者に対する"知的な劣等性"や"道徳的に悪い性質"であるような保守的な言説がもたらした「他者化」への反論となっている。加えて、本調査での参加者たちは、従来の貧困調査のようにただの調査される客体として悲しい貧困のストーリーを提供するのではなく、自分たちがそこで主体となって、何に心配し困っているのか、それに対していかに対応したのかを自分たちで話し合いながらそれを議論し分析した。これらの全ては貧困当事者の積極的な主体性の体現であり、貧困当事者を「可哀そうな受動的な被害者」とする「リベラルな他者化」にも異論を投げかけている。

　もちろん、調査結果には「暴力」や「無届けの仕事の従事」などの望ましくないエイジェンシーの行使もあった。ただ、前述のように、それは貧困当事者だけに帰すべきではなく、貧困でない人々のなかでも起こり得るのである[6]。

---

[6] 貧困当事者のエイジェンシーをより全面的に分析しようとした本調査研究で、もし望ましくないエイジェンシーの行使は何一つもない、といった調査結果となったとしたら、本調査の実証手法はどこかが間違っていたということになるだろう。なぜなら、貧困当事者も

（7）貧困当事者は貧困の構造側からの制約を受けているなかでエイジェンシーを発揮している。貧困当事者による貧困への対処から脱出までの一連の努力が常に制約されていることが確認できている。

本調査研究は、従来のような貧困の構造的側面に焦点を当て、そこでの構造的問題を指摘する貧困研究に対して、貧困当事者の「声」と「エイジェンシー」に光を当てることで、貧困当事者の視点から彼ら自身がエイジェンシーを発揮する際の構造とのぶつかり合いを見ることができ、貧困の諸構造側からの制約を検討することに貢献できた。

こうした検討の仕方は、貧困の構造上の制約を指摘できたと同時に、実在の人間である貧困の人々に目を向けて貧困当事者の主体性をも十分に配慮した。結果として、貧困のなかに暮らしている人々は常に「物質的・経済的」「社会的・文化的」「政治的・代表的」という構造上のさまざまな制約を受けていることが考察できた。そこでは、制約があるなかで貧困当事者たちができる限り何とかして生活を維持しようと努力していることがはっきりと示されている。これらの内容は、貧困の原因は個人的であるのか、あるいは社会的であるのかを判断するのに役に立つ。世間の一部において主張されている「貧困に陥った原因は貧困当事者のせいである」という「貧困の自己責任論」が適切であるかどうかを判断するための実証的エビデンスを提供している[7]。

　人間であり、全くミスをしない完璧な人間は存在しないからである。
[7]　先行研究「PFH」でも貧困の原因について検討され、その結果は個人的であるか、社会的であるかに分けて整理された。そのうち、議論された貧困の原因の半分以上が社会的原因であると参加者たちは考えている。「PFH」では直接的に参加者たちに貧困の原因を話してもらうようにした。そこで、参加者たちは議論しにくいとコメントし、そうしたなかで、参加者はしばしば自分の経験に触れて貧困の原因について話した。本調査を計画する段階で、「PFH」に倣って貧困の影響や原因についても参加者たちに議論してもらおうと考えたが、プレ調査で試みたところ、やはり現場では議論し難い様子だった。そこで話された内容も、その前に議論した「貧困の意味」としばしば重複し、議論はうまく進まなかった。そして、参加者たちはどうしても議論し難いと感じる場合に、「PFH」で確認できた様子と同じく、自分が経験したことをしばしば例として挙げながら語った。その際、参加者なりの分析もよくできた。こうしたプレ調査での経験を踏まえて、正式な調査では参加者に貧困の影響や原因を直接的に議論してもらうのではなく、それらを第2回目の「心配・困りごと」の議論に任せた。

以上のような貧困当事者が語った「貧困とはなにか」は、これまでの貧困研究で既に明らかにされた内容と重なる部分もあれば、異なっている部分もある。ただ、ここで重要なのは、これらの内容は全て貧困当事者が自分たちの考えと言葉で行った貧困分析であり、貧困当事者により描かれた、現実的かつ豊富な"ポバティー・ピクチャー（貧困の絵）"だということである。

2　本調査研究から学んだこと

実際に本調査研究を行うことで、筆者が以下の新たに学んだり確認できたりしたことがある。これらは、先行研究の検討だけではわかることができない。

(1)本調査の実施にあたって最も難しいと感じたことは、参加者の募集である。その第1の理由はやはり貧困のスティグマ問題であると考えられる。

参加者の募集が難しかった原因は、貧困当事者たちがさまざまな事情を抱えていること以外に、やはり貧困のスティグマ感と恥ずかしさである。貧困当事者は貧困の名で「参加」に呼ばれたくないし、自分が貧困であることを人に積極的にアピールしようともしないからである。

ただ、以上のことによって参加者の集まりが不可能になるわけではない。参加者を募集する際、できる限りどういう意図と目的で、また参加者に何を求めてどのように調査を進めていくのかを参加者にはっきりと正直に伝えることがとりわけ重要である。そうしなければ、貧困当事者は何のために、また誰のために参加するのか、疑問に思いがちである。そして、最初の時点から「当事者の視点から貧困を議論すること」を参加者にしっかりと理解してもらわないと、集まってもその後の議論はうまくいかないと考えられる。これは参加者が議論できる前提条件である。

本調査では、実際の参加者とのやり取りのなかで、参加者たちに「みなさんは貧困経験があるから、貧困に対する見解や考えを教えてください」といった旨を言いにくい部分はあったが、（調査実施者が）教えを請うつもりで素直にその旨を説明し、彼らの当事者としての知識と経験が本当に大事であるという考

え、そして彼らに対する尊重を伝えることさえできれば、参加者たちはそれらを理解してくれ、協力の意思も示してくれた。

　また、参加者の集まりを可能にするために重要なもう一つの要素は、参加者たちの共通のアイデンティティや関心ごとである。貧困は大きな概念であり、そのなかに多くの問題が含まれている。例えば、本調査の参加者たちは貧困者当事者であると同時に、生活費や学費に困っている学生でもある。また、貧困で生活保護受給者である同時に、自分の就労と子育てに悩んでいるシングルマザーでもある。貧困のスティグマ問題を考えると、単純に「貧困」の名で「参加」を呼びかけるというより、属性が近似する人々の共通のアイデンティティや関心ごとをかなめとすると、集まりやすいと考えている。この点は、本調査の参加者たちの振り返りでも言及された。

　(2)二番目に難しかったのは、第1回目の集まりの時に参加者が初めて集まって議論を始めようとした時である。スムーズな調査ができるように、調査実施者を含めて参加者全員が互いを知るためのウォームアップが必要だと分かった。

　本調査では、実際に参加者たちが最初に集まって議論を開始しようとしたときに、互いに簡単な自己紹介を行った。ただ、貧困のスティグマ感や恥ずかしさの問題が絡み合う中で、互いをある程度知って慣れるためには簡単な自己紹介だけでは足りない。本調査の参加者たちの振り返りからも指摘があった通り、もし時間や経費が許す場合は、第1回目の集まりでは議論をしないで純粋に互いを知り合うための回として、自己紹介やゲームなどをする方がよいかもしれない。もしこのような調査設計ができなくても、最初にゆっくりと丁寧な自己紹介ができる時間の確保が必要である。これができていたら、最初の議論に入りやすかっただろうと調査後である今では考える。本調査では、日本人社会女性グループでは、簡単な自己紹介だけですぐ議論を開始した。そして日本人社会男性グループでは、調査実施者のミスで自己紹介を設けることを忘れてしまった。そのため、第1回目の集まりの議論では参加者たちは多少互いに探りあって慣れない様子だった。

　なお、第1回目の集まりの開始前までに調査実施者は応募してきた調査参加

者と実際に会うことがないので、調査実施者の想定していない状況にある人でも参加しに来る可能性がある。調査参加者のプライバシーを保護する観点で具体的な説明はしないが、本調査では、調査実施者が想像していなかったような参加者が実際に参加してきた。そのことで調査実施者が驚き慌てて、ファシリテーターの役割を果たすことに専念できなかった。議論をうまく運営できないと、参加者たちに居づらい感覚を与えてしまうだろう。今反省しているのは、貧困調査や会議運営に熟練し、貧困当事者と長く付き合った経験のある人に司会者をお願いした方が良かったかもしれないということである[8]。

(3) 議論のなかでは、統一的な意見ばかりではなく、意見の相違や論争となったところもある。

本書の第3章の最後で述べたように、「誰が貧困者である・でない・なにで区別するか」についての議論では「本人の心がどう思うか」と「本人が努力するかどうか」によって判断すべきかどうかという点で意見の統一ができなかった。

具体的に、「本人が困窮した状況に置かれても、心が元気で、自分は貧困じゃないと思うのであれば、貧困ではない」、また「本人が困窮した生活を選んだのであれば、その環境で暮らしている人は貧困ではない」という意見があった。そして、「努力する人は貧困者ではない」、または「努力しない人は貧困者として認めない」、さらに「たとえば本当に努力しない、でも福祉を受領するならそれは福祉依存であり、そのような努力しない人は援助に値しない」という発言もあった。どれも、参加者の半分に満たない一部の意見である。

もちろん、これらの観点に対する反論もあった。そこで、貧困状態に暮らしているのであればその人の心も影響されるのではないか、そもそも「経済的に貧困なのに、心が貧困ではない」という考えや仮説は成立するのかが疑問視された。そして、本人の努力で貧困を抜け出して生活状況を変えた、いわゆる"成功例"はあるが、それはまれなケースであり、普遍性がないという意見も見られた。さらに、努力したかどうかとは関係なく、人間である限り生存権が

---

[8] この参加者はとてもよい人で、議論にも非常に貢献した。最初の段階でうまくできなかったのは筆者の経験が浅かったせいである。

あるので、必要となる時に公的援助を受けるのは当然であるとの意見もあった。結局、本人の「心」や「努力」はどうあれ、そもそも社会側の制約はないか、社会側が果たすべき責任が十分に果たされたかが問われた。

　ここでの意見の相違や論争となった内容について今回の調査では意見の統一ができなかったが、いずれも世の中に広がっている「貧困の自己責任論」と関わる内容であり、貧困研究にとって重要な課題であり、更なる検討が必要である[9]。

　(4) 貧困当事者のなかでも自分よりも暮らし向きの悪い人々と自分を区別しようとすることがある。

　今回の調査では一部の参加者は自分よりも状況が悪い人々を「準拠集団」として、それと距離を置くような発言がところどころにあった。例えば、日本人社会人女性グループの参加者の１人は、自分が聞いた「母子家庭での子どもが親からのネグレクトで亡くなったこと」に対して、同じシングルマザーである自分は「絶対そうならないように」と強調すること、また外国人労働者グループでは、自分の貧困状況は認めるが路上生活の人々を想像しながらそれと比べて「そこまでになっていない」と繰り返し強調した。

　こうした貧困当事者のなかで自分を自分より暮らし向きの悪い人々と区別しようとする原因は本書の序章で述べた「他者化」とは違って、あくまで「恥ずかしさに基づく屈辱への恐怖が第１要因」(Hooks 1994: 198) であると第３章で分析した。つまり、彼らは他人を抑圧しているのではなく、貧困のスティグマや恥ずかしさに対する恐怖で、自分の状況よりもっと悪い人々を想像し、自分はまだ最悪の状況になっていないと自己呈示しているのであり、これは自己を慰める一方法であると理解できる。

　(5) 本調査を通して確認されたことのなかで最も重要なのは、貧困当事者は

---

[9] これらの課題の一部は、本章の前節で述べたようにこの議論（１回目の集まり）の後に、本書の第４章で行った貧困当事者のエイジェンシーに対する考察でまた触れられている（２回目の集まり）。そこでは貧困の構造上の諸側面の制約が確認でき、貧困の原因は個人的なのかそれとも社会的なのかを考えるために参考となる材料を提供してくれている。

自分なりの貧困に対する知識や見解を持っており、貧困を議論し分析することができるということである。だからこそ、貧困当事者は貧困議論から排除されるべきではない。適切なサポートがあれば貧困当事者たちも障害者たちのように自分なりの「貧困」構築ができると期待できる。

本節は、本調査研究から見えた調査実施の難点と調査結果の理解し難いところを述べたが、これらの困難を乗り越えて実際に議論が始まれば、どのグループでも活発な議論ができ、非常に情報が豊富な貧困分析ができた。また、それだけではなく、第5章で紹介したように参加者たちがこれまでの調査参加を振り返ってみて、その経験を意味付けて評価したうえで、改善点を見つけ、今後の調査を実施する際に生かせるような新たな知識を生み出すことができている。つまり、本調査では次のことを確認し実証できた。まず、貧困当事者は貧困を議論し分析することができる。そして、調査参加に対しても主体的に振り返りを行い、そこからまた新しい知識を生み出すことができる。

ただ、本調査の参加者たちがコメントしたように、貧困当事者たちはさまざまな事情を抱えているため、こうした参加型の貧困の議論や調査を継続的に実施することを期待するが、彼らの「参加」に向けてはサポートが必要である。ここでのサポートに関して、本調査の実施から見られたように（貧困当事者を主体とする）反貧困組織の役割が大きい。ただ、反貧困組織だけでは足りない。研究者や政府・政治家の協力も貧困当事者たちに求められている。具体的には、研究者に対しては、貧困当事者の代弁というより、貧困当事者が自分の声を出すための援助が希望されている。そして、政治家に対しては、本当に貧困の人々の実情を理解し問題を解決したい、そして、敬意を持って国民の声を聞きたいという姿勢と努力が求められている。こうすることは、貧困当事者にベネフィットをもたらすだけではなく、研究者と政治家にとってもメリットがある。研究者にとっては、刺激を受けて現実の貧困問題に向き合う気力がチャージされるとともに、研究と現実との乖離を防ぐこともできる。そして、政府・政治家にとっては、よりよい情報を収集し政策対象者の希望が反映できるような反貧困政策を効率的に策定するのに役に立つ。

3 今後の課題

　本節では、本調査研究を一通り実施し、そこから考えられた今後の課題を述べてから全体の終わりとする。

　(1)参加者による本調査の結果の確認は、主に貧困当事者が見た「貧困」(第3章)と経験した「貧困」(第4章)までにとどまっている。参加者たちによる調査の結果確認とコメントをもとにまとめた貧困当事者が振り返る調査参加(第5章)と最終的に作成された本書自体の内容は参加者による確認ができていない。

　本来は本書の草稿の段階で参加者の再確認とコメントを得ることが望ましかったが、一部の外国人参加者が既に帰国していること、そして本書がかなり長く、参加者に確認とコメントを依頼することが大きな負担となることから、参加者に再確認とコメントは依頼しなかった。今後、機会を作り適切な方法で本書の刊行を調査参加者に報告し意見を得ることができればと考えている。

　(2)本調査で議論した話題の順序は、貧困に対するイメージと意味を議論してから、こうした貧困の意味をもっと理解できるように、貧困の経験を議論するようにした。もし、先に貧困の経験を共有し、その後に貧困の意味を議論すると、調査の進行と結果はどうなっていたかが気になっている。

　本研究の第4章で貧困当事者が経験した「貧困」についての紹介では、そこでの具体的な心配・困りごとは第3章で貧困当事者が見た「貧困」の7つの側面の意味に沿って紹介した。こうする意図は、1回目の議論でなぜ貧困当事者たちはそのような貧困にするイメージや意味を持っているのかをさらに理解するためである。ただ、調査を実施する際に、特にこの7つの側面に沿って言ってもらうように参加者たちにお願いしたわけではない。参加者たちが実際にこうした貧困経験をしてきたから、自分たちの貧困の経験と自分たちがあげた貧困の意味とが自然に一致して、そのように整理できたものと考えられる。

　このような調査結果は筆者に次のような考えをもたらしている。それは、も

し1回目と2回目の調査順序を変えたら、調査の進行においてそこでのディスカッションや貧困の意味についての意思表明はよりしやすくなるのではということである。この点について、調査参加に対する振り返りにおいて、一人の参加者からも筆者の考えと同様のコメントを得られた。今後、類似の調査を行う際にこの点を改めて検証してみたい。

(3)本調査では、参加者の外国人と日本人とは、ほぼ同様な貧困に対する見方を持っている調査結果が示されている。この点は、国際レベルの貧困理解を検討する可能性があるのではと考えさせる。今後、「THDOP」のような国際レベルの参加型貧困調査のさらなる実施が期待されている。

今回の調査では、参加者全員が日本社会で暮らしている貧困当事者ではあるが、外国人と日本人は半数ずつで構成している。参加者たちの考えは多かれ少なかれ自分の出身社会での生活や文化からの影響を受けているだろうと考えられるが、外国人グループから得られた調査結果と日本人グループでの調査結果とを比べてみると、特徴的な点(例えば、貧困の階級的意味)がある一方で、その大部分の貧困に対する見方は基本的に一緒となっている。この知見は国際レベルの参加型貧困調査を実施する価値を示している。

これまでに、国際的な貧困比較は主に所得や消費などに基づいた量的な検討(購買力平価やジニ係数など)が主流だった。貧困の非金銭的な側面についての研究には質的な検討は有効であるが、各国の社会・文化・政治の違いから国際間での比較研究はより難しいと思われていた。今後、一つの調査研究の枠組みで異国間の貧困当事者が考えた「貧困の意味」を探求し、そこでもし同様の貧困に対する見方が発見できれば、国際レベルでの貧困理解を探求できる可能性が示されてくる。そうすると、従来のような貧困を語る際によく貧困を発展途上国の貧困と先進国の貧困に分けて語ること、そしてそれがもたらした「発展途上国での貧困は本当の貧困であり、先進国での貧困は本当の貧困ではない/貧困はもう存在しない」というような貧困の言説やイメージは適切であるかどうかを実証できるようになると考えられる。先行研究の「THDOP」は既にその一歩を踏み出した。そこから得られた示唆と本調査の実績を踏まえて、今後の国境を超える国際的な参加型貧困調査を実施し、国際レベルでの貧困の意味

3　今後の課題

を探求することによって貧困に対する理解の広がりと深まりがさらに拡大していくことを期待している。

　本調査研究は、貧困当事者の主体側から貧困を理解することを目的として行われてきた。どのように「主体側からの貧困理解」ができるかを考える際に、先行したイギリスでの調査研究をレビューし、「参加」の有用性が分かった。そして、実際に調査を実施し、「参加」の果たした役割が確かに顕著だった。ここでの「参加」の役割は貧困理解だけではなく、貧困の政治を考えるうえでも啓発的であると深く感じるようになった。そして、本研究を進行するにあたって「貧困」か、それとも「参加」に重きをおいてまとめていくのかという迷いがあった。両者の力点の置き方は異なっているため、本書全体の構成方向を左右する。前者は貧困理解が中心であることに対して、後者は貧困の政治に傾いて議論が展開されていくだろう。熟考の末、本研究の最初に設定した目的である「貧困理解」に沿って、どのような調査の手続きを通してどういった貧困理解を得たのかを中心に全体をまとめてきた。「参加」に関する検討は、本章の次に設けた補論にまわした。

補　論　新たな貧困の政治の検討

　本論では、貧困当事者の主体側から貧困を理解するという目的に即して、本研究の研究方法、すなわち参加型貧困調査とそれによって得られた貧困理解について説明した。その内容もできる限り貧困当事者の視点から外れないように意識して全体をまとめた。

　本章は補論として、これまでの本論での論述の視点を転換し、少々筆者の考えも入れて、本論で述べられた内容をもとに従来の貧困議論を概観し（第1節）、それに対して本調査研究で促進した貧困当事者による「貧困」構築を示す（第2節）。こうした両者の対比で本調査研究の意義を示し、参加型貧困調査の実践から「参加」の政治の検討へと議論を展開し、貧困研究を進展させるために、「参加」という新たな貧困の政治を検討する必要性を提起しておきたい（第3節）。

1　従来の貧困議論

　1970年代から新自由主義の影響によって保守的な貧困議論がより一層広がった。貧困は心理的、道徳的、知的、行為的、または文化的個人の問題として焦点を当てられて議論されている（Krumer-Nevo & Benjamin 2010: 5）。そこでは、貧困当事者はよく「ダメージを受けている（不完全的）」と表現されて、もっぱら否定的な特徴、自尊心の低さ、知的達成度の低さ、意志の弱さなどの欠点と弱点を持っているように構築されている（Krumer-Nevo & Benjamin 2010: 5）。このような保守的な議論で最も知られているのは「アンダークラス」を提唱してきたMurray（1984, 1990）の論述である。

　そして、上記の保守的な貧困議論に対抗しようとした貧困議論も行われた。

そのなかでも、よく使われているのは「社会的排除」であり、リベラルな貧困議論と称されている（Young=2008、西村 2015、陳 2021b）。このようなリベラルな貧困議論は貧困の原因は構造側にあると指摘するため、構造/コンテキストのカウンターナラティブ（The structure/context counter-narrative）とも呼ばれている（Krumer-Nevo & Benjamin 2010: 5）。いずれにせよ、これらの貧困議論の主要な論点は、貧困は構造によって機会が制約されたことの産物であるとし（Mark Robert Rank 2004; Wilson=1999, 1996）、貧困である人々の行為やイメージをより大きな社会的文脈において描いたことにより、政策や制度が貧困者に与える影響を発見することができる（Frank Munger 2002）。このような分析によって、貧困状態に暮らす人々が「非規範的」行動をとるのは、彼らの価値観と関係なく、彼らの落ち度ではないと言うようにしている。つまり、貧困を発生させる構造/政策のコンテキストを明らかにすることによって、（保守的な貧困議論が述べている貧困当事者の）主体の劣等性に異論を唱えた点が評価されている（Krumer-Nevo & Benjamin 2010: 7）。

　ただ、こうした貧困の議論には欠点もある。1990年代以後、これらの従来の貧困研究に対して、いくつかの批判がなされている。その批判内容は主に、これまでの貧困議論は主に研究者、政治家、メディア、貧困ロビーなどに主導され、貧困議論の主体であるはずの貧困当事者がそこから排除/他者化されているということである（Beresford et al. 1995, 1999）。しかも、その多くは貧困当事者の貧困実態についてのものであり、貧困当事者の貧困に対する見解についてのものではない（Flaherty 2008: 55）。結局、貧困と最も関係のある貧困当事者が貧困をどのように理解しているかが明らかにされていないまま、貧困当事者がますます周辺化されて、更なる「排除」と「他者化」がなされている（Dean 1992）。

　以上は、本書の序章でも述べられた従来の貧困議論とその問題点である。これに対して、貧困をよりよく理解するために、当時の研究者らが問いを投げかけつつ、貧困当事者を包摂する参加型貧困調査の必要性を提起した（Beresford & Croft 1995; Beresford & Green & Lister et al. 1999; Bennett & Roberts 2004）。

2　貧困当事者による「貧困」構築

　前節で述べたように、Beresford & Croft(1995)、Beresford & Green & Lister et al.(1999)は、貧困当事者が貧困議論から排除されていること、そして、たとえさまざまな貧困当事者の見解が含まれた貧困調査であっても、多くは「セカンドハンド」的なものであり、つまり、貧困でない人が貧困当事者の発言を選択・処理・解釈したものであり、直接の貧困経験がある貧困当事者から発せられた貧困解釈ではないと指摘した(Beresford & Croft 1995: 78; Beresford& Green & Lister et al. 1999: 4-21)。

　Beresford(1995, 2000)によれば、こうした貧困当事者が排除されたままに政治家、政策策定関係者、専門家、研究者らによって策定された主流の社会政策とその利用者との間にはあまりにも多くの乖離が存在する。研究者によって提供される証拠の特権化においては、その政策や福祉サービスなどの利用者の経験や視点それ自体は専門的知識の源と見なされず、調査や事例研究の対象として道具的に動員されることが頻繁になされている。従って、Beresford は社会政策の在り方の根本的な変化が必要であると主張し、サービス利用者と障害者による運動に学び、一般的な参加、特に自己組織化及び集団行動を社会政策の研究と「参加」の中心に置くことを研究者に呼びかけている(Beresford et al. 1995, 1999, 2000, 2013, 2016)。そのため、Beresford は Lister などの研究者と一緒に、上記の主張を貧困調査の実践に応用し、イギリスでは率先して参加型貧困調査「Poverty First Hand」を実施した。そこから、Beresford、Lister、Bennett などのイギリスの初発の段階で中心となった貧困研究者たちが連携しながら、参加型の貧困の調査研究を行ってきた。なかでも「CoPPP」「Child」「Women」「THDOP」が代表的である。

　本調査研究は、このような Beresford、Lister、Bennett などの研究者が提唱した参加型の貧困の調査研究に倣って行ったものである。そのなかで、特に参加型貧困調査を行う際に重要視されている「参加」を担保できるように努めた。そこから確認できた調査結果は以下となる。

　まず、本書の第3章では、貧困当事者が自分たちの「声」で自分たちが見た

「貧困」はどのようなものであるかを描いた。このように貧困当事者の「声」を重視する調査研究は、貧困当事者は貧困や社会政策などについて自分なりの視点、解釈、意味、仮説、分析、理論を含める知識を持っており、自分の日常生活の専門家であるという考えに基づいている (Dorothy E. Smith 1987, Beresford 2000)。彼らの声や知識に光を当てることは、貧困にある人々に対して根拠がなく仮想されている知的劣等性に異議を申し立て、社会への価値がある批判的な分析と社会的抗議の基礎となる (Krumer-Nevo & Benjamin 2010: 3)。本調査研究では、参加者たちは自分にとって貧困には7つの側面の意味があることを描くことができた。そのなかには、専門家、福祉政策、そして他の行政組織や社会システムに対する多くの批判があった。このように、貧困当事者の視点が専門家の視点と対峙し、社会の構成や仕様を疑い批判することによって、強力な社会機構に対する周辺化された人々の考えを理解することができる。反貧困社会の促進への新たな「処方」の提供にもつながっている。

そして、本書の第4章では、貧困当事者による自分たちの「心配・困りごと」とその対応の議論を通してそこで発揮されたエイジェンシーを捉えてみた。こうした貧困当事者のエイジェンシーの把握によって、貧困状態にある人々が自身の生活のなかで積極的なエイジェントとなり、機会が限られた構造のなかで最善の行動経路を交渉し、そして貧困に反抗する意志、力、スキルを持っていることを示すことができる (Krumer-Nevo & Benjamin 2010: 8)。それによって、上記の貧困当事者の「声」や知識を重視することと同様に貧困のなかで暮らしている人々に対して根拠がなく仮想されている道徳的欠陥、受動性、依存性に反論することができる (Krumer-Nevo & Benjamin 2010: 2)。本調査研究では、Lister (=2011) の議論を参考にし、日常生活のなかでの貧困当事者が行ったエイジェンシーを〈やりくり〉〈反抗〉〈脱出〉〈組織化〉の連続体として検討することができた。そこで、当たり前とされている貧困生活の日常から脱却するためのさまざまな当事者の努力や生存戦略が見られていると同時に、そうした努力をする際に彼らが常に構造上の諸側面からの制約を受けていることが明らかになっている。それによって、貧困状態に暮らす人々を制約のなかでの長所と短所の所有者、そして複雑なキャラクターとして描くことができ、そのことは貧困当事者の「他者化」に対応するためには非常に有効と見られている

（Krumer-Nevo & Benjamin 2010: 10）。

　以上のように、本書の第3章、第4章で述べられた参加型貧困調査という実証手法を通じて貧困当事者の「声」と「エイジェンシー」を捉えようとする議論の仕方が、貧困当事者の主体側から「貧困」や「貧困当事者」を理解するために有効な分析の枠組みを提供すると同時に、貧困当事者による「貧困」構築をも促進していると考えられる。よって、本調査研究は、これまでの日本の貧困研究者らが呼びかけてきた貧困当事者の視点から貧困を理解しようという課題に向かって、方法論の検討と実証上のトライアルの両面から有意義な一歩を踏み出したと言えるだろう。

　一方、貧困当事者が貧困議論に参加し、貧困当事者による「貧困」構築ということに対して、そうすると今度は逆に貧困当事者による独占的な貧困論述を促してしまうのではないかという疑問が生じるだろう。これに対して、第5章で示したように、本調査において参加者たちが「参加」によってエンパワーメント[1]されつつ、貧困議論の「なに」「だれ」「いかに」を追求していくことが実証できている。このような議論の仕方から得られた「貧困の意味」は独占的なものではなく、常に以下の2つのレベルでの更新がなされている。

　第1に、「貧困の意味」を深めていくことによって更新されていく。第5章で示しているように、第1回目の集まりの時に参加者たちが話した貧困の意味と比べて、第3回目の集まりでの貧困に対する認識は深められ、「自由」や「権利」などと関わる新たな貧困の意味が加えられた。これらの内容は調査開始当初に議論した貧困の「なに」が指す範囲を改変し、それにより新たな貧困当事者が確定される。従って、新たに確定されたメンバー（貧困当事者）による貧困議論が続けば貧困の意味もまた更新されていくことが考えられる。

　第2に、貧困議論のフレームを修正していくことによって更新されていく。同じく第5章で示したように、参加者たちはこれまでの貧困議論を主導してきた専門家、政治家、メディアの権威性や合理性を疑問視し、自分たちにとっての「参加」の制約は何であるか、それをいかにクリアできるかを考えつつ、そ

---

[1] 第5章では、「参加」によって参加者たちは普段言いにくい「貧困」についても活発な議論ができ、お互いに理解し合いながら権利意識が引き上げられ、貧困認識も深められた。これらの全ては参加者に「力」を加え、エンパワーメントしたと考えられる。

もそも「参加」の資格が実質的に付与されているのかを疑問視するようになっている。これは貧困当事者が貧困議論に参加できるようにと要求しているだけではなく、そもそも貧困とはなにかということをいかに議論し決めていくべきか、誰が貧困当事者であり、誰が貧困当事者でないという成員と非成員の間の境界線をいかに引くべきかが問われている。この問いによって、貧困議論の有資格者の範囲が変更可能となる。これはまた上記の第1と同様に、範囲が変われば当てはまるメンバーが新たに確定されて、継続的な貧困議論によって貧困の意味も更新されていくと考えられる。

以上のようにそれぞれのレベルで、参加者たちが貧困に対する考えや見解を表明し、貧困とはなにかを絶えず思考し再認していくことが見られた。こうした貧困当事者の「参加」によって更新される貧困議論は、「貧困の意味の構築」と「貧困議論の参加者である貧困当事者の確定」との両者の間で再帰的に行き来している[2]。こうした再帰的貧困議論は、貧困とはなにか、貧困を議論する主体は誰であるべきか、いかに貧困を議論し貧困と貧困でない状態を決めるかを問い続けることによって、貧困の概念や定義が絶えず更新され展開されていくこととなる。ただ、このような非独占的な貧困議論を実現するには、「参加」なしには実現し難い。

3 「参加」の政治に向けて

貧困理解の不足と貧困当事者の貧困議論からの「排除」と「他者化」に対して、本調査研究では参加型貧困調査の実施を通じて、従来は貧困議論から排除されてきた貧困当事者を貧困議論に参加できるようにした。その結果、実証的に貧困当事者の主体側から貧困を理解し得ただけではなく、貧困当事者の「排

---

[2] ここでの「再帰」は、主にAnthony Giddens(1991)が近代という時代を説明するために使った概念を指している。つまり、「社会の実際の営みが、まさしくその営みに関して新たに得た情報によってつねに吟味、改善され、その結果、その営み自体の特性を本質的に変えていく」(Giddens 1991=2006: 55)ということである。これは、近代においては、社会や文化の全体についての一人一人の知そのものが当該の社会や文化の重要な構成要素であり、また変化を生み出す力ともなるという考え方である(廣松 1998: 368)。

除」と「他者化」に異論を唱え、非独占的な貧困当事者による「貧困」構築の可能性も示した。本節では、貧困研究の今後に向けて貧困の調査研究の実践から貧困の政治の検討に議論を展開し、よりよい貧困理解と民主的な貧困議論を促進できるように、「参加」という新たな貧困政治の検討が必要であると提起したい。

　まず、貧困当事者に貧困議論への「参加」の機会を作って、貧困研究に貢献できるようにすることは、象徴的価値と実質的価値の両方がある（Rosemary Barber et al. 2012）。象徴的価値に関して、こうした貧困当事者が主体となって貧困議論に参加できたことは、まず何より、彼らが最も頻繁に直面する排除、周辺化、スティグマなどの問題への積極的な挑戦である。また、貧困当事者の貧困に対する専門性、そして人としての人間性とエイジェンシーを承認し尊重することを示している。他方、実質的価値に関して、貧困当事者の「声」を重視することは、貧困に苦しむ人々が、自分たちが直面している状況の分析に参加し、その状況に対する分析を当事者の主体側から理解されようとする実践であり、実質的な貧困当事者の権利の具体化となる。

　また、上記の実践が行われるほど、貧困議論のフレームを変えようとする呼びかけを機能させていく。前節でも論じたように、貧困議論への貧困当事者の「参加」は、貧困当事者たち自身が、個人的または集団的に、自分たちの貧困経験、そして自分たちがそれをどのように考えて解釈しているのか、さらにどのような対応が必要なのかを探求し発展させることを可能にしている（Beresford & Croft 1995）。これによって、貧困の表現と理解に関する権力と専門知識がどこにあるかが問われつつ（Ruth Patrick 2019: 13）、潜在的な経済的、社会的、そして政治的変革を促進する（Catherine Durose et al. 2012; Jo Frankham 2009）。

　さらに、こうした「参加」はまた Lister（2004, 2021）が先行研究とした Nancy Fraser（Fraser 1997: 16=2003: 26）の「再配分と承認」と呼ぶジレンマ[3]を乗り越

---

[3] 再配分は、経済的再分配や社会的機会の均等化を意味し、経済的な不平等に対処するための手段である。承認は、文化的アイデンティティや価値観の認識と尊重を意味し、文化的な差別や排除に対処するための手段である。このジレンマは、再配分と承認の両方が重要であることを認識しつつも、時に相互干渉が起こりうることに基づいている。ここでの

えるためのツールにもなり得る(Patrick 2019: 14)。

　Fraserは、アメリカの社会学者、哲学者、そして政治理論家である。彼女の諸著述のなかで最も知られているのは社会正義論である。Fraser(1997, 2003)は、元々「再分配という経済的次元」と「承認という文化的次元」というパースペクティヴ二元論から社会正義について議論を展開してきた。彼女は、社会正義は全ての人が社会生活に同等的に参加することを可能にする再分配と承認を含む社会的配置(social arrangements 1997: 87, 2003: 36)を要求することであると述べて、それを「参加の同等性(participatory parity)」(1997: 77, 2003: 36)としている。そして、本書の主な先行研究であるLister(2004, 2021)は、Fraser(1997, 2003)に倣って、上述の「経済的」を「物質的・経済的」、「文化的」を「関係的・象徴的」とし、両側面を統合する「貧困の車輪モデル」(2004: 8=2011: 22, 2021: 10=2023: 29)を示すことで、積極的に貧困の理論化と調査に取り組んでいる。

　ただ、グローバル化が進むなかで、Fraser(2005, 2008)はまた従来の領土国家の視点から見てきた社会正義をグローバルの視点において再考し、「だれ」が正義を議論するフレームの主体となるべきかを問うことによって彼女自身(Fraser 1997, 2003)が提起した上記の二元的正義論に「代表という政治的次元」を加えている[4]。Fraser(2005, 2008)はこの3つの全ての次元の主張を「参加の

---

[3] 「再分配と承認のジレンマ」についての詳細な論述は(Fraser 1997: 13-33=2003: 22-49)を参照されたい。そして、本文にて後述したように、2005年以後に、Fraser(2005, See also 2008=2013)が新たに代表という政治的次元を追加したことによって、経済的再分配と文化的承認の両方を規範とする枠組みを提供できると思われている(Kevin Olson 2008: 256, 陳 2001b：15)。

[4] Fraser(2005)は、グローバル化の時代において、我々の生活は多国籍企業や国際通貨、またNGOやグローバルなマスメディアやインターネットにも支配されているため、正義を考える際に従来の領土国家の視点を当然視することはできず、誰が再分配と承認に含まれるべきかを考える必要があると述べて、社会正義の二元論を三元論に発展させた。また、ここでの「政治的次元」に関して、Fraser(2005: 238, 2008: 17=2013: 26)の論述ではそれが「代表に関係している」と述べている。ただ、Fraserはまた、政治的な不正義である「誤った代表」を「ある政体の意思決定のルールが、基本的に成員と見なされた一部の人々が、同輩として完全に参加するチャンスを剥奪するとき生じる(すなわち、通常の政治の誤った代表)」と「ある政体の境界線が、不当にも一部の人々から、公式の正義をめぐる論争にそもそも参加するチャンスを剥奪するとき生じる(すなわち、誤ったフレーム化)」と解

同等性」という包括的な規範原則に従わせている。3つの次元において、「悪しき分配」「誤った承認」「誤った代表」のどれか1つがあれば、「参加の同等性」が阻害され、不正義である。そのうち、特に政治的次元に関して、Fraserは「だれ」が政治的不正義に置かれているのかを判断する際に、「政治共同体の境界線は、実際に代表の資格を持っているだれかを不当に排除していないか」、また「その共同体の決定ルールは全ての成員に、公的熟議での平等な発言権と公的意思決定での公正な代表を付与しているか」という2つの水準で検討した(Fraser 2005: 238-239, 2008: 17-18)。

　以上に対して、既に序章と本章の第1節で述べたように、これまでは貧困そして貧困当事者に対する理解が不足しているなかで貧困当事者が貧困に関する議論から排除、他者化されたままで(Dean 1992; Beresford et al. 1995, 1999)貧困議論が行われてきた。よって、このような従来の支配的な貧困議論の枠組み自体が貧困のなかで暮らしている人々が直面する不正義の一部を構成していることから、貧困議論のフレームを問い直す必要が求められている(Dean 1992; Beresford et al. 1995, 1999; 陳 2021b)。これに対して、本調査研究から見られているように、貧困当事者たちは「参加」の場で、貧困の「なに」(経済的再分配か、文化的承認か)に関する議論を超えて、「だれ」が貧困議論の主体となるべきか、「いかに」貧困を議論し決めていくべきかというそもそもの貧困議論のあり方まで追求し議論できた。こうした議論のなかで、参加者である貧困当事者たちは自分と関わるそれぞれの貧困議論への参加、そしてそもそもの参加の権利、さらに自分と関わる物事を決定するプロセスへの関与を要求しクレームを申し立てる内容を多く示した。このような要求やクレーム申し立ては、上述した Fraser(2005: 248-249, 2008: 25-26)の「政治的次元」から論じた「正義の『だれ』を構成するのに参加する権利を主張しながら」(Fraser 2005: 249, 2008: 26)、「フレームワークが作成され、修正されるプロセスを民主化するこ

釈している(Fraser=2013: 86、強調筆者)。さらに、Fraser は後者の「誤ったフレーム化」の不正義を是正するために「変革的アプローチ」を提示し、この変革的な政治は「他のいかなる要求よりも、フレーム設定のプロセスにおける発言権を主張している」と述べている(Fraser=2013: 37、強調筆者)。以上のように、「誤った代表」の問題は、参加するチャンスが剥奪されるときに生じるので、筆者はこの問題の解決策を提示・強調するために、「代表」ではなく、「参加」を議論の展開に用いている。

とを事実上目的としている」(Fraser 2005: 249, 2008: 26)ということと同様なロジックで理解できる。つまり、貧困当事者が貧困議論に参加できてはじめて、ようやく自分たちの代表となって自分たちに関する経済的再分配や文化的承認などの貧困の「なに」について、それをいかに決めるべきかという政治的主張ができるようになる。よって、貧困当事者の貧困議論への「参加」は、これまでのような物質的不利や社会的剥奪・排除の観点からではなく、権利や権力の観点から議論をリフレーム(Re-Frame)し、貧困当事者自身の理論と要求の発展を導くことができる(Beresford & Croft 1995: 92)。

　従って、このような参加の政治をもとに行われた貧困議論では、時代の発展とともにその社会で最も弱い立場にいる人々にも扉を開いて、貧困の意味を修正していくという民主的な方法によって貧困を議論する可能性を示している。これにより、貧困研究上の「絶対的貧困」から「相対的貧困」へという貧困議論の流れにおける貧困の概念や定義をめぐる対立を回避できる。また、序章と第3章で言及した技術官僚的なアプローチと違って、民主的熟議を通して人々の価値判断に基づく貧困の概念化を行うための大きな空間を作ってくれる。従って、保守的な貧困議論に対抗するために、これまでの貧困議論の仕方を考え直し、貧困当事者たちが「物質的・経済的」な困窮、そして、ボイスレス・パワーレスなどの「関係的・象徴的」な困窮の両方に対応できるように、新たな貧困の政治、すなわち「参加」の政治が必要であると主張したい。

　以上のように、本章では、本論で述べた貧困当事者たちから見た貧困理解を貧困をめぐる政治の文脈に位置づけ、「貧困の政治」を従来から議論されてきた「再分配」と「承認」(Lister 2004, 2021)を超えて、実証研究から得られたエビデンスに支持された「参加」の観点から問い直す必要を提起した[5]。

---

[5] 確かに、貧困研究の分野において、Beresford(1992, 1995)やLister(2004, 2021)の研究でも「参加」に関する論述は多くあったが、それを貧困の政治に明確的に位置付けるまでにはなっていない。この点は、Listerの主著 *Poverty* (2004)の第2版(2021)の日本語版(2023)が日本に出版された際に北海道大学で行われたワークショップ(2023年11月6日)にて、筆者とListerとの討論でも議論された。そこで、Listerは次のようにコメントしている。「私はそれを貧困の第3の政治形態として追加していないです。(中略)理由は、あなたの報告でも指摘されたように、参加の権利は貧困のなかで暮らす人々の尊厳を承認するための重

要な手段であると考えているので、私はそれが承認・尊重の政治の一部として考えたからです。(中略)しかしながら、今日のあなたの報告を聞いて、あなたが示したように、特にグローバルな観点から、例えば外国人労働者や移民などのステータス(社会的地位や身分)のせいで投票や発言によって自分の意見を表明する機会や手段を持たない人々という点で、確かに穴があるということを認めます。ですから、あなたがそれを前進させて、仕事を発展させてくれることをとてもうれしく思います。この本(*Poverty*)の第3版は出ないと思うので、それを行うのは今あなたの責任です」。

付録1　関連分野での参加の実践

　本書の第1章で紹介したように、「参加」は迅速農村評価、参加型農村評価、参加型貧困アセスメントという開発の文脈で貧困と結び付けられて言及されてきた(Laderchi 2001: 5-6; Bennett & Roberts 2004: 34)。一方、貧困と関係なく、「参加」はまたコミュニティ開発、ユーザー関与、土地利用計画の公衆参加(public participation in land-use planning)、成人教育運動(the adult education movement)などの分野や領域に応用され実践されている。ここでは、先行研究(Croft & Beresford 1992; Bennett & Roberts 2004)では重ねて言及されているコミュニティ開発とユーザー関与について、その実践の類型を整理して見る。

　まず、コミュニティ開発についてである。コミュニティ開発は、地域住民が望む生活向上や地域活性化への寄与を目的とする社会活動である。1950年代から1970年代にかけてトップダウンの技術官僚的アプローチから、人々の参加、エンパワーメントと参加型学習的なアプローチへと移行し、コミュニティ開発の実践を主導してきた(Mary Ann Brocklesby & Eleanor Fisher 2003)。このようなコミュニティ開発には、3つの緊張関係がある(Croft & Beresford 1992: 29-30)。まずは、コミュニティ開発において、変革を図るために人の包摂を要するが、有効な包摂を確保するには時間と資源を要する。これは同時に包摂へのプレッシャーとなる。次は、コミュニティ開発はよく「大規模な住民参加[1]」といったレトリックを利用するが、実際の参加は少人数である場合が多い。最後に、コミュニティ開発には「確保」と「組織」2つの方式がある。前者はサポートアプローチで人の包摂の確保と拡大を図る。後者はしばしば一方的にリーダーシップのような関係が示されていて、必ずしも人の参加の促進とは言えない。

---

[1] ここでの「住民参加」と類似する「市民参加」という用語もあるが、両者には厳密な区別がなされていない(小田 1993：142)。

次に、ユーザー関与についてである。1980年代に入ってから、特に福祉サービスの領域において、サービスそのものを提供者の主導からユーザー中心に転換することが要求されている。多くの人々はユーザー関与を増やすことによって、ユーザー中心のサービスに転換することができると考えている。これは、サービスの利用者が、サービス提供の領域における問題の検討や解決策の提案に積極的に関与しようとすることを意味する(Bennett & Roberts 2004: 17)。ユーザー関与において「消費的」と「民主的」の2つのアプローチが確認できる(Croft & Beresford 1992: 30-32)。2つは重なっているが、異なる哲学と目標を示している。前者はニュー・ライトの政治と関連し、人々のニーズを商品化し市場で供給しようとするサービス提供側から示されたものである。後者は権利、自己決定(self-advocacy)、ユーザー組織などと関連し、サービスのユーザーおよび彼らの組織から示されたものである。これらの組織は伝統的な圧力団体と異なり、自ら「声」を挙げようとしている。そのなかで注目されるのはエンパワーメントやパワー(権力)の再分配などがある。

　上述の実践が示しているように、20世紀後半から「参加」はそれぞれの場面において期待が寄せられてきたが、現実では「参加」が単なるレトリックとして利用されている場合もあった。その原因は「参加」の意味を明確にせず曖昧なまま使用しているため、またはあえてその「曖昧さ」を利用しているためであると理解である。そのため、「参加」を応用する際に、「参加」は参加者の負担の回避や軽減のために確実なサポートが必要であり、単なる「レトリック」として「参加」を使用するのではなく、人々の主体としての実質的な参加が求められているということが、貧困研究以外の分野や領域での参加の実践から与えられた示唆である。

付録2 「代議制民主主義」との関係性

　本調査は従来の貧困調査と違って、貧困当事者が(貧しい生活実態について調査され、ただの貧困経験を提供するような受動的な存在ではなく)直接的に議論に参加し、「貧困」について分析するものである。そうすると、ここでの当事者が直接参加する「参加型民主主義」は既存の「代議制民主主義」とはどのような"関係"であるのかが問われがちである。つまり、これまでの代議制民主主義においての「代表」(多くの場合は選挙された議員などの政治家)が既に政治的/民主的なプロセスによって選出されているので、これとは別に改めて当事者の「参加」は必要なのか、ということである。

　この問いに関して、本調査だけではなく、イギリスで先行した調査研究、例えば本研究の先行研究である「CoPPP」(2000, 2002)、「Women」(2008)も同様な問いを向けられている(多くの場合は政治家からである)。これに対して、「CoPPP」(2000: 8)は、これまでの民主主義の「代表」と「直接」(参加)との間には、誤った対立が強調されてきたと答えている。

　「参加」は人間の権利であり(「CoPPP」2000: 15-16)、貧困当事者が貧困議論や政策策定に参加するのは、貧困当事者が積極的な市民の一員として権力行使を具体化し、実現することである(Bennett 2004: 9, 12;「Women」2008: 25)。従って、既存の代議制民主主義によって"代表"が既に選出されて「協議」が行われたことを理由として、貧困当事者の直接的な「参加」が不要であるとして否定されると、次の問題が生じてくる。すなわち、最も脆弱で影響を受けやすい人々がどのようにそこでの「協議プロセス」に効果的に関与できるか、そして、政府などの公的機構に対してどの程度の関与を要求し期待すべきかを検討する余地が狭められる(「Women」2008: 24)。

　一方、貧困当事者が自分たちに関する貧困議論への参加することは、新しい形式の知識と政府のガバナンスをよりよくさせることにつながる(「CoPPP」

2000: 15-16, 49)。つまり、この「参加」は、個人が自身の個人的な問題について個別的に議員などに連絡や陳情するような従来的な方式ではなく、貧困当事者たちがグループになって貧困問題やその解決案について分析し議論することである(「CoPPP」2000: 49)。これは、また、通常の代議制民主主義とそれによって選出された政治的代表者に取って代わることではなく、(貧困に関するエビデンスの提供や拡大をすることによって)それらをもっと責任的・効率的にさせていくこと(「CoPPP」2000: 15-16)と考えることができる。

　なお、本調査では同じ日本社会(北海道)に暮らしている外国人参加者もいる。彼らの議論においては、厳しい労働環境や労使関係という階級問題が反映されている。日本では選挙権が付与されていない外国人である彼らの「クレーム申し立て」に対処するには、同じ貧困状況に置かれている日本人の人々に比べて現行の代議制民主主義上の不都合があるだろう。こうした点から考えても、グローバリゼーションによる国境を超える人の移動がますます進む今日だからこそ、参加型民主主義は必要ではないだろうか。

付録3 「代表性」が必ず必要なのか

　本調査では、多様な貧困経験がある当事者を包摂できているというものの、人数が必ずしも多かったとは言えない。そのため、参加者32人の「声」を一般化する基礎が乏しいではないかと思われるかもしれない。換言すれば、本調査の参加者の"代表性"が問われていると考えられる。

　David A. De Vaus(2002: 70)によれば、社会的調査においての調査対象の代表性(representative)は、標本(sample)の属性が母集団(population)の属性と一致することを指している。標本の代表性が高いほど、母集団の特性(characteristics)と近いため(De Vaus 2002)、標本についての研究結論を母集団に類推する信頼性が高くなる(王 2002)。

　そして、王(2002)はまた標本が抽出できる一つの前提――母集団の構成範囲と(他集団との)境界線が明確にあること――があると述べている。この前提のうえで、調査標本は所定のルール(例えば、ランダムサンプリング)に基づいて、調査母集団から抽出することができる。ここでの標本を抽出する目的は、より少ないコストで母集団を理解し認識することである。この目的を達成するために、標本は必ず母集団を再現できなければいけず、代表性を有することが要求されている(王 2002)。

　しかし、本研究での調査は、貧困の概念や定義をはじめとする「貧困とはなにか」を検討する質的調査であるため、母集団は確定的ではなく、調査対象も統計的なサンプリングによって選定するものではない(できない)。よって、上記の調査参加者の「代表性」についての"問い"は、暗黙のうちに本調査を統計的な調査研究と対比している。それは、間違っている(Robert K. Yin 2002: 37)。

　本調査での調査参加者に関して、必ずしも代表性を有する必要はない。代表性より、むしろ典型性が重要である。ここで求められている典型性は、標本か

ら母集団への統計的一般化(statistical generalization)推論ではなく、それぞれの調査対象の共通性からある種の現象の重要な特徴を集合的に反映する分析的一般化(analytical generalization)推論である(Yin 2002: 37-38、王 2002)。このような分析的一般化推論において、「調査実施側(研究者)が一連の調査結果をより広い理論までに一般化しようと努める」(Yin 2002: 37、括弧筆者)。この意味から、本調査では確かに貧困当事者の典型性を検討する基礎材料となる「多様な、しかも共通となる部分もある貧困経験」を持つ貧困当事者が集められたと言えるだろう。

付録4　調査参加者募集ポスター

　学生4グループと外国人2グループを募集する際にポスターを使用した。日本人社会人の2グループの募集については基本的に調査協力組織に任せたため、本ポスターは使用していない。グループ別に募集対象に適する言語で作成した。以下は日本語で示したものである。

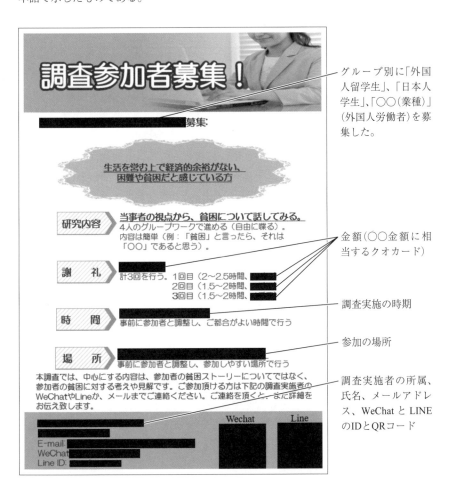

付録5　プレ調査の説明

　本研究でのプレ調査は2021年の1月に実施したものであり、正式調査の実施に向けて、①集まりの所要時間や調査進行上の時間配分を把握すること、②調査全体がうまくいくかどうかを試し、調査設計を改善することを目的とした。

　プレ調査では、調査実施者(ファシリテーター)と4人の参加者(一般の日本人女子大学生)以外に、プレ調査の全体に対する観察を行うための1名の観察者(貧困研究者)も設けた(正式調査では設けていない)。4人の参加者のうち、1人は調査実施者の知人であり、残りの3人はこの知人の紹介で集まった。4人とも正式調査はどのような調査であるか、そして今回のプレ調査は何のために行うのかを理解したうえで参加した。観察者も参加者と同様に正式調査と本プレ調査に対して理解したうえで協力した。プレ調査では、観察者は参加者たちと同室で一定の距離がある別のテーブルに着き、調査進行の時系列に沿って、どの時点に何の話題があがって議論されたのか、それぞれの話題にどのぐらいの時間が掛かったのかについて記録した。また、観察者はファシリテーターの調査説明や調査進行の取りまとめ、参加者たちが議論を行う時の様子などを含む調査全体についても観察した。調査事後に、調査実施者に対して、フィードバックを行った。このようなプレ調査を通じて、主に以下の3点をクリアにできた。

・集まりごとの時間(長さ)に関しては、4人の参加者が十分な意見表明ができる一方、参加者たちに負担が掛からないようにすると、1.5時間から2時間程度が最適であることが確認できた(詳細は第2章を参照)。
・毎回の議論の主題はシンプルで理解しやすいようなものであれば参加者たちは基本的にその主題を中心に、自由に話を交わし、議論を展開していくことができる。逆に、関連し合うような複数の主題を同じ集まりで取り上

げると、参加者たちがそれらを互いに区別したうえで議論するのが難しく、議論自体もスムーズに進まない。
・調査実施者にとって、どのように自身の研究者としての意識を抑え、中立の立場で参加者同士の共通認識や意見の違いを確認しながら全体の議論を取りまとめていくのかなどの、ファシリテーターとしての事前練習ができた。

なお、プレ調査を行ってから正式調査の実施に向けて、調査設計上、特に大きな見直しはしなかったが、1回目と2回目の議論の主題はよりシンプルにした。具体的には、プレ調査の1回目の集まりでは、「貧困の影響」「貧困の原因」も主題として議論したが、全体の所要時間は2時間よりかなり超過して、そこでの話も他の主題についての議論内容と重複するところが多かったため、この2つの主題を正式調査では外した。そして、プレ調査の2回目の集まりでは、「心配・困りごと」を議論した後に、こうした自分たちが抱えている「心配・困りごと」を解決するために、希望する「理想の援助政策」(思うままに、現実的でなくてもよい)も議論してみたが、所要時間が長くなり、参加者に負担を掛けた様子が伺われたため、これも正式調査では取り入れなかった。これらの内容を参加型貧困調査で行うことは、今後の課題としたい。

初出一覧

　本書は、2023年4月に北海道大学大学院教育学院に提出した博士論文「貧困当事者が語る『貧困とはなにか』――参加型貧困調査を通じて」に加筆修正したものである。博士論文のもととなっている学術論文・学会発表の初出は以下のとおりである。

序　章　書き下ろし
　(「貧困議論における貧困当事者の『排除』と『他者化』」『教育福祉研究』(2021)第25号、9-20と一部の重複がある。)
第1章
　「貧困当事者を包摂する参加型貧困調査実施上の課題」『北海道社会福祉研究』(2021)第41号、24-34。
第2章
　「参加型貧困調査の実践報告」貧困研究学会第14回研究大会、オンライン開催(企画：京都府・立命館大学)2021年12月5日配布資料、『貧困研究』(2022)第28号、103、報告要旨掲載。
　「参加型貧困調査の実施について――『参加』に向けた調査の手続きを中心に」『北海道大学大学院教育学研究院紀要』(2022)第140号、203-225。
第3章　書き下ろし
第4章　書き下ろし
第5章　書き下ろし
終　章　書き下ろし
補　論　書き下ろし
　(「貧困議論における貧困当事者の『排除』と『他者化』」『教育福祉研究』(2021)第25号、9-20と一部の重複がある。)

あとがき

　本書は、2023年4月に北海道大学大学院教育学院に提出した博士論文に加筆修正したものである。博士論文の作成から本書の出版までに、多くの方々からお世話になった。この場を借りて感謝の意を申し上げたい。

　まず、本書のもととなっている博士論文の主査を担当してくださった北海道大学大学院教育学研究院の松本伊智朗先生、そして副査の同研究院、鳥山まどか先生は、論文の構想から完成に至るまで数年間にわたり熱意をもってご指導くださった。指導教員でもある両先生は私の問題意識を尊重し、自由な研究をさせてくださった一方で、研究の手順や手続きに対しては微に入り細に入り確認し検討を重ねてくださった。また、研究以外の生活面でも熱心に私の面倒を見てくださり、研究活動に専念できる環境を整えてくださった。この場をお借りして、両先生の温かいご指導とご支援に心より深く感謝申し上げたい。

　また、副査を担当してくださった北海道大学大学院教育学研究院(当時、広島大学)の佐々木宏先生ならびに同研究院の上山浩次郎先生からは、本論文の細部にわたって査読をしてくださり、数々の有益なご助言をいただいた。半年以上にわたった予備審査は、本論文を作成するなかで非常に有意義な時間となり、論文の全体構成の改善に大きなお力をいただいた。長期間にわたって丁寧なご助言をくださったお二人の先生方に、厚く御礼を申し上げる。

　そして、私の所属した教育福祉研究室のメンバー及び教育福祉論ゼミへの参加者にも感謝の意を表す。なかでも、立木ちはやさん、安明希さん、近藤純子さん、熊谷良介さん、大野慶さん、江楠さん、亀山裕樹さん、中塚久美子さんには、論文の作成や本書の加筆修正の段階においても、いつも熱心に議論の相手になってくださった。同朋間でのゼミでの検討やプライベートの議論はいつも刺激的であり、そこからの収穫も多くあった。恵まれた研究環境に置かせていただき、ともに勉強や研究ができたことは本当に幸いなことだったと思う。

さらに、本研究の調査協力者ならびに 32 名の調査参加者の方々に心から感謝申し上げたい。皆様のご協力や参加があったからこそ、本研究を進めることができ、当事者としての「知識」と「力」溢れる議論をもとに本書をまとめることが出来た。

　なお、本書は令和 6 年度国立大学法人北海道大学「学術成果刊行助成」（図書の刊行）に採択されたことで出版に至った。北海道大学、北海道大学附属図書館、北海道大学出版会に厚く御礼申し上げたい。なかでも、北海道大学出版会編集担当の川本愛様からは、原稿を丁寧に読んでくださり、適切なご指摘をいただいた。また、本助成を申請する際に、指導教員の松本伊智朗先生はいつも相談に応じてくださり、とても心強かった。北海道大学大学院教育学研究院（当時、研究院長）の横井敏郎先生、同研究院（当時、広島大学）の佐々木宏先生は、ご多忙のなかで本書を刊行する意義を評価し、助成申請の推薦書を書いてくださった。さらに、先輩の札幌大谷大学短期大学部の大澤亜里先生、札幌学院大学の大澤真平先生から、助成申請について多大なご助言や励ましをいただいた。

　そのほか、学部時代の指導教員の石原多賀子先生（当時、北陸大学教授）と、博士前期課程時代の指導教員の金沢大学名誉教授横山壽一先生には、私が来日してから折にふれ様々な形で大変お世話になった。今でも心より感謝している。現在所属している尚絅大学短期大学部の増淵千保美先生にはいつも親切に接していただき、教育や研究について常に励ましご指導をいただいている。感謝の気持ちを表したい。本書はイギリスの貧困研究者 Ruth Lister 先生の諸研究に大きく影響を受けている。この場をお借りして、Lister 先生に敬意を表したい。

　最後に、中国東北部にある小さな村から大きな力で支えてくれた家族に感謝の気持ちを伝えたい。

2024 年 5 月 19 日、初夏を迎える九州にて

陳　勝

引用・参考文献

阿部彩(2011)厚生労働科学研究費補助金「貧困・格差の実態と貧困対策の効果に関する研究」総括研究報告書(研究代表者　阿部彩)。
青木紀(2010)『現代日本の貧困観――「見えない貧困」を可視化する』明石書店。
Attwood, C., Singh, G., Prime, D. and Creasey, R. (2003) *2001 Home Office Citizenship Survey: people, families and communities*, Home Office.
Barber, R., Boote, J., Parry, G., Cooper, C. and Yeeles, P. (2012), Evaluating the impact of public involvement on research. In Barnes, M. and Cotterell, P. (Eds.) (2012) *Critical perspectives on user involvement*, Bristol University Press.
Bennett, F. and Roberts, M. (2004) *From input to influence, participatory approaches to research and inquiry into poverty*, Joseph Rowntree Foundation.
Beresford, P. and Croft, S. (1995). It's our problem too! Challenging the exclusion of poor people from poverty discourse, *Critical Social Policy*, 44/45, 75-95.
Beresford, P., Green, D., Lister, R. and Woodard, K. (1999) *Poverty first hand: Poor people speak for themselves*, Child Poverty Action Group.
Beresford, P. (2000) Service users' knowledges and social work theory: Conflict or collaboration?, *British Journal of Social Work* 30(4), 489-503.
Beresford, P. (2013). From 'other' to involved: User involvement in research: An emerging paradigm, *Nordic Social Work Research*, 3/2, 139-148.
Beresford, P. (2016) *All our welfare: Towards participatory social policy*, Policy Press.
Bradshaw, J., Middleton, S., Davis, A., Oldfield, N., Smith, N., Cusworth, L. and Williams, J. (2008) *A minimum income standard for Britain: What people think*, Joseph Rowntree Foundation.
Bray, R. and De Laat, M. and Godinot, X. and Ugrate, A. and Walker, R. (2019) *The hidden dimensions of poverty*, International Movement ATD Fourth World, Pierrelaye.
Brocklesby, M. A. and Fisher, E. (2003) Community development in sustainable livelihoods approaches: an introduction, *Community Development Journal*, 38/3, 185-198.
Chambers, R. and Mayoux, L. (2003) *Reversing the paradigm: Quantification and participatory methods*, submitted to the EDIAIS Conference on New directions in impact assessment for development: Methods and practice, University of Manchester.
Croft, S. and Beresford, P. (1992) The politics of participation, *Critical Social Policy*, 12, 20-44.
陳勝(2021a)「貧困当事者を包摂する参加型貧困調査実施上の課題」『北海道社会福

祉研究』、第41号、24-34。
陳勝(2021b)「貧困議論における貧困当事者の『排除』と『他者化』」『教育福祉研究』第25号、9-20。
陳勝(2022)「参加型貧困調査の実施について——『参加』に向けた調査の手続きを中心に」『北海道大学大学院教育学研究院紀要』第140号、203-225.
Commission on Poverty, Participation and Power. (2000) *Listen hear: The right to be heard*, The Policy Press.
Dagdeviren, H. and Donoghue, M. (2019) Resilience, Agency and Coping with Hardship: Evidence from Europe during the Great Recession, *Journal of Social Policy*, 48(3), 547-567.
Daly, M. and Leonard, M. (2002) *Against all odds: Family life on a low income in Ireland*, Institute of Public Administration.
Dean, H. (1992) Poverty discourse and the disempowerment of the poor, *Critical Social Policy*, 12, 35, 79-88.
Dean, H. and Taylor-Gooby, P. (1992) *Dependency Culture: The explosion of a myth*, Harvester Wheatsheaf.
De Vaus, D. A. (2002) *Surveys in social research* (fifth edition), Allen & Unwin.
Dias, J. J. and Maynard-Moody, S. (2007) For-profit welfare: Contracts, conflicts, and the performance paradox, *Journal of Public Administration Research and Theory* 17(2): 189-211.
Donnison, D. (1982) *The politics of poverty*, Martin Robertson.
Duncan, S. and Edwards, R. (1997) Lone mothers and paid work — rational economic man or gendered moral rationalities? *Feminist Economics* 3(2), 1997, 29-61.
Durose, C., Beebeejaun, Y., Rees, J., Richardson, J. and Richardson, L. (2012) *Towards co-production in research with communities*, Arts and Humanities Research Council.
Eyben, R., Kabeer, N. and Cornwall, A. (2008) *Conceptualising empowerment and the implications for pro poor growth*, A paper for the DAC Poverty Network, Institute of Development Studies.
Flaherty, J. (2008) *'I mean we're not the richest but we're not poor': Discourses of 'Poverty' and 'Social Exclusion'*, Loughborough University.
Frankham, J. (2009) *Partnership research: A review of approaches and challenges in conducting research in partnership with service users*, ESRC National Centre for Research Methods.
Fraser, N. (1997) *Justice interruptus: Critical reflections on the "postsocialist" condition*, Routledge (=2003, 仲正昌樹監訳『中断された正義——「ポスト社会主義的」条件をめぐる批判的省察』御茶の水書房).
Fraser, N. and Honneth, A. (2003) *Redistribution or recognition? A political-philosophical exchange*, Verso (=2012, 加藤泰史監訳『再配分か承認か？——政治・哲学論争』法政大学出版局).
Fraser, N. (2005) Reframing justice in a globalizing world, *New Left Review*, 36, 69-88.

Fraser, N. (2008) *Scales of justice: Reimagining political space in a globalizing world*, Polity Press (=2013, 向山恭一訳『正義の秤(スケール)——グローバル化する世界で政治空間を再想像すること』法政大学出版局、19-42).
Giddens, A. (1991) *The Consequences of modernity*, Policy Press (=1993 第 1 刷発行, 2006 第 2 刷発行, 松尾精文・小幡正敏『近代とはいかなる時代か?——モダニティの帰結』而立書房).
Gilliatt, S. (2001) *How the poor adapt to poverty in capitalism*, Edwin Mellen Press.
Gonyea, J. G. and Melekis, K. (2017) Older homeless women's identity negotiations: Agency, resistance and the construction of a valued self, *Sociological Review*, 65(1), 67-82.
Goode, J. and Maskovsky, J. (2001) *The new poverty studies: The ethnography of power, politics and impoverished people in the United States*, New York University Press.
橋本健二(2018)『アンダークラス——新たな下層階級の出現』筑摩書房。
橋本健二(2020)『アンダークラス 2030 ——置き去りにされる「氷河期世代」』毎日新聞出版社。
林明子(2016)『生活保護世帯の子どものライフストーリー——貧困の世帯的再生産』勁草書房。
廣松渉[ほか]編(1998)『哲学・思想事典』岩波書店。
Hooks, b. (1994) *Outlaw culture: Resisting representation*, Routledge.
International Institute of Environment and Development (1999) PLA Notes 34.
岩田正美(2008)「貧困研究に今何が求められているか」『貧困研究』第 1 号、明石書店、12-23。
岩田美香(2007)「当事者意識:貧困当事者とは誰か?——母子世帯への調査から」(青木紀、杉村宏編著(2007)『現代の貧困と不平等:日本・アメリカの現実と反貧困戦略』第 11 章)明石書店、161-189。
Kempson, E., Bryson, A. and Rowlingson, K. (1994) *Hard times: how poor families make ends meet*, Policy Studies Institute.
『子どもが語る施設の暮らし』編集委員会(1999)『子どもが語る施設の暮らし~』明石書店。
『子どもが語る施設の暮らし』編集委員会(2003)『子どもが語る施設の暮らし~2』明石書店。
小西祐馬(2003)「生活保護世帯の子どもの生活と意識」『教育福祉研究』第 9 号、9-22。
Krumer-Nevo, M., Slonim-Nevo, V. and Hirshenzon-Segev, E. (2006) Social workers and their long-term clients: The never ending struggle, *Journal of Social Service Research* 33 (1): 27-38.
Krumer-Nevo, M. and Benjamin, O. (2010) Critical poverty knowledge: Contesting othering and social distancing, *Current Sociology*, 58, 5, 1-22.
Laderchi, C. R. (2001) *Participatory methods in the analysis of poverty: A critical review, working paper*, 62 (Oxford: Queen Elizabeth House, University of Oxford).
Lister, R. and Beresford, P. (1991) *Working together against poverty: involving poor people in*

action against poverty, Open Services Project and Department of applied Social Studies University of Bradford.

Lister, R. (2002) A politics of recognition and respect: involving people with experience of poverty in decision making that affects their lives, *Social Policy and Society*, 1: 1, 37-46.

Lister, R. (2004) *Poverty*, Polity Press (=2011, 松本伊智朗監訳『貧困とはなにか――概念・言説・ポリティクス』明石書店).

Lister, R. (2010) *Understanding theories and concepts in social policy*, The Policy Press.

Lister, R.(2011)「貧困の再概念化」『教育福祉研究』第17号、1-8。

Lister, R. (2015) 'To count for nothing': Poverty beyond the statistics, *Journal of the British Academy*, 3, 139-165.

Lister, R. and Beresford, P. (with Green, D. and Woodard, K.) (2019) Where are 'the poor' in the future of poverty research? In J. Bradshaw and R. Sainsbury (eds), *Researching poverty*, Routledge, 284-304.

Lister, R. (2021) *Poverty*, 2nd Edition, Polity Press (=2023, 松本伊智朗監訳『【新版】貧困とはなにか――概念・言説・ポリティクス』明石書店).

Mack, J. and Lansley, S. (1985) *Poor Britain*, George Allen & Unwin.

Mcintosh, I. and Wright, S. (2018), Exploring what the Notion of 'Lived Experience' offers for social policy analysis, *Journal of Social Policy*, 48, 3, 449-467.

宮本みち子・佐藤洋作・宮本太郎(2021)『アンダークラス化する若者たち――生活保障をどう立て直すか』明石書店。

Mosse, D. (2007) *Power and the durability of poverty: A critical exploration of the links between culture, marginality and chronic poverty*, Chronic Poverty Research Centre Working Paper 107.

Munger, F. (2002) *Laboring below the line: The new ethnography of poverty, low-wage work and survival in the global economy*, Russell Sage Foundation.

Murray, C. (1984) *Losing ground: American social policy, 1950-1980*, Basic Books.

Murray, C. (1990) *The Emerging British Underclass*, Choice in Welfare Series No. 2., IEA Health and Welfare Unit, the Institute of Economic Affairs.

Narayan, D., Chambers, R., Shah, Meera K. and Petesch, P (2000) *Voices of the poor: Crying out for change*, Oxford University Press for the World Bank (=2002, 世界銀行東京事務所監訳『貧しい人々の声 私たちの声が聞こえますか？』).

西村貴直(2015)「貧困の政治における〈他者化〉――概念とプロセス」『関東学院大学人文学会紀要』第132号、27-47。

Novak, T. (1995). Rethinking poverty, *Critical Social Policy*, 15, 44/45, 58-74.

小田兼三[ほか]編(1993)『現代福祉学レキシコン』雄山閣出版。

Olson, K. (2008) Participatory Parity and Democratic Justice. In Fraser, N. (Author), Olson, K. (Editor) (2008). *Adding insult to injury: Nancy Fraser debates her critics*, Verso, 246-272.

大澤真平(2023)『子どもの「貧困の経験」――構造の中でのエージェンシーとライフチャンスの不平等』法律文化社。

Parker, S., and Pharoah, R. with Hale, T. (2008) *Just coping: A new perspective on low income families*, Social Innovation Lab Kent (SILK), Kent County Council.

Patrick, R. (2019) Unsettling the anti-welfare commonsense: The potential in participatory research with people living in poverty, *Journal of Social Policy*, 1-20.

Pemberton, S., Sutton, E., Fahmy, E. and Bell, K. (2014) *Life on a low income in austere times*, Poverty and Social Exclusion in the UK.

Peterie, M., Ramia, G., Marston, G., and Patulny, R. (2019a). Social isolation as stigma-management: explaining long-term unemployed people's 'failure' to network, *Sociology*, 53(6), 1043-1060.

Peterie, M., Ramia, G., Marston, G. and Patulny, R. (2019b) Emotional compliance and emotion as resistance: Shame and anger among the long-term unemployed, *Work, Employment & Society*, 33(5), 794-811.

Rank, R. M. (2004) *One nation, underprivileged: Why American poverty affects us all*, Oxford University Press.

Ridge, T. (2002) Childhood poverty and social exclusion: From a child's perspective, The Policy Press (=2010, 中村好孝・松田洋介訳、渡辺雅男監訳『子どもの貧困と社会的排除』桜井書店).

Rowntree, B. S. (1901) *Poverty: A study of town life*, Macmillan (長沼弘毅訳(1975)『貧乏研究』千城).

志賀信夫(2016)『貧困理論の再検討──相対的貧困から社会的排除へ』法律文化社。

志賀信夫(2019)「子どもの貧困問題と官僚的制度尊重主義批判」『地方都市における子どもの貧困問題に関する研究』、URP先端的都市研究シリーズ 15、1-19。

志賀信夫(2020)「階級関係から問う貧困問題」『社会福祉学』第61(3)号、1-13。

『施設で育った子どもたちの語り』編集委員会(2012)『施設で育った子どもたちの語り』明石書店。

Silver, H. (1994) Social exclusion and social solidarity: Three paradigms, *International Labour Review*, 133, 5/6, 531-578.

Smith, D. E. (1987) *The everyday world as problematic: A feminist sociology*, University of Toronto Press.

Social and Community Planning Research (1995), *British Social Attitudes Survey*.

Spicker, P. (2007) *The idea of poverty*, Policy Press (=2008, 圷洋一監訳『貧困の概念──理解と応答のために』生活書院).

Sutton, L., Smith, N., Dearden, C. and Middleton, S. (2007) *A child's-eye view of social difference*, Joseph Rowntree Foundation.

谷口由希子(2011)『児童養護施設の子どもたちの生活過程──子どもたちはなぜ排除状態から脱け出せないのか』明石書店。

Taylor, D. (2011) Wellbeing and welfare: A psychosocial analysis of being well and doing well enough, *Journal of Social Policy*, 40(4), 771-794.

Townsend, P. (1979) *Poverty in the United Kingdom: A survey of household resources and standards of living*, Penguin.

Tufo, S. D. and Gaster, L. (2002) *Evaluation of the commission on poverty, participation and power*, Joseph Rowntree Foundation.
Union of the Physically Impaired Against Segregation (1976) https://disability-studies.leeds.ac.uk/wp-content/uploads/sites/40/library/UPIAS-UPIAS.pdf (最終アクセス日 2023 年 1 月 4 日), Leeds University Disability Studies Archive.
Vasilachis de Gialdino, I. (2006) Identity, poverty situations and the epistemology of the known subject, *Sociology*, 40(3), 473-491.
Verba, S., Schlozman, K. L., Brady, H. and Nie, N. H. (1993) Citizen activity: Who participates? What do they say? *American Political Science Review*, 87(2), 303-318.
Vincent, C., Ball, S. J. and Braun, A. (2010) Between the estate and the state: struggling to be a 'good mother', *British Journal of Sociology of Education*, 31(2), 123-138.
Walker, R. (2014) *The Shame of Poverty*, Oxford University Press.
王寧(2002)「代表性かそれとも典型性か―ケースの属性とケーススタディ方法の論理的根拠」(王宁，代表性还是典型性？个案的属性与个案研究方法的逻辑基础)『社会学研究』第 5 期、123-125。
Wilson, W. J. (1987) *The Truly Disadvantaged: The Inner City, the Underclass and Public Policy*, The University of Chicago Press (=1999, 青木秀男監訳『アメリカのアンダークラス』明石書店).
Wilson, W. J. (1996) *When Work Disappears: The World of the New Urban Poor*, Alfred A. Knopf.
Williams, F. and Popay, J. and Oakley, A. (1999) *Welfare Research: A Critical Review*, UCL Press.
Women's Budget Group. (2008) *Engaging and empowering women in poverty* (URL: https://www.jrf.org.uk/report/engaging-and-empowering-women-poverty 最終アクセス日 2021 年 12 月 1 日), *Women and poverty: Experience, empowerment and engagement* (Full Report), Joseph Rowntree Foundation.
Wright, S. (2012) Welfare-to-work, Agency and Personal Responsibility, *Journal of Social Policy*, 41(2): 309-328.
Wright, S. (2016) Conceptualising the active welfare subject: Welfare reform in discourse, policy and lived experience, *Policy & Politics*, 44(2), 235-252.
由水瞳(2020)「大学生の貧困観についての調査報告」『教育福祉研究』第 24 号、85-96。
Yin, R. K. (2002) *Case study research: Design and methods* (third edition), Sage Publications.
Young, J. (2007) *The vertigo of late modernity*, SAGE publications (=2008, 木下ちがや・中村好孝・丸山真央訳『後期近代の眩暈――排除から過剰包摂へ』青土社).

陳　勝（ちん　しょう／Chen Sheng）
北海道大学大学院教育学院博士後期課程修了，博士（教育学）．
専門は貧困研究，教育福祉論，社会福祉論．
現在，尚絅大学短期大学部助教，北海道大学大学院教育学研究院専門研究員．

当事者が語る「貧困とはなにか」
　　参加型貧困調査の可能性

2024年10月25日　第1刷発行

著　者　　陳　　　　勝
発行者　　櫻　井　義　秀

発行所　北海道大学出版会
札幌市北区北9条西8丁目 北海道大学構内（〒060-0809）
Tel. 011(747)2308・Fax. 011(736)8605・https://www.hup.gr.jp/

㈱アイワード／石田製本㈱　　　　　　　Ⓒ 2024　陳勝

ISBN978-4-8329-6898-1